城市社区福利治理

URBAN COMMUNITY
WELFARE GOVERNANCE

李文静　编著

中国社会出版社
国家一级出版社·全国百佳图书出版单位

图书在版编目（CIP）数据

城市社区福利治理 / 李文静编著 . -- 北京：中国社会出版社，2023.5
ISBN 978-7-5087-6906-6

Ⅰ. ①城… Ⅱ. ①李… Ⅲ. 社区—社会福利—研究—中国 Ⅳ. ① D632.1

中国国家版本馆 CIP 数据核字（2023）第 080261 号

出 版 人：程 伟
终 审 人：陆 强
责任编辑：陈 琛
策划编辑：陈 琛
责任校对：卢光花
封面设计：时 捷

出版发行：中国社会出版社
地 址：北京市西城区二龙路甲 33 号
邮政编码：100032
编 辑 部：(010)58124836
网 址：shcbs.mca.gov.cn
发 行 部：(010)58124838
经 销：新华书店

印刷装订：北京虎彩文化传播有限公司
开 本：170 mm×240 mm 1/16
印 张：17
字 数：240 千字
版 次：2023 年 5 月第 1 版
印 次：2023 年 5 月第 1 次印刷
定 价：72.00 元

中国社会出版社微信公众号

中国社会出版社天猫旗舰店

前　言

我国正处于社会福利转型期，社区作为重要的福利主体已经引起了国家和学术界的高度关注并成为一种共识，但相关的研究尚处于起步阶段。2013 年，民政部提出了“三社联动”社区治理创新概念，经过试点地区的发展和学术界的研究，目前已经取得了较大进展，但仍存在诸多问题。

社会工作专业与社区治理最为密切相关的领域是社区福利治理领域，同时，社区福利治理也是社区治理改革的重要方式和内容。然而，我国的社区福利治理无论是研究还是实务发展均滞后于社区治理。社区福利治理前沿教材的编写对社会工作人才培养无疑具有紧迫性。正如前文所述，目前并没有与社区福利治理十分对应的教材，因此，该课程的教学只能参考社会政策、社区治理、社区福利领域的著作及中国知网的前沿研究。

“社区福利治理”前沿课程的目标是通过讲解改革开放以来中国社会福利体系在以单位为中心向以社区为中心的转型过程，帮助学生理解社会政策为何必须与社区服务结合，使社区成为社会福利的重要来源，以满足人们多元化的福利需求，规避生活中遇到的风险，强化社会保护机制。课程涉及各项社会政策的实施效果、不同类型的社区福利服务发展现状、社会组织参与情况以及如何提高社区福利治理水平等问题。因此，《城市社区福利治理》一书的编写需要满足上述课程要求。通过阅读教材，使学生更加了解社区作为福利载体的功能和特征，为今后开展有关社区研究、从事社区福利服务和管理工作提供帮助。

在目前的学术著作和教材中，社会政策类、社会保障类以及社区福利类的著述与本教材有较强的相关性。通过对比，目前较为合适的参考教材有：关信平主编的《社会政策概论》（第三版），高等教育出版社，2014年出版；孙光德等主编的《社会保障概论》（第六版），中国人民大学出版社，2019年出版；李迎生等的《当代中国社会政策》，复旦大学出版社，2012年出版；江立华等的《中国城市社区福利》，社会科学文献出版社，2008年出版；宋梅的《个体化时代的社区福利建设研究》，中国社会出版社，2013年出版；刘继同的《中国社区福利体系研究》，中国社会科学出版社，2018年出版。

《社会政策概论》《当代中国社会政策》《社会保障概论》这3本书主要涉及社会福利政策。关信平主编的《社会政策概论》属于本科生教材，能够帮助学生迅速掌握社会政策学科的基本概念、理论和分析框架，但这本教材对研究生学习而言，深度有限。孙光德等主编的《社会保障概论》能够帮助学生区分我国广义社会保障概念下的社会救助、社会保险、社会福利（狭义）3个不同层次的制度设计内涵，以及不同领域社会保障制度的精准设计原则。李迎生等主编的《当代中国社会政策》是一部系统研究当代中国社会政策的著作。该书第一部分讨论了社会政策的内涵、类型、发展取向等理论问题及中国社会政策的来龙去脉；第二部分详细讨论了就业、分配、教育、医疗、住房等不同领域社会政策的分析以及对我国老年、儿童、妇女、农民工、残疾人、流浪乞讨人员、生活困难人口等不同群体社会政策的分析；能够帮助学生掌握如何分析我国社会政策的前沿目标、评估政策现状以及改进政策设计的思路。

《中国城市社区福利》《个体化时代的社区福利建设研究》《中国社区福利体系研究》这3本书涉及我国社区福利问题，对本教材编写具有重要启发。其中，江立华等的《中国城市社区福利》编写时间最早，对中国城市社区福利的概念及理论架构，需求与供给现状（以武汉市为例），制度建构（包含组织体系、设备系统、规范系统），服务体系与运作（模式和类别、服务体系、运作机制），评价体系，发展和展望，进行了论证。该书总结了社区福利治理的总体理论框架，为城市社区福利治理奠定了理论和方法基础，该书出版的年代距今已经有十多年，受到时代限制，全文理论性较强，实务性相对不足。

宋梅著的《个体化时代的社区福利建设研究》从宏大的视角分析了中国社会正处于个体化时代的转型期，在个体化与社会变迁背景下，社区发展与福利社区化思潮兴起。该书系统梳理了个体化时代到来之后全球主要国家的社区福利转型历程及福利思潮，包括英国的社区照顾与"去机构化运动"、全球化与福利私有化的主张、福利多元主义思潮、欧美国家的社区福利改革实践、日本的地域福利发展。最后，该书介绍了中国社区福利政策的变迁以及个体化时代社区福利的发展方向。全书具备全球视野以及宏观视角，以中国的社区福利转型收尾，对本教材编写具有重要指导意义，但同时该书同样存在对中国社区福利治理实务关注不足的问题。

刘继同的《中国社区福利体系研究》是一本论文集。全书包括十一个部分。前三部分是与社区福利治理有关的社会管理背景和社区福利理论基础。第一部分是中国社会结构转型与社区结构分化状况；第二部分是城市街居工作历史与社区管理模式；第三部分是社区概念的社会建构与社区福利基础理论。第四部分到第六部分是与社区福利紧密相关的社区建设基本框架。第四部分是社区需要界定与城市社区问题，提出了社区需要的重要性，这是社区福利分析的重要组成部分；第五部分是社区服务政策与社区建设政策目标，系统梳理了我国社区建设的历史阶段以及社区建设理论；第六部分是社区就业、社区经济与地方经济发展，从经济的角度分析了就业与福利之间的关联，揭示了社区就业的福利性。第七部分到第九部分则构成了社区福利治理的核心部分。第七部分是社区生活结构转型与社区福利体系；第八部分是社区福利财政与地方财政体制，具有前瞻性；第九部分是中国社区工作实务模式与社区福利体系，列举了居家养老、社区照顾、民族社会工作、社区安置保障等实务领域的改革。第十、十一部分属于国际经验。第十部分讨论了欧美社区社会工作经典实务模式与发展趋势；第十一部分探讨了“东亚福利模式”与社区福利体系比较研究，考虑到了不同国家文化对社区福利治理的影响。《中国社区福利体系研究》内容比较综合，既有国际视野，也讨论了时代背景，在讨论社区福利问题之前，梳理了与此密切相关的社区管理问题。因此，这本书对本教材的启发最大，但是该书的社区福利问题讨论只占了全书的四分之一左右，实务探讨不够详细和全面。

《城市社区福利治理》一书的编写充分参考了上述优秀著作的优点，从社会政策与社区服务衔接的视角，充分讨论中国社区福利治理问题。从历史的角度探讨社会政策与社区福利关系的历史演变、中国社区治理改革的历程及现状、中国福利模式转型与社区福利治理（涉及全球福利思潮和理论），这三章是本书的第一大部分。本书的第二部分探讨了社区福利治理的具体领域，首先从人群角度划分为儿童、老年人、残疾人、妇女、流动人口；其次从就业、救助、医疗、文化、矫正等内容角度展开讨论。在每一个章节中，涉及相关政策的历史和现状、实施成效、社区需求与社区福利服务供给现状、社区福利服务的问题及未来发展。本书能够使阅读者了解与社区福利治理相关的理论、方法、政策、实务等知识，掌握社区福利治理的分析思路。

本书第一章重点介绍了社会福利体系中的社会政策与社区福利之间的关系，我国不同时期的社会政策与社区福利关系的演变，着重介绍了社区服务时期、社区建设时期以及社区治理时期的社会政策和社区福利变化。第二章介绍了中国社区治理改革现状及与社会工作的关联，提出在基层社会治理现代化及社会工作高质量发展阶段，社会工作介入社区治理的机制以及社会工作功能发挥的重要领域。第三章分析了中国社会福利模式转型下的社区福利治理，包括社区福利治理的内容体系、发展现状、存在的问题以及未来总体发展思路。

第四章讨论了儿童社区福利治理，具体包括儿童社会福利政策体系、儿童社会政策在社区的执行，儿童社区服务的先进经验和服务案例，儿童社区福利服务问题及未来发展。第五章分析了老年人社区福利治理，包括我国养老社会政策发展历程、养老社会政策现状、老年社区福利服务现状、问题及未来发展。第六章分析了我国残疾人社区福利治理，梳理了残疾人社会政策发展历程、残疾人社会政策现状、残疾人社区福利服务现状及先进案例，残疾人社区福利服务存在的问题和未来治理思路。第七章讨论了妇女社会政策与社区福利治理问题，具体涉及我国妇女社会福利政策发展历程及现状、妇女社区福利服务现状及先进服务案例，我国妇女社区服务存在的问题及妇女社区福利治理策略。第八章分析了流动人口社会政策与社区福利治理，梳理了流动人口社会福利政策发展历程、现状，流动人口社区服务发展现状、存在的问题以及福利治理目标和对策。

本书第九章分析了我国就业社会政策与社区就业服务治理，包括我国不同时期的就业社会政策、就业社会政策发展现状、就业社区服务内容体系、先进地区经验、社区就业服务问题及就业福利服务治理对策。第十章讨论了社区救助服务治理，梳理了我国社会救助政策及在社区的执行情况，社区救助服务的必要性与发展现状，社区救助服务存在的问题及未来发展。第十一章分析了医疗社会政策与社区福利服务治理问题，具体包括我国医疗社会政策的发展历程、现状，医疗社会政策在社区的执行情况，社区医疗服务体系及先进地区经验，我国社区医疗服务发展存在的问题及未来发展。第十二章分析了社区文化服务治理，具体包括我国公共文化政策发展历程、现状，社区文化服务现状及典型案例，社区文化服务存在的问题及未来治理对策，等等。本书第十三章分析了社区矫正政策与社区服务治理，具体包括我国社区矫正政策发展历程、社区矫正工作的内容、社区矫正服务现状、社区矫正服务存在的问题及未来发展。

感谢北京科技大学教材建设项目经费对本书编写工作的支持。

希望本书能够为我国社区福利服务体系建设提供一定的借鉴。

李文静
2022 年 11 月于北京

目 录

第一章　社会福利体系中的社会政策与社区福利

第一节　社会政策与社区福利相关概念及两者关系

一、相关概念界定

（一）社会政策

社会政策是政府在某种社会价值的指导下，为达到某种社会性的目标而采取的社会性行动的总和。社会政策的实质是政府在社会福利事务领域中的干预行动。社会政策的外延包括社会救助、社会保险、福利补贴等。

（二）社区

社区是进行一定的社会活动，具有某种互动关系和共同文化维系力的人类群体及其活动区域。第一，社区总要占有一定的地域，如村落、集镇等。第二，社区的存在总离不开一定的人群。第三，社区中共同生活的人们由于某些共同的利益，面临共同的问题，具有共同的需要而结合起来进行生产和其他活动。第四，社区的核心内容是社区中人们的各种社会活动及其互动关系。

纵向考察时间和发展水平，可以将社区类型划分为：1. 传统社区；2. 发展中社区；3. 现代社区和发达社区。横向考察空间特征，可以将社区划分为：1. 法定的社区，即通常说的行政区；2. 自然的社区，即人类在生产和生活中自然形成的聚落（settlement）；3. 专能的社区，指人们从事某些专门活动而形成于一定地域空间上的聚集区，如大学、军营、矿场等。

农村社区与城市社区也是一种非常重要的社区划分方式。农村社区是指以农业生产为基础的规模较小、社会结构比较简单、人口密度较低的地域性生活共同体。城市社区是指在特定的区域内，由从事各种非农业劳动的密集人口所组成的地域生活共同体，其主要特点是：1. 人口集中，异质性强；2. 经济和其他活动频繁；3. 具有各种复杂的制度、信仰、语言和多样化的生活方式；4. 具有结构复杂的各种群体和组织；5. 家庭的规模和职能缩小，血缘关系淡化，人际关系较松散；6. 思想、政治、文化相对发达。

（三）社区服务

社区服务，是指在政府的倡导和支持下，由多元主体在社区范围内实施的具有福利性和公益性的各种服务活动。中国在没有制定完整的社会政策体系之前，传统的社区一直在发挥着扶危济困、互帮互助的福利功能。这种福利是以家庭、家族和地方社区为基础的社会保障服务体系。我国现代意义的社区服务是从 20 世纪 80 年代中期开始的。90 年代初，民政部等 14 部门联合发布的《关于加快发展社区服务业的意见》指出，福利性是社区服务的核心，但是社区福利服务并未成为核心议题，对社区福利服务也缺乏系统的研究①。

目前，我国社区服务正在向专业化和职业化转型，社区服务的内容日益丰富，需要满足居民多元化的福利需求，因此，对未来的社区福利服务如何提供，服务提供主体、客体、提供方式和资源等问题的探讨便非常重要，涉及社区福利治理的问题。因此，社区服务的外延比社区福利服务广泛，但社区服务的福利属性受到越来越多的肯定和关注。

（四）社区福利

社区福利包括社区提供的福利服务、社区内福利机构提供的福利和

---

① 王思斌．我国城市社区福利服务的弱可获得性及其发展［J］．吉林大学社会科学学报，2019，40（1）：133-160.

政府委托社区具体实施的福利三个方面的内容。[①] 社区福利是指来自社区的福利，社区福利既包括资金等物质形式的福利，也包括服务等非物质类的福利。社区福利是社会福利制度发展的新趋势，学界称之为社会福利社区化，[②] 其主旨是根据社区的特点和居民需求，整合社区内外资源建立福利服务网络，为社区居民提供的各种福利服务。社区福利不仅包括社会政策在社区范围的实施，更为重要的是，它也是在社会转型时期社区重要性日益突出的条件下，一种在含义、形式和运作方式上都有自己特点的全新的社会福利提供方式。同时，社区福利不仅包括政府和准政府的社区居委会组织开展的福利服务，还包括民间互助和慈善捐助行为，同时，社区福利也包含了市场化主体提供的、由政府监管的、适度普惠的服务。

社区福利形式多样，既有营利性福利也有非营利性福利，既有志愿性服务也有非志愿性服务。营利性福利和非志愿性服务在一定程度上体现了社会福利的效益性，非营利性福利和志愿性服务则更多体现出人道主义，这些都有利于促进个人责任的发展与社会伦理的进步。营利性的社区福利的福利属性，主要在于政府对这些部门的监管，包括价格和服务质量。例如近年来国家大力提倡的适度普惠型社区儿童托育服务就属于这种类型的社区福利。

二、社区福利与社会政策的关系

首先，明确社会政策与社会福利的关系。社会福利有广义和狭义两个层面的含义。过去，国家政策和学术界经常从狭义的角度理解社会福利，即为孤儿、残疾人、无人赡养的老人以及困难群体等民政福利对象提供的满足基本生活需要的服务。2006 年，民政部首次明确提出了构建“适度普惠型”福利制度的构想。2007 年以来，我国开始向适度普惠型

---

① 江立华．论我国城市社区福利的建设及运作机制［J］．江汉论坛，2003（10）：108-111.

② 曹永森．中国福利社区化：背景、进程与改进措施［J］．晋阳学刊，2004（5）：26-30.

的福利制度转型。[①] 此后，针对老年人、儿童、残疾人等特殊群体的适度普惠型福利制度在各地开始探索。在这一时期，适度普惠型福利制度在教育、公共卫生、就业、住房、社会服务等领域的探索也得到顺利推进[②]。政府以及学术界更多从广义角度理解社会福利。社会福利制度是国家和社会为增进和改善社会成员，尤其是困难者的社会生活而提供的一种社会制度。社会政策的主要制定者是国家各级政府部门，政策对象是全国或部分地区的全体居民或某一类群体，进入退出机制均比较严格，采取普遍化的方式实施。广义的社会福利包括了社会政策，也包括了市场组织、社会组织、社区提供的福利。虽然社会政策也很重视实施过程及对实施效果的评估，但社会福利更强调福利行政问题，尤其是在社区福利领域的多元主体治理。

其次，比较社区福利与社会政策中社会保障的区别。西方国家社会保障发展中社区福利和社区服务的经验教训值得我们吸取，社会保障制度首先应该是一种政府责任，这是国家对内职能的主要组成部分。在我国社会保障制度建设中，应该首先强调建立一种完善的国家社会保障制度，同时发展社区福利和社区服务，使得国家社会保障与社区福利相互补充，协调发展。还应该指出的是，尽管社区福利包括多方面内容，但从根本上讲，社区福利主要体现在社会救助与社会福利这些方面，而养老保险、失业保险与健康保险等主要社会保障制度，则主要是由国家社会保险制度来提供。此外，尽管社区福利在社会保障制度中发挥着越来越大的作用和影响，但与国家社会保障制度相比，社区福利的作用毕竟有限，社区福利可以为国家社会保障制度提供有效的补充，却决不可能代替国家社会保障制度[③]。

结合上述分析，社区福利与社会政策的区别主要在于，社区福利包

---

① 彭华民．中国社会福利制度发展与转型：一个制度主义分析［J］．福建论坛（人文社会科学版），2011（10）：169-176.

② 李迎生．从依附到自主：中国社会政策的历史演进与范式转换——基于社会政策与经济政策关系的视角［J］．中国人民大学学报，2020，34（4）：79-90.

③ 丁建定．当代西方社会保障改革中的社区福利与社区服务［J］．社会工作，2004（8）：37-40.

括了社会政策中的服务政策在社区的执行，即国家提供的福利服务，也包括社会组织、社区组织提供的福利服务，同时，还包括居民互助服务及志愿服务。社会政策能够从宏观意义上为社区福利提供资源，社区福利则在执行社会政策的基础上提供更加多元的服务，满足居民个性化的福利服务需求。

第二节　中国社会政策与社区福利关系的演变

一、新中国成立前的社会政策与社区福利

1910 年以前，我国的城市管理基本属于城乡合一的区域性管理，其特点是以治理乡村的模式管理城市。国民政府时期，城市管理逐步向行政化方向发展，伴随着 1928 年《特别市组织法》《市组织法》等法规的实施，直辖市、省辖市和县辖市这三类具有近代意义的不同级别的市建立起来了。城市内部基层管理有了新的变化，城市管理与农村管理开始分离。[①] 由于民国时期我国的城市化水平低，真正意义上的法定城市社区还没有产生，因此，我国的城市社区管理工作兴起于新中国成立之后。

虽然民国时期还没有真正意义上的社区管理，但这时已有专业的社会工作介入城市管理。“1917 年，沪江大学社会学系教授、美国人葛学溥（Daniel H. Kulp Ⅱ）在产业工人聚集的上海杨树浦地区设立了一个社区服务中心——‘沪东公社’。沪东公社为周围的工厂社区及周边居民开展了一系列的服务，包括开办工人补习班、对工人子女开展教育，为周边居民提供民众图书馆、民众代笔处、民众食堂和民众茶园以及儿童施诊处等服务，深受厂区工人及周边民众的欢迎”。[②] 这些工作对于缓解当时中国城市地区出现的问题发挥了一定的作用。

沪东公社围绕着工厂社区开展服务，已经具备了社区社会工作的雏形，这是西方传教士将专业社会工作引入我国城市地区的产物。与西方

① 夏建中．社区工作（第二版）［M］．北京：中国人民大学出版社，2009：64.
② 彭秀良．上海沪东公社［N］．团结报，2013-06-27（7）.

早期社会工作以个案工作为主的情况有所不同，我国早期的社会工作却以社区工作为先导，1917 年沪江大学成立的实验、实习基地——沪东公社及其从事的社区服务工作标志着社区社会工作在我国的正式产生。

二、新中国成立后改革开放前的社会政策与社区福利

（一）20 世纪 50 年代中期建立的福利体系

为了解决严重的失业和贫困问题，新中国建立了城市救济制度；发展社会主义公有制和城市工业化体系，建立了劳动保险制度。这一时期城市社会福利的特点如下：

第一，较为平等的基本生活物资供给。城市居民生活所需的粮、油、肉、糖、棉、布等日常食品、用品，皆是凭票供应。

第二，较为充分稳定的就业制度。城市地区实施的“低工资、高就业”政策，吸纳绝大多数的城市人口就业。1950 年，政务院颁布了《救济失业工人暂行办法》，制定了诸多帮助失业人员的政策，将失业人口降到最低程度。

第三，较为广泛的城市劳动保险制度。1951 年，《中华人民共和国劳动保险条例》对企业职工实施了相应的保险，对职工的医疗、生育、养老、病假、伤残、死亡、失业等待遇作了最低标准的规定。1956 年，我国颁布了《中华人民共和国女职工保护条例》。1957 年，卫生部制定了《职业病范围和职业病患者处理办法的规定》，从而构成了企业职工社会保障的框架。除此之外，针对国家机关、事业单位的社会保障制度也以单行法规的形式逐步建立起来。1950 年内务部颁布了《革命工作人员伤亡褒恤暂行条例》，1952 年颁布了《国家工作人员实行公费医疗预防的指示》《国家工作人员公费医疗预防实施办法》《关于各级人民政府工作人员在患病期间待遇暂行办法》。1955 年又颁布了《国务院关于女工作人员生产假期的通知》《国家机关工作人员退休处理暂行办法》《国家机关工作人员退职处理暂行办法》。到 1957 年，我国的社会保障制度框架

已基本形成。①

第四，体现国家对生活最困难群众关怀的社会救济制度。新中国成立初期的社会救助主要通过紧急救助的形式，为战后大量贫民提供临时性救助，帮助他们渡过难关。进入全面建设社会主义时期后，社会救助的主体转变为孤老病残、无单位人员以及一些具有特殊社会身份的困难人员，拾遗补阙的作用明显。在1953年召开的第三次全国社会救济工作会议上，内务部公布了城市社会救济标准：以户为单位，按人口递增，大城市每户每月一般不超过5~12元，中小城市每户每月一般不超过3~9元。1956年，内务部提出应以能够维持基本生活为原则，不再规定统一的救济标准。“文化大革命”期间，党和国家的各项工作受到严重冲击。1969年内务部撤销，各地民政部门也被冲垮，社会救济一度处于混乱停滞状态。城市社会救济主要依靠企事业单位组织实施。②

第五，建立满足城乡不同需要的福利性公共服务体系。这一时期的福利性公共服务主要包括文化、教育、公共卫生等方面。例如，少年宫、扫盲运动、爱国卫生运动及传染病的预防、寄生虫病、地方病的防治等。

（二）改革开放前社区承接的福利功能

这一时期社区承接的福利服务主要是“办理有关居民的公共福利事项、反映居民的意见和要求”。1954年，第一届全国人大四次会议上，制定并通过了《城市街道办事处组织条例》和《城市居民委员会组织条例》。按照条例规定，街道办事处的任务是：办理市、市辖区的人民委员会有关居民工作的交办事项；指导居民委员会的工作；反映居民的意见和要求。居民委员会应当按照居民的居住情况并且参照公安户籍段的管辖区域设立，一般地以100~600户居民为范围。居民委员会的任务是办理有关居民的公共福利事项；反映居民的意见和要求；动员居民响应政府号召并遵守法律；领导群众性的治安保卫工作；调解居民间的纠纷，等等。

---

① 关信平．社会政策概论［M］．北京：高等教育出版社，2004：40.

② 刘喜堂．建国60年来我国社会救助发展历程与制度变迁［J］．华中师范大学学报（人文社会科学版），2010，49（4）：19-26.

1953年，街道办事处还管辖着60%的城市居民，而“三大改造”和“大跃进”运动之后，街道办事处管理的城市人口所剩无几。① 1958年前后，单位社会进入全盛时期，越来越多的人进入“单位”，游离于单位之外的人群越来越少，“街居制”越来越萎缩②。街道、居委会只承担了单位以外极少数无业人员的社会救助、劳动改造以及生活服务。到了20世纪六七十年代，我国社区管理模式主要是组织性动员。居委会仅提供少量的福利服务及就业服务③。

三、改革开放以后的社会政策与社区福利

1978年，上千万知识青年返回城市，加上许多在20世纪60年代（我国60年代曾出现婴儿潮）出生的人陆续进入就业期，国有和集体企业难以应对城市人口的就业需求。农村人口流入城市、老龄人口大量增加。这些人对社区服务的需求越来越旺盛。在这种改革背景下，“街居制”从辅助地位上升为主导角色，成为国家管理城市社会的重要制度。许多计划经济时期由单位承担的职工社会保障及各项社会服务功能逐渐社会化。

（一）社会政策发生的变化

20世纪80年代，社会政策各个领域的改革基本上只是微调，总体上福利水平没有明显下降。与“文化大革命”时期相比，80年代的社会政策处于恢复和调整阶段。城镇社会保障制度的改革是作为国有企业改革的配套措施来推进的，目的在于解决由于经济体制改革所带来的制度不协调的问题。1986年，中央政府决定国有企业新招的工人一律实行劳动合同制，并规定了合同工与固定工不同的养老金筹资模式与受益规则。

① 华伟．单位制向社区制的回归——中国城市基层管理体制50年变迁［J］．战略与管理，2000（1）：14.

② 吴群刚，孙志祥．中国式社区治理：基层社会服务管理创新的探索与实践［M］．北京：中国社会出版社，2011：32-48.

③ 刘继同．网络控制与基层组织体系建构：五十年代城市社区工作模式初探［J］．华东理工大学学报（社会科学版），2003（2）：22-27；刘继同．组织性动员与政治经济运动：20世纪60—70年代中国城市社区工作模式［J］．北京科技大学学报（社会科学版），2005（1）：30-35.

90 年代的改革是一种根本性的制度转型。在社会保险方面，将原来的全民所有制企业的劳动保险制度改为由国家、企业和个人共同承担。扩大社会救助的范围，将原来范围较小的城市社会救济改为最低生活保障制度，福利住房改为商品住房制度。在医疗制度方面，将原来主要由政府、企业和集体负担的公共医疗卫生体制改为政府与商业化运作相结合的制度。

1991 年，为了扩大传统养老金缴费基础，国务院发布了《关于企业职工养老保险制度改革的决定》。1995 年，国务院发布《关于深化企业职工养老保险制度改革的通知》，提出社会统筹和个人账户相结合的社会保险新思路，要求新制度适用城镇各类企业职工和个体劳动者，基本养老保险费用由企业和个人共同负担。1998 年，国务院正式出台《国务院关于建立城镇职工基本医疗保险制度的决定》，确立我国新型医疗保险制度框架。1994 年颁布的《中华人民共和国劳动法》正式确立了我国的失业保险制度。我国还颁布了《城市居民最低生活保障条例》（1999 年）、《中共中央、国务院关于切实做好国有企业下岗职工基本生活保障和再就业工作的通知》（1998 年）等法规文件。

1991 年 6 月，国务院发布《关于继续积极稳妥地进行城镇住房制度改革的通知》。同年 10 月，国务院转批国务院住房制度改革领导小组起草的《关于全面推进城镇住房制度改革的意见》。1994 年，我国住房商品化全面推进。1994 年，国务院发布《关于深化城镇住房制度改革的决定》，提出按照国家、企业和个人合理负担的原则进行住房体制改革，将住房实物分配改为货币工资分配，建立面对中低收入的保障性住房和面对高收入家庭的商品房，建立住房公积金制度。1998 年 7 月，国务院下发《关于进一步深化城镇住房制度改革 加快住房建设的通知》，明确指出从 1998 年下半年开始停止住房实物分配，逐步实行住房分配货币化。①

---

① 王振霞．中国住房制度改革 40 年：回顾与反思［J］．财经智库，2018，3（2）：128-136+144.

（二）改革开放之后的社区福利

1. 1979 年至 20 世纪 80 年代末的社区福利

1979 年至 80 年代末是社区工作的恢复阶段。1979 年，全国人大重申了 1954 年公布的《城市居民委员会组织条例》。1980 年 1 月，国家重新颁布了 1954 年通过的《城市街道办事处组织条例》和《城市居民委员会组织条例》，从而使基层社区社会工作的开展有了制度保障。

1979 年至 80 年代末的社区工作开始转向居民基本需求。改革开放初期的社区工作在内容上与新中国成立初期没有太大区别，街道和居委会要上传下达上级政府的各项政策，反映辖区居民的意见和要求，协助上级政府部门开展社会稳定工作。例如，街道办事处要协助处理知识青年上访工作。恢复阶段的社区管理工作虽然仍非常重视改革初期的社会稳定问题，但此时的社区工作对居民的管控和组织性动员比计划经济时期已经有所放缓，开始将工作重点转向居民的基本生活需求。

许多城市的街道、居委会从实际出发，开展了针对孤老和烈军属的包户服务；兴办了敬老院、伤残儿童寄托所、精神病人医疗站、家务劳动服务站、挂钥匙小学生的小饭桌和校外活动站、托儿所等社区服务项目。另外，妇联、工会、文化、教育、卫生、劳动人事等部门也兴办了一些社区服务的项目。这一时期的社区服务在发展中也存在一些问题，社区服务随机性大，零散分布，缺乏规划和协调，服务严重不足，没有形成科学的、以社区为依托的社区服务体系。

80 年代末，社区服务概念被提出。1986 年，民政部首次把“社区”的概念引入城市管理，提出发展社区服务工作，旨在开展以民政对象为主的福利服务和便民利民服务，确定城市民政社会保障工作以“双福加服务”（社会福利企业加社区服务）为重点。1987 年，民政部在武汉召开“社区服务座谈会”，正式倡导社区服务。1988 年，民政部召开第九次全国民政工作会议，确立了大力发展社区服务的目标。社区服务业的发展顺应了社会福利社会办、国家职能转变和企业职能转变的要求。

2. 20 世纪 80 年代末至 90 年代末的社区福利

1989 年，全国人民代表大会常务委员会通过了新的《中华人民共和国城市居民委员会组织法》，1954 年出台的被废止。该法确定了我国的居委会性质。《中华人民共和国城市居民委员会组织法》规定居民委员会应当开展便民利民的社区服务活动，兴办有关的服务事业。1989 年 9 月，民政部在杭州召开全国城市社区服务工作经验交流会，提出了在全国广泛开展社区服务的需求。1991 年 11 月，民政部在北京召开全国社区服务工作研讨会，明确了社区服务的福利性质，其内容主要包括老年人服务、残疾人服务、优抚对象服务以及便民利民服务。

1992 年，邓小平发表了南方谈话。同年召开的中共十四大确立了建立社会主义市场经济体制的目标。在这样的大背景下，党和政府开始探索在市场经济条件下实现社区服务的可持续发展的途径。1992 年，中共中央、国务院作出了《关于加快发展第三产业的决定》，其中明确提出大部分福利型、公益型第三产业单位要逐步向经营型转变的要求。1993 年，民政部联合国家计委、劳动部、人事部、中国老龄委等共 14 个部委制定并颁发了《关于加快社区服务业的意见》，实际推动社区服务从单纯的福利型服务向有偿性服务相结合的转变。这样，社区服务的福利性质变得模糊了。该意见指出，社区服务业由社区福利服务业、便民利民服务业和职工社会保险管理服务业组成，是社会保障体系和社会化服务体系中的一个重要行业。

虽然这一时期我国社区服务的提供大部分来自市场，但政府也在这方面投入了很多精力和资金。例如，民政部要求到 20 世纪末，全国要有“85%以上街道兴办一所社区服务中心，一所老年公寓（托老所）、一所残疾人收托所和一所以上托幼机构”①。社区服务中心场地有限、设施简陋、经费不足。此外，这一时期我国城市社会政策不完善，社区工作者可以利用的资源十分有限。

① 中华人民共和国民政部，国家发展和改革委员会．民政部国家计委等部门关于加快发展社区服务业的意见［Z］．1994-02-16.

四、社区建设时期的社会政策与社区福利

（一）社区建设时期的社会政策

我国的社区建设1991年开始酝酿，1999年试点，到2000年在全国范围推广。在之后的十几年中，我国社区管理体制机制不断改革。进入21世纪以来，中国社会政策开始逐渐走向城乡全面覆盖，尤其是2003年之后，我国社会政策发展迅速。2003年以来我国社会政策一改过去长期滞后的局面，取得了突飞猛进的进展，进入了新中国成立以来最好的发展期①。

2006年党的十六届六中全会通过《中共中央关于构建社会主义和谐社会若干重大问题的决定》，首次提出到2020年基本建立覆盖城乡居民的社会保障体系。新型农村养老保险自2009年推出试点后，到2012年基本实现了全覆盖。2011年起开展城镇居民社会养老保险试点。2014年2月，国务院常务会议决定，在全国范围内建立统一的城乡居民基本养老保险制度。国务院《关于建立统一的城乡居民基本养老保险制度的意见》中提出，到“十二五”（2011—2015年）末，在全国基本实现新农保和城居保制度合并实施，并与职工基本养老保险制度相衔接；2020年前，全面建成公平、统一、规范的城乡居民养老保险制度。

社会救助制度自2007年农村低保出台后已经实现了全国覆盖。2006年，民政部首次明确提出了构建“适度普惠型”福利制度的构想，此后，针对老年人、儿童、残疾人等特殊群体的适度普惠型福利制度在各地开始了探索。在这一时期，适度普惠型福利制度在教育、公共卫生、就业、住房、社会服务等领域的探索也得到顺利推进。

新型农村合作医疗自2003年开始试点，到2010年基本覆盖全国农村居民。2007年起开展城镇居民基本医疗保险试点，城镇居民医疗保险与新农村合作医疗从2016年开始整合，2019年底明确完成整合，统称为城乡居民医疗保险。2011年《中华人民共和国社会保险法》颁布实施。

---

① 李迎生．从依附到自主：中国社会政策的历史演进与范式转换——基于社会政策与经济政策关系的视角［J］．中国人民大学学报，2020，34（4）：79-90.

2014 年国务院颁布《社会救助暂行办法》，建立综合的社会救助制度。

（二）社区建设时期的社区福利

20 世纪 90 年代的社区管理突出强调社会福利社会化，2000 年之后的社区管理体制改革则逐步重视社区全面的发展，强调以民生为主的社区福利服务以及社区治理。

- 社区建设
  - 基层民主建设
    - 社区党组织建设
    - 社区居民委员会
  - 公共服务
    - 社区卫生服务
      - 设置城市社区卫生服务站
      - 创建社区卫生服务示范区
      - 应付突发性公共卫生事件
      - 提高社区人口与计划生育管理水平
      - 开展基层安全创建活动
    - 社区治安
      - 强化社区警务建设
      - 加强治保会建设
      - 完善人民调解委员会功能
      - 对刑满释放、解除劳教人员的安置帮教工作
      - 流动人口管理
    - 社区文化
      - 加强基层文化建设
      - 完善基层文化设施
      - 开展社区教育试验活动
    - 社区救助（特殊群体的生活救助）
    - 社区优抚
  - 社区服务
    - 社区就业服务
      - 就业培训
      - 职业介绍与指导
      - 开发社区就业岗位
      - 建立和完善社区就业服务机构
    - 社区为老服务
      - 养老服务
      - 精神生活服务
    - 社区助残服务
      - 残疾人社区康复
      - 丰富残疾人文化生活
      - 协助残疾人就业
    - 社区青少年服务
    - 社区商业服务
    - 社区家政服务

图 1-1　社区建设体系

1999 年初，民政部选择北京市西城区、南京市鼓楼区、杭州市下城区等 8 个城市的 9 个区为城市社区建设实验区。同年 11 月 19 日，中共中央办公厅和国务院办公厅联合下发了《关于转发〈民政部关于在全国推进城市社区建设的意见〉的通知》。自此，我国社区管理的内容从发展社区服务业转至社区的全面发展。同时，社区服务的福利性也逐渐增强。2000 年，民政部发出了《关于加强社区残疾人工作的意见》。2002 年，卫生部等部门联合发出《关于加快发展城市社区卫生服务的意见》。2003 年，中共中央办公厅、国务院办公厅转发劳动和社会保障部等部门《关于积极推进企业退休人员社会化管理服务工作的意见》。此外，2004 年，中共中央组织部发出了《关于进一步加强和改进街道社区党的建设工作的意见》，重视党组织在社区建设中作用的发挥。2005 年，民政部发出《关于进一步做好社区组织的工作用房、居民公益性服务设施建设和管理工作的意见》及《关于进一步做好新形势下社区志愿服务工作的意见》，社区福利服务的发展获得了基础设施和人力方面的支持。

在我国社区管理体制进行改革之时，街道管理体制改革也在同步进行。计划经济时期，街道的工作人员少，承担的政府任务也比较轻。街道里的房管所、粮管所、派出所、菜场等都是“条条”单位，受上级政府相关部门的直接领导。20 世纪 80 年代中期，首轮街道改革开始，我国开始了“条块结合”的行政管理体制，街道开始与各“条条”单位共同管理辖区内的事务。街道对辖区内的违法治安行为具有管理权限，相关部门要予以配合；街道逐步建立了财政管理体系，管理政府下拨的管理费用以及街道经济税收；街道党委改为街道党工委。

到了 90 年代中后期，一些原先“以条为主”或“条块结合”的街道管理体制逐渐改为“以块为主”的管理方式。上级政府职能部门发挥业务指导功能，街道一级职能部门的管理活动需要接受街道领导的管理。因此，街道有更大的权力统一部署区域范围内的社区建设工作。

社区建设时期，个别地区已经开始了专业的社区福利服务，社区社会工作实务先行。1994 年起，上海市卢湾区在社区工作者培训中引入社会工作专业课程①。1996 年，浦东新区成立了罗山市民会馆，这是街道办事处委托上海基督教青年会这一社会组织独立运营且居民广泛参与的社区服务项目。1997 年，上海市浦东新区社会发展局开始招聘社会工作专业毕业生，建立专业社会服务机构，进行社会工作社区实务试点工作。2000 年，国务院办公厅发布《关于加快实现社会福利社会化的意见》之后，各类社会福利机构开始聘用专业社会工作者并引入社会工作专业制度。可见，与社区福利直接相关的社区社会工作实践开始于上海。

上海市浦东新区社会工作者协会于 1999 年成立，2000 年与香港基督教服务处签订合作协议，开始在街道、医院、学校成立社工站。2002 年，上海市委要求加快“社团进社区、服务为人民”步伐。2003 年底 2004 年初，以专业社会工作为主体的三家社会组织——自强、阳光、新航相继成立。2003 年，浦东新区社会工作者协会成立了中国内地第一家非营利性的社会工作服务机构——上海乐群社工服务社。该机构成立时的主要业务领域是为农民工子弟学校提供社会工作服务，2007 年开始探索社区融入服务。2002 年 2 月，上海市卢湾区成立社区社会工作者协会，并在区内各街道设立分支机构，制定了一系列管理规定，推动社区工作者向社会工作者转轨，社会工作职业化也自此开始。

2003 年，民政部办公厅发布了《关于加强社会工作队伍专业化建设的通知》，高度概括了社会工作对全面建设小康社会的重要意义，提出要明确社会工作的职业范围，并对社会工作的专业化和职业化发展提出了规划，支持有条件的地区开展社会工作职业资格认证的试点和研究工作。2003 年，上海市人事局和民政局联合出台《上海市社会工作者职业资格认证暂行办法》，并于同年 11 月组织了第一次社会工作者职业资格考试，我国第一批具有职业资格的社会工作者从上海诞生。

---

① 上海市民政局．加强三社联动创新社会治理［EB/OL］．（2017-03-23）［2022-10-10］. http：//mzzt. mca. gov. cn/article/2017sg/ssldsjts/201703/20170300889955. shtml.

五、社区治理改革时期的社会政策与社区福利

（一）社区治理概述

1. 治理理论

治理理论产生于西方，“市场失灵”和“政府失灵”是治理理论兴起的主要原因。在凯恩斯主义影响下，国家对经济的调控使西方国家的经济发展逐渐恢复，社会问题得到缓解。但随后的几十年间，政府失灵问题也逐渐凸显：政府效率低下，社会发展动力不足，许多社会问题依然得不到解决。

20 世纪 70 年代以来，各国政府针对政府失效现象，掀起了一场政府管理改革运动，使政府由“全能政府”和“无限政府”转变为“有限政府”。1989 年，世界银行在《撒哈拉以南非洲：从危机到可持续增长》的报告中首次提出了关于治理的观点。报告解释了撒哈拉以南非洲取得经济成功发展的原因在于地区之间的合作、减少政府的直接干预、给地方政府更多的自治权、促进民众的参与等方面。从 20 世纪 90 年代开始，面对市场失效和政府失效，越来越多的人热衷于以治理机制应对市场或国家政府协调的失败。

1992 年，世界银行在《治理与发展》这一报告中详细地阐述了治理理论，指出治理一方面是要提高政府的管理效率，促进社会法治化程度及规范化程度，重视正式的制度和技术的严格执行。另一方面，治理理论支持政府之外其他治理主体的参与，其他的主体包括了非政府组织，公民、企业组织等。世界银行强调治理机制应充分体现民主，且在诸多治理主体中突出强调了私营企业参与的重要性。全球治理委员会在 1995 年发表了一份题为《我们的全球伙伴关系》的研究报告，报告对治理作了如下界定：治理是各种公共的或私人的个人和机构管理其共同事务的诸多方式的总和，它是使相互冲突或不同利益得以调和并且采取联合行动的持续的过程。治理的依据包括有权迫使人们服从的正式制度安排和规则，也包括各种人们同意或以为符合其利益的非正式的制度安排。

2000年，俞可平主编的《治理与善治》论文集出版。善治就是使公共利益最大化的社会管理过程。[①] 善治具有合法性、透明性、责任性、法治、回应以及有效等特征。治理研究已经拓展到了全球治理、社区治理（地方治理）、民族国家治理以及公司治理等多个层次和领域[②]。

2. 社区治理

理查德·博克斯在《公民治理：引领21世纪的美国社区》一书中提出具有积极能动性的公民不仅是纳税人，他们不仅消费政府提供的公共服务，还应直接参与社区公共事务管理，成为社区的“治理者”。[③] 本杰明·巴伯提出的强势民主理论认为，“只有在小型社会和面对面的共同体中，民主才是比较好的选择”[④]。他不仅提出了公民的直接治理，即实质民主，而且还突出强调了小型社会和面对面的共同体的直接参与。公共选择理论从地方公共经济的角度入手，研究得出社区治理带来的实际效果要高于社区单一主体的管理，并通过实证研究得出，多元主体的社区治理具有较高的经济效益[⑤]。

夏建中认为社区治理就是在接近居民生活的多层次复合的社区内，依托于政府组织、民营组织、社会组织和居民自治组织以及个人等各种网络体系，应对社区内的公共问题，共同完成和实现社区社会事务管理和公共服务的过程。[⑥]

史柏年认为社区治理是“一种由共同的目标支持的社区公共事务方面的活动或管理机制”。这些社区活动的主体不一定是政府，也无须依靠国家的强制力量来实施。它是指在一个社区范围内的公私行为主体（包括政府、社区居民、社区组织、公司机构、权力机关和非权力机关以及

---

① 俞可平．治理与善治［M］．北京：社会科学文献出版社，2000：8.

② 夏建中．中国城市社区治理结构研究［M］．北京：中国人民大学出版社，2012：7.

③ 理查德·C. 博克斯．公民治理：引领21世纪的美国社区（中文修订版）［M］．孙柏瑛，等译．北京：中国人民大学出版社，2013：57.

④ 本杰明·巴伯．强势民主［M］．彭斌，吴润洲，译．长春：吉林人民出版社，2006：286.

⑤ 迈克尔·麦金尼斯．多中心体制与地方公共经济［M］．毛寿龙，译．上海：三联出版社，2000.

⑥ 夏建中．治理理论的特点与社区治理研究［J］．黑龙江社会科学，2010（2）：125-130+4.

社会和市场等)，依据社区正式的相关的法律法规，以及那些非正式的、人们自愿服从的社区规约，通过彼此的沟通互动、协商、谈判以及资源交换等方式，共同对涉及社区居民利益的公共事务进行有效的管理，从而增强社区向心力和凝聚力、提高社区自身的自治能力、增进社区成员的福利，推进社区经济和社会进步的一系列行为治理过程。[①]

社区治理的外延包括了三大部分：社区民主协商机制构建；社区服务（困难群体服务及社区福利服务）、公共服务。

(1) 社区治理的过程目标在于构建“多元化的治理机制”

社区治理是基层党和政府、社区党组织、社区居民委员会、社区居民、社会组织、企业、辖区单位等社区相关利益主体依据正式的法律制度及非正式的社区公约等，在平等协商的基础上，处理社区事务的一种状态。

(2) 社区治理的任务目标在于完善社区功能

任务目标的实现离不开过程目标的实现，过程目标的实现有利于推动任务目标的实现。

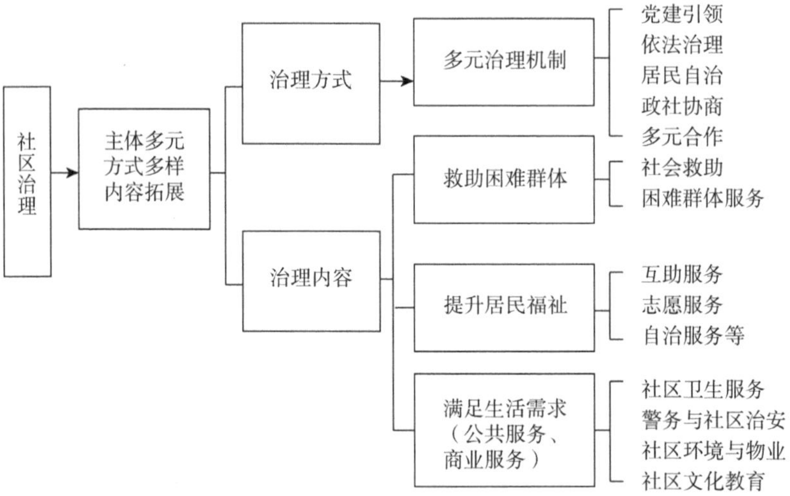

图 1-2　社区治理体系

① 史柏年．治理：社区建设的新视野［J］．社会工作，2006（7）：4-10.

（二）中国社区治理改革历程中的社区福利

1. 社区治理改革第一阶段（2006—2010 年）

在前期社区管理体制改革的基础上，试点地区进入社区管理体制改革的磨合阶段，同时开始社区管理机制创新。社区管理体制改革第一阶段以沈阳模式和上海模式为代表，第二阶段则以江汉模式和深圳盐田模式为代表。江汉和盐田地区开始探索将政府治理与社区自治结合起来的社区治理模式。2005 年，深圳市盐田区在社区管理体制改革的第一阶段按照“议行分设”原则，成立了“一会两站”，即一个社区委员会，一个社区工作站和一个社区服务站。其中，社区服务站归街道服务中心统筹管理。① 盐田模式的目的是凸显社区的自治功能，通过社区服务站提高社区服务的专业水平。社区工作站则主要承接政府下派工作。2007 年，盐田区开始引进专业的社会工作人才进入社区服务站开展社区社会工作，通过建设社会工作者队伍巩固新型社区治理体制。武汉市江汉区在 2008 年第二轮社区管理体制改革中组建了社区公共服务站②。社区居委会与社区公共服务站之间的关系是“分工不分家，协助但不包办”。

2006 年，《国务院关于加强和改进社区服务工作的意见》发布，在强调社区自治功能的基础上，在这一时期的社区管理改革更加重视以民生为本的社区服务。社区服务工作除了推进公共服务体系建设之外，还要积极培育社区服务民间组织，组织开展社区志愿服务活动。该意见提出的社区服务是广义服务的概念，包含了社区卫生服务、文化服务、治安服务以及流动人口服务等。该意见同时指出，“要加强社区服务工作队伍建设，提出要鼓励有条件的大专院校和培训机构开设社会工作专业、社区服务课程，培养专业人才”。

2006 年，社会工作专业人才培养规划正式纳入国家顶层设计。当年 10 月，在《中共中央关于构建社会主义和谐社会若干重大问题的决定》中，首次提出要“建设宏大的社会工作人才队伍”。2010 年 4 月，《国家

---

① 刘伟红．盐田模式：政府管理+社区自治［J］．特区实践与理论，2008（1）：68-70.

② 卢爱国，陈伟东．“江汉模式”新轮改革目标选择、体制创新及可行性［J］．湖北社会科学，2013（1）：38-42.

中长期人才发展规划纲要（2010—2020年）》正式印发，明确了要加快中国经济社会发展，必须重视和培养六类重点人才，社会工作人才位列其中。

2. 社区治理改革第二阶段（2011—2020年）

社区管理改革第二阶段的特征是全面推行社区治理。从前两个阶段的实践成效来看，我国社区治理并没有从根本上实现社区行政管理与社区自治管理、社区行政管理与社区公共服务的真正分离。2010年，中共中央办公厅、国务院办公厅下发了《关于加强和改进城市社区居民委员会建设工作的意见》。在该意见的指导下，民政部于2011年颁发《城乡社区服力体系建设“十二五”规划公开征求意见》，提出：“鼓励社会工作人员等优秀人才到社区工作，优化社区服务人才结构；辖区人口较多的社区，可根据工作需要建立社区专业服务机构，实现对社区全体成员的全员管理和无缝隙管理服务；凡区县、街道（乡镇）层面能办理的社会管理和公共服务事项不再向社区延伸。”《关于加强和改进城市社区居民委员会建设工作的意见》还特别提出，各地要“制定并推行全民参与社区行动计划，培育和提高城乡社区居民的社区意识和参与意识”，这标志着国家对社区居民自治的重视，社区治理理念在国家层面更加深入和迫切。

2013年，民政部发布《关于加强全国社区管理和服务创新实验区工作的意见》，提出要紧扣“推进社区治理，增强社区自治和服务功能”主题，创新体制机制、拓展理论实践、完善制度规范，围绕社区治理多元化、社区自治法制化和社区服务标准化等重点领域攻坚克难，促进基层社会服务管理水平的全面提高。这标志着我国首次在政策文件中提出社区治理。

党的十九大以来，国家在政策层面不断推进城乡社区治理创新，社会工作面临的基层治理结构持续变化。一方面，党组织作为社区治理的核心联动力量更加明确。2017年，国务院《关于加强和完善城乡社区治理的意见》提出坚持以基层党组织建设为关键，推进社区、社会组织、社会工作“三社联动”。党的十九大报告强调“构建党建运行新体系，促进社区治理创新"。另一方面，社会治理制度高度强调了社会组织的作用。党的十九届四中全会提出"完善共建共治共享的社会治理制度"。十九届五中全会进一步提出"发挥群团组织和社会组织在治理体系中的作用，畅通和规范市场主体、新社会阶层、社会工作者和志愿者等参与社会治理的途径"。

在社会政策方面，截至2013年末，全国城镇职工基本养老保险参保人数为3.22亿，城乡居民社会养老保险参保人数为4.98亿，有1.41亿参加城乡居民基本养老保险的老年人都已领取基本养老金。工伤、失业和生育保险分别覆盖了1.99亿、1.64亿和1.64亿职工。我国社会保障水平正逐年提高，其中企业退休人员基本养老金实现了"十连调"。截至2020年底，全国基本养老、失业、工伤保险参保人数分别为9.99亿、2.17亿、2.68亿；全国社会保障卡持卡人数达到13.35亿。

3. 社区治理改革第三阶段（2021年至今）

2021年，《中共中央、国务院关于加强基层治理体系和治理能力现代化建设的意见》就基层治理提出了更加详细的意见。《"十四五"民政事业发展规划》要求完善现代社会工作制度，我国社会工作迈向高质量发展阶段。① 同年，民政部印发了《关于加快乡镇（街道）社工站建设的通知》，提出加快指导地方开展乡镇（街道）社工站建设。街道社工站的建设意味着我国基层社会治理体系在组织层面发生新的变化，为社会工作发展提供了有利条件。毫无疑问，社区治理现代化及社会工作在社区治理中职责的充分履行仍需要经过长期的努力才能实现。② 面对新的组织因素的变化，有必要对社会工作在我国社区治理中发挥的功能进行本土化的总结，反思高质量发展时期社会工作功能发挥的重点领域；对基层社会治理机制进行新的调整，实现新时期的基层社会治理目标。

截至2022年末，全国基本养老保险、失业保险、工伤保险参保人数分别为10.5亿、2.4亿、2.9亿，各类参保人数稳定增长。社保卡快速普

① 王勇．社会工作迈向高质量发展阶段［N］．公益时报，2022-03-23.

② 李文静．社会工作与城市社区治理［M］．北京：社会科学文献出版社，2022：3.

及。从 2019 年起，电子社保卡可登录多地政务平台，提供线上认证、移动支付、扫码就医、社保权益记录单、养老金测算等 6 类 18 项全国社保服务，2022 年末，中国社会保障卡持卡人数达 13.68 亿，覆盖率高达 96.8%。[①]

① 邱玥．全国社会保障卡持卡人数达 13.68 亿［N］．光明日报，2023-01-26.

第二章　中国社区治理改革现状及与社会工作的关联

第一节　社区治理与社会工作的关系

一、社区治理改革进程中社会工作发展

早在民国时期，专业社会工作的引入就对我国的城市社会发展发挥了一定的积极作用。改革开放之后，社会工作教育和实践逐渐恢复和发展，1988 年，国家教育委员会正式批准在北京大学社会学系设立社会工作与管理专业，标志着我国社会工作正式恢复重建。此后，社会工作专业教育在各个高等院校迅速发展，形成了大专、本科、硕士研究生梯次结构体系。社会工作实践在上海等地区得到了初步实施。社区建设的概念被提出后，社会工作的发展速度加快。随着社区建设时期的到来，尤其是社区管理改革的第二阶段，即 2006 年之后，社会工作与社区管理创新的关系日益密切，为社区建设提供了人才支持，尤其在专业化的社区服务方面成效显现。因此，在上海等地的社会工作实践和探索之后，民政部开始逐步扩大社区社会工作的试点范围，大力推动专业社会工作发展，使其成为提升社区服务水平的重要力量。

2007 年，民政部发布《关于开展社会工作人才队伍建设试点工作的通知》，同年确定了 75 个试点地区和 90 个单位名单，2010 年评选出第一批试点示范地区和单位。2009 年，民政部下发《关于开展第二批社会工作人才队伍建设试点工作的通知》，选出了 88 个试点地区和 170 个试点单位作为第二批社会工作人才队伍建设试点，2011 年评选出了第二批试点示范地区

和单位。2011 年，中央 18 个部门和群团组织联合印发《关于加强社会工作专业人才队伍建设的意见》。2012 年 4 月，中央 19 个部门和群团组织联合发布《社会工作专业人才队伍建设中长期规划（2011—2020 年）》，对社会工作专业人才的教育、培训、评价、使用、激励等提出了具体要求。

（一）社会工作恢复重建及全国社会工作者职业水平考试制度形成

社会工作教育是培养社会工作人才最主要的途径。1922 年燕京大学社会学系的成立标志着社会工作专业教育在中国诞生；1952 年“院系大调整”取消了社会学系和社会工作专业。改革开放之后，我国社会工作教育逐渐恢复并发展，尤其是 21 世纪以来，我国社会工作教育迅速发展。1999 年底，全国有 30 多家院校开设社会工作课程。2000 年，全国有 28 所高等院校被教育部批准开设社会工作本科课程。2001 年，新开设社会工作专业的本科院校为 36 所，2002 年为 35 所。[①] 据教育部统计，截至 2007 年底，中国设置社会工作本科专业的高校达到 211 所，每年招收及毕业的本科生各在 1 万人左右；另有 153 所学校提供高职、高专层次的社会工作教育；有 73 所中等职业学校提供社会工作教育。到 2010 年，据中国社会工作教育协会不太精确的统计，中国有社会工作本科专业的高校约 260 所[②]。此外，社会工作研究生教育也迅速发展，2010 年开始招生，首批硕士学位培养单位有 33 所，到 2011 年，全国有 58 所学校设立了社会工作专业硕士学位，比前一年增长了 25 所[③]。

人事部和民政部于 2006 年 7 月颁发《社会工作者职业水平评价暂行规定》和《助理社会工作师、社会工作师职业水平考试实施办法》，我国社会工作者职业水平评价制度正式建立。首次全国社会工作者职业水平考试于 2008 年 6 月举行，13.7 万余名考生报考，24840 人通过。截至 2013 年，我国通过社会工作者职业资格考试的人数为 123084 人，其中，

① 林小秋．社会工作专业教育在中国的发展［J］．社会工作（下半月理论），2008（1）：29-31.

② 李迎生，韩文瑞，黄建忠．中国社会工作教育的发展［J］．社会科学，2011（5）：82-90.

③ 徐瑞哲．58 所高校加快培养社工专业硕士［EB/OL］．（2010-12-17）［2022-10-10］. https：//kaoyan. eol. cn/yuan_ xiao_ xin_ xi/201012/t20101217_ 555519. shtml.

助理社会工作师 91901 人，社会工作师 31183 人（见表 2-1）。这些取得社会工作者职业资格的人广泛分布于街道办事处、社区、社会工作机构等，为我国社会工作事业发展注入了新的血液。

表 2-1　2008—2013 年社会工作者职业水平考试报考及通过情况

单位：人

	2008 年	2009 年	2010 年	2011 年	2012 年	2013 年	合计
报考人数	137800	87000	71594	80003	126821	170143	673361
参考人数	103899	67637	56928	63514	101598	134164	527740
助理社工师	20648	6611	5428	8068	23846	27300	91901
社工师	4192	4227	2664	2338	6104	11658	31183
通过人数小计	24840	10838	8092	10406	29950	38958	123084

资料来源：民政部．中国民政统计年鉴 2011［M］．北京：中国统计出版社，2011：77.

（二）社会工作介入社区治理路径的开辟

2007 年，根据议行分设的原则，全国许多地方在镇、街道层面设立社区服务中心，在社区层面成立社区服务站或社区工作站等办事机构，形成了社区党委、社区居委会和社区工作站三大组织格局。社区工作站是上为政府分忧，下为居民群众办事服务的新型社会组织，承担政府下移到社区的有关管理服务职能，面向社区居民提供“一门式”服务的民办非企业单位。社区工作站在街道办事处、社区党组织领导和社区居民委员会的指导、监督下开展工作。①

① 社区工作站的主要工作职责有：(1) 行政性服务。主要是协助政府及有关职能部门开展好下列工作：办理失业卡、待业卡；失业人员就业安置；残疾证和残疾人家属农转非的申办；社区内失业人员及离退休人员管理与服务；居民收养证明；居民身份证和老年卡申领；直系亲属公房卡过户申办；外来人员暂住证申办；规划杂项工程申办；居民占绿手续申办及宠物类管理申办；独生子女父母奖励申办；《独生子女父母光荣证》申办、生育审批及《生殖健康服务证》申领；流动和失业人员计生申请等。做好社区公益性资产管理工作，完成其他由街道办事处（镇政府）确定需要进入社区的工作事项。(2) 福利性服务。主要是协助政府及有关职能部门开展好下列工作：居民最低生活保障、社会救济金、失业人员失业金救济金申办；民政对象、退休人员房租减免申办；特困对象家庭子女就读学杂费减免申办；社会救济对象的送养申办以及其他需要提供福利性服务的工作。(3) 社会化服务。主要是老年休养院、老年活动室、托幼服务、社区卫生服务、社区物业服务、社区志愿者服务以及辖区内各类中介服务组织的协调管理；社区服务信息网络协调管理；开展其他便民利民服务工作。

从表 2-2 数据看，我国社区服务中心的数量逐年增加，社区服务站的数量也呈增加趋势。其中，街镇层面的社区服务中心从 2003 年的 7520 个增加到 2013 年的 17218 个；社区服务站的数量从 2007 年的 50116 个增加到 2013 年的 87931 个。社区服务中心和社区服务站数量增加的原因是社区范围调整以及国家对社区服务的重视程度提高。目前，我国许多地区社区服务站开展的工作中属于社会工作的内容主要有社区福利工作及部分社会化服务，例如老年休养院、老年活动室、志愿者服务等。此外，社区矫正工作、社区青少年教育、社区医疗卫生等领域也有社会工作专业的范畴。我国个别地区，例如深圳市盐田区专门成立了社区服务站与社区工作站，社区服务站负责招聘专业社会工作者开展专业服务，而社区工作站则主要承接政府的服务职能。

表 2-2　2003—2013 年社区服务设施统计表

单位：个

年份	社区服务中心（街镇）	社区服务站	社区居委会	便民利民网点（万个）
2003	7520	—	77431	66.8
2004	7804	—	77884	70.4
2005	8479	—	79947	66.5
2006	8565	—	80717	45.8
2007	9319	50116	82006	89.3
2008	9873	30021	83413	74.9
2009	10003	53170	84689	69.3
2010	12720	44237	87057	53.9
2011	14391	56156	89480	45.3
2012	16306	87931	91153	39.7
2013	17218	87931	93000	—

注：资料根据中华人民共和国民政部门户网站 2003—2013 年社会服务发展统计公报数据整理而来。表中的社区居委会包括了城市社区居委会及村改居社区居委会，社区服务站包括城市地区和农村地区社区服务站。

社会工作机构的成立和发展为我国社会工作服务的开展提供了良好的发展平台和人才保障。相比行政部门及半官方的人民团体的社会工作，社会工作机构能够更好地保持第三方独立身份，秉承社会工作的理念和价值，开展专业性的服务。截至2012年11月，我国已有1000多家民办社会工作服务机构，在民生、民族团结、社区服务、犯罪矫正等领域为当地群众提供服务①。

社会公益性民间组织是社会工作的重要平台，是社会工作人才的重要承载者。大力培育发展社会公益性民间组织，有利于降低公共服务成本，提高公共服务质量和效率；有利于推动政府职能转变，实现政事、政社分开和公共服务的多元化、专业化和社会化；有利于形成“政府主导推动、民间组织运作”的社会工作运行格局。各类社会工作组织在社区范围内开展工作一方面为社区工作提供了专业的服务平台；另一方面，这些工作也需要社区工作者的协调和配合。

社会工作机构的快速发展表明社会对社会工作人才的迫切需求。截至2013年10月，广东省社会工作机构数量约有400家，是四川、上海、江苏、北京等社会工作发展较快省市的5~8倍，约占全国总数的32%，社会工作者仍缺少超4万人。② 为加快推进我国社会工作专业人才队伍建设，中央组织部、中央政法委、中央编办、民政部等19个部门和群团组织已颁布了《社会工作专业人才队伍建设中长期规划（2011—2020年）》。该规划提出实施民办社会工作服务机构孵化基地建设工程，逐步建立50个国家级民办社会工作服务机构孵化基地，到2020年，培育发展8万家民办社会工作服务机构③。

2012年11月，民政部、财政部联合发布了《政府购买社会工作服务的指导意见》。该意见提出要按照“受益广泛、群众急需、服务专业”原则，加快培养一支高素质的社会工作专业人才队伍，发展一批数量充足、

---

① 黄小希．截至11月我国已有1000多所民办社会工作服务机构［EB/OL］．（2012-12-20）［2022-10-10］．http：//www.xinhuanet.com/politics/2012-12/20/c_114102049.htm.

② 陈红．解读《广东社会工作发展现状调研报告》总体处于社工机构区域分布不均衡 社工高紧缺和高流动状态［J］．社会与公益，2014（2）：58-59.

③ 同①.

治理科学、服务专业、作用明显的社会工作服务机构，有效满足人民群众个性化、多样化、专业化服务需求。2013 年，民政部、财政部发出《关于加快推进社区社会工作服务的意见》，逐步在街道社区服务中心、社区服务站、社区矫正机构等社区公共服务平台设置社会工作专业岗位，配备社会工作专业人才，鼓励社会工作专业人才通过选举进入城市社区党组织、社区居民自治组织、业主委员会。意见将社会工作介入社区开展服务的重要性提上新的台阶。

从我国社区管理变迁过程来看，社区管理变革与社会工作的发展密切相关。在民国时期，专业社会工作就已经被引入我国，在当时城市化较早的上海地区的工厂区开展了专业的社会工作服务。但当时我国城市化不足，基本上没有形成城市社区管理体制。计划经济时期，社区管理的对象本身就少，本土社区社会工作的内容只是社区管理的辅助。社区建设提出后，我国社区管理模式开始不断地改革和创新。社区管理对社会工作的需求越来越高，我们可以通过社会工作教育的发展演变来分析社区管理变迁与社会工作之间的相关关系。

表 2-3　新中国成立以来我国社区管理演变及本土社区社会工作发展

阶段	阶段特征	社区福利内容	工作者情况
1949—1986 年	社区控制	少数无工作单位居民的公共福利事项；反映居民的意见和要求；调解居民间的纠纷	离退休人员及德高望重的社区居民； 本土非专业
1986—2000 年	社区服务	以民政对象为主的福利服务，包括老年人、残疾人、优抚对象服务；职工社会保险管理	公开招聘的社区工作者、个别社工机构； 以非专业为主
2000 年至今	社区建设	面向老年人、儿童、残疾人、社会贫困户、优抚对象的社会救助和福利服务；面向下岗职工的再就业服务和社会保障社会化服务；面向全体居民的社区福利服务；社区问题的解决	社区工作者、大学生社工及社会工作机构； 专业化程度有所提高

进入21世纪后，我国社区服务的对象逐步从原来的民政服务对象拓展为一般的老年人、青少年、妇女、贫困户、下岗人员甚至全体社区居民。在民政部门的牵头下，我国的社区社会工作实践也迅速发展。国家对社区建设的财政支持力度加大，社区工作者文化水平提升。社会工作专业大学生进入社区工作进一步提高了我国社区服务水平。从社区社会工作实践状况及工作人员来源来看，社区建设初期的社区社会工作并非专业意义上的社区社会工作。

社会工作介入我国社区治理的过程经过了从配合到合作提供服务，再到独立开展服务的发展历程。在社区建设初期，本土社区社会工作主要是指社区服务中的无偿服务，与志愿者组织发挥的功能相似，专业性不强。后来，社会工作机构必须通过与基层政府和居委会合作来参与社区治理，专业性有所提高但自主性不够。随着我国政府治理理念的创新，政府希望通过引入专业社会服务组织来代替对外来社会组织的需求，以便更好地对其管理并促进本土社会服务机构的发展。但显然，专业社会工作必须要保持专业特性才有发展的必要性。因此，近些年在国家主导的政策转型下，专业社会工作组织得到一定程度的发展并开始以政府购买服务的方式参与街区治理。

二、社会工作与社区治理的理论关联

社区治理可以分解为任务目标和过程目标，两个目标构成了社区治理格局的内容。社区治理的任务目标和过程目标的实现有助于推动社区治理主体的多元化、治理内容的扩大化以及权力运行方式的民主化。本书将依据任务目标和过程目标这一划分体系对社区治理的概念进行操作化。社区治理的外延包括了三大部分，分别是社区民主协商机制构建、社区服务（困难群体服务及社区福利服务）、公共服务。

（一）社区治理的过程目标在于构建多元化的治理机制

社区治理是政府、居民、社会组织、企业、辖区单位等社区相关利益主体依据正式的法律制度及非正式的社区公约等，在平等协商的基础上，处理社区事务的一种状态。因此，较之传统的社区管理方式，社区治理的特点就在于主体多元、方式多样与内容拓展。其中，治理方式多样是社区治理主体多元的最佳体现，也是实现社区治理内容拓展的途径。社区治理方式除依法治理之外，还包括多元主体间的民主协商，而社区民主协商机制可以进一步分解为“政社协商”（多元协商）、“居民自治”及“多元合作”三种治理方式。此外，我国社区治理还应突出党建引领。

“政社协商”是指在处理社区事务及制定与社区相关的政策时，政府能够与社区沟通和协商，听取社区居民的意见。“居民自治”是指依靠社区居民力量解决社区问题，社区居民有权处理本社区的相关事务；“多元合作”是指社区各类主体能够积极主动地参与社区问题的解决，政府要重视社会组织、辖区单位、社区居民、商业组织等方面的资源和力量。

（二）社区治理的任务目标在于完善社区功能

社区治理是一种社区管理状态，而社区治理的任务则是解决问题、完善社区功能。社区问题的解决对社区治理提出新要求，而社区功能是否完善是检验社区治理方式的最佳标准。社区的功能包括发展社区经济，提供社区服务，维护社区卫生、社区治安、社区环境，发展社区文化等。

本书将社区治理的任务目标进行了整合，将其划分为救助困难群体、提升居民福祉以及满足生活需求三部分。救助困难群体是社区的重要功能，也是社区治理的任务之一，要靠社区困难群体救助和服务来实现。困难群体服务包括贫困人口服务、残疾人服务、老年人服务及特殊人群服务等。提升居民福祉是针对全体社区居民开展的福利服务，例如，社区志愿服务、社区互助服务及社区自治服务等。居民生活需求的满足则要靠社区卫生、警务与社区治安、社区环境与物业、社区文化教育等社区公共服务及商业服务来实现。社区公共服务的内涵最广泛，包括了部分社区困难群体服务和面对全体居民的福利服务。公共服务的提供者既可以是政府部门及事业单位，也可以是非政府组织，但困难群体服务及社区居民福利服务的提供者一般是政府部门及事业单位。社区商业服务的主体主要是市场组织。

社区治理的过程目标是实现社区治理的任务目标的重要条件，完善的治理机制和方式推动社区功能的实现。我国社区治理面临的严峻任务折射出社区治理方式变革的迫切性，从行政主导的社区管理到多元主体共同参与的社区治理的转变是社区发展的需要。

（三）社区社会工作的任务包括社区功能的完善以及社区能力的提升

如前所述，罗斯曼将社区社会工作的目标归纳为任务目标和过程目标两大类（见图 2-1）。其中，任务目标是指社区社会工作要解决的一些特定的社区问题，满足某项社区需要，如救助儿童、修桥铺路、安置无家可归者等，实现社区社会福利水平的提升。过程目标是促进社区民众能力的提升，包括自助、互助及团结行动的能力，建立社区不同群体的合作关系，发掘及培养社区领袖参与社区事务，增强居民解决问题的能力、信心等。

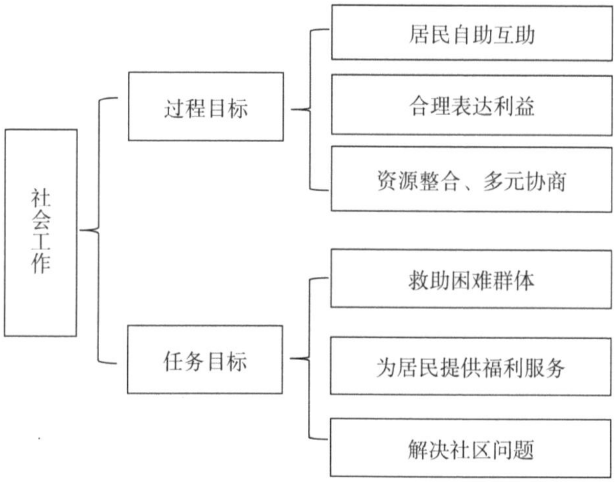

图 2-1　社区社会工作体系

托马斯将社区工作的目标划分为分配资源和发动居民。分配资源是指社会工作者通过组织居民争取合理而平均的资源调配，维护他们最基本的生活水平。发动居民是指社会工作者在社区实践中要培养居民的政治意识，使之掌握更多的政治知识和技巧，令居民拥有信心及能力来参与社区治理，最终目标是捍卫社区居民的基本权利。托马斯的划分体系与罗斯曼有一定的相似性，他关于社会工作的分配资源的目标与罗斯曼分类方式中的任务目标基本一致，发动居民的目标则与罗斯曼提出的社会工作的过程目标相对应。

虽然罗斯曼与托马斯对社会工作方法体系中的社区工作进行了划分，但社会工作的个案工作及小组工作方法均可以融入这样的划分体系，适用于任务目标及过程目标的划分方式。本书将社会工作的过程目标分解为三个层次：第一个层次是提升居民自助互助的能力；第二个层次是提升居民团结行动、合理表达利益诉求的能力；第三个层次是提升社区整合资源的能力。社会工作的任务目标也包括三个层次：第一个层次是救助困难群体；第二个层次是提供针对全体社区居民的服务；第三个层次是协助解决社区问题。社会工作的过程目标与任务目标并不是割裂的，任务目标的实现离不开过程目标的实现，过程目标的实现有利于推动任务目标的实现。

（四）社会工作的任务目标与社区治理的任务目标具有一致性

社会工作的任务目标在于维护社区困难群体的利益，提升社区社会福利水平，并帮助居民解决一定的社区问题。与社区治理的任务目标相比，社会工作的任务目标范围相对较小，是社区治理任务目标的组成部分。社会工作的过程目标与社区治理的过程目标具有一致性。多元的社区治理机制本身并不是社会工作的主要目的，而是社会工作者维护社区居民基本权利、提高社区福利水平的方法和途径。在解决社区问题的过程中，社会工作促进了社区多元治理机制的形成。首先，社区社会工作助人自助的理念重视居民依靠自己的能力解决问题，重视社区居民解决问题能力的提高，而不是仅外在地对其实施帮助；社会工作提倡依靠社区力量解决社区问题，重视居民之间的互助与合作。如此，社会工作通过提升居民自助互助的能力也促进居民参与社区治理。其次，社会工作鼓励人们在面对不平等的社会、政治、经济政策时要学会利益表达，尤其是团结起来与对方沟通协商，甚至采取集体行动（这在社区行动模式中体现得尤为明显）维护自身利益。居民能力的提升在一定程度上会使政府决策时更重视倾听居民的意见，在制定政策的过程中能够与居民协商、采纳居民的合理意见、重视保护困难群体利益。最后，社会工作在社区实践中能够调动或带领居民一起协调资源，解决社区问题，促进社区治理方式的完善。

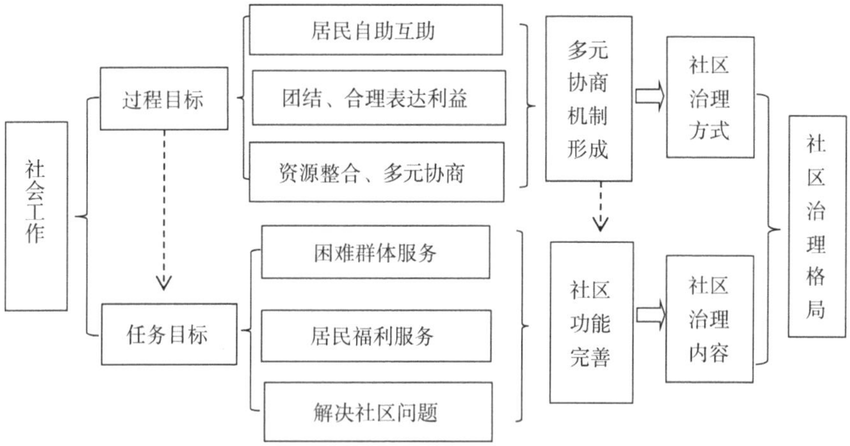

图 2-2　分析框架图

社会工作的任务目标与过程目标的实现能够有效地推动社区治理的任务目标与过程目标的实现，形成多元主体共同参与的社区治理格局。在治理主体方面，社会工作的发展有助于促进居民、社会组织和辖区单位积极参与解决社区问题；在社区治理方式方面，社会工作的发展有助于在依法治理和行政管控之外，形成民主协商治理机制；在治理内容方面，社会工作的发展能够更好地解决困难群体的问题，提高社区福利水平并协助解决其他社区问题。

第二节　中国社区治理改革现状与未来发展

一、中国社区治理改革面临的问题

（一）综合性支持功能发挥不足且错位，社区治理格局不稳定

我国各省份开展试点的进度不同，辽宁省 2020 年才启动“三社联动”社区治理创新试点工作，但截至 2021 年，全国大部分省份已经分批次开展了社区治理创新试点。各地在社区治理实践中形成了四种层次的

“三社联动”运行机制。一是“项目指导型”，是指以社区社会组织及社区居民为主要人员，专业社会工作机构提供技术指导，政府和社会提供资金，以项目化的方式开展社区服务的机制。二是“社区内部发展型”，是指社区专业社工岗位工作者或居委会工作人员学习专业知识后，吸纳居民力量并以项目化的形式开展社区服务的治理方式。三是“社会工作机构服务型”，是指主要由社会工作机构开展社区服务项目，政府以购买服务的方式为社会工作机构提供资金支持，机构在开展服务过程中根据需求选择是否需要社区居民和其他社会组织的参与。四是街道层面的“社会组织委托型”，是指政府将适合由社会组织承接的社区服务等事务直接委托给一个社会组织管理，被委托的社会组织兼具管理功能和服务功能，可以直接面向社区居民开展服务，也可以引入多家伙伴型社会组织开展服务。

青岛、合肥、武汉等市于2018—2021年相继提出了“四社联动”“五社联动”机制，但本质上未对社区治理机制产生重大影响。“项目指导型”社区治理机制在我国实施的范围最广。在“项目指导型”社区治理机制运行下，社区治理多元主体的角色和互动规则重新被塑造，基层治理资源也逐渐向社区组织和社区居民倾斜。与此同时，社会工作介入后的社区治理格局不够稳定，社会组织、社区周边单位等社会资源作用发挥有限，社区服务项目的专业性和持续性不足。这样的发展结果是由政府、社区居委会、居民的治理理念和能力不足，社会力量偏弱等多方面原因导致的，而专业社会工作在社区治理中的介入程度有限、社区治理机制不完善则是非常关键的因素。另外，社会工作的综合性支持功能发挥在实践中还存在错位的问题。

社会工作介入社区治理的机制是指社会工作以何种方式与社区治理其他主体发生联系，主要涉及社会工作与基层党组织、基层政府及相关部门、社区居委会、社区自治组织、居民及辖区单位之间的联动关系。同时，还应充分考虑专业社会工作与本土社会工作者之间的关系。社会工作主要以三种方式介入社区治理：以社会服务组织的方式；以社区专业社会工作岗位的方式；以对基层工作者开展专业社会工作培训的体制内嵌入的方式。第一种方式最有利于保持社会工作的专业边界，但短期内离不开本土社区工作者的支持，与政府的关系会影响服务成效。第二种方式能使社工快速熟悉社区环境，获得社区居民信任，但工作自主性不足，缺乏专业平台且容易受到行政化影响。第三种方式获得的信任度最高、专业化最弱、行政性最强，但仍有利于提高社区服务水平，改善社区治理方式。一些对专业性要求不是很高的社区自治项目及社区福利服务可以由经过培训的社区工作者及社区居民承担，实现社会工作力量的在地化培育。

截至目前，社会工作的三种介入方式尚未实现功能互补，尤其是组织化的介入方式不足。首先，社区治理项目仅靠新培育的社区服务组织以及社区社会工作者来实施，缺乏驻地化的专业社会工作机构的长期引导，很难有效发挥社会工作的综合性支持功能。其次，专项社会服务组织的介入程度也十分有限。社区矫正人员、残疾人、家庭暴力受害者等特殊人群和困难群体服务必须由专业性社会服务组织提供，目前这类专业服务组织尚未广泛介入社区。

社会工作的综合性支持功能在一些地区的实践中也发生了错位的问题。诚然，社会工作的综合性支持功能有效弥补了政府职能的不足，协助解决了诸多社区问题，得到政府的大力支持，推动专业快速发展。但同时，综合性支持功能的过度发挥会耗损专业社会工作资源，对专业发展带来不利影响。不能仅在技术层面发挥社会工作的功能，还应重视其学科属性。物业监管、环境卫生、治安防控等社区公共问题是政府的主要职责。在相关制度不健全的情况下，政府在短期内可以借助社会工作的力量，采用社区发展模式予以处理。从长远来看，社区的公共问题仍需要政府通过法律和政策等制度化方式及精细化治理策略来解决。同样，社区矛盾纠纷化解以及社区民主建设等方面的工作也不可过度依赖专业社会工作，而应在社区治理格局相对稳定后，通过体制内嵌入的方式逐步向基层政府及社区居委会转移，专业社会工作者可持续发挥协同作用，不断巩固社区治理格局。

（二）权责性福利功能发挥有限，社区福利水平较低

专业社会工作的综合性支持功能发挥不足且错位，进一步导致社会工作的权责性福利功能发挥有限，社区福利水平低位发展，难以满足社区普通居民、困难群体及特殊人群的福利需求。具体体现为：

第一，对社区福利治理的重视程度不够。

虽然社会工作的价值理念和专业方法能够应用到社区治理的诸多领域，但福利服务依旧是社会工作最核心的工作范畴。福利治理是将“治理”理念和方法引入社会福利领域的一种实践主张。[①] 社区福利治理是指政府、社区组织和居民、社会组织、市场等多元福利主体协作，共同满足社区居民福利需求的过程。社区福利治理涉及居民福利需求调查、福利资源链接及福利服务供给等方面。当前我国社会工作的权责性福利功能发挥不充分，社会服务组织数量和资源不足，社会政策与社区服务未实现良好衔接，社区福利治理水平有待提升。

第二，社会工作服务体系尚未形成。

从社会工作行政角度来看，社区福利治理需要构建社会工作服务体系。目前，我国社会服务机构之间的竞争关系大于协作关系，整合式的社会工作服务体系尚未建成，不利于实施精准化的救助，无法彻底解决社区居民遇到的问题。以流动儿童为例，在宏观层面，国务院妇儿工委、教育部、卫健委、民政部、共青团等多个部门均涉及流动儿童工作，但不同部门购买的社会服务相互独立，缺乏整合，没有建立有效的协作保护体系。在微观层面，社区居委会、医院、学校及社会服务组织之间的联系较弱，难以有效解决流动儿童问题。

第三，对城市边缘社区建设的投入不足。

目前，社会工作的功能发挥涵盖了城市各种类型的社区，对社区治理方式及社区治理成效产生了深刻影响。但从专业属性出发，社会工作仍以困难群体为重点服务对象，应着重参与城市地区的老旧、贫困社区

---

① 钱宁．多方参与的社会治理创新：发展社会福利的新路径［J］．山东大学学报，2014（9）：73-77.

建设。然而目前社会工作的发展呈现出“地区越发达，社会工作发展水平越高”的局面，城市的边缘地区甚至尚未开展社区治理试点工作，社区建设水平落后，社会工作力量与居民的需求不匹配，福利资源短缺，居民的福利需求难以有效满足。

第四，困难群体的社区参与未受到应有重视。

社区参与是社区中的居民及居民组织基于公共参与精神而对社区的公共事务（包括政治事务和非政治事务）的参与，以解决社区问题、提升社区功能。吉登斯提出的积极的福利社会强调人的能动性，强调公民、政府以及其他机构对福利的贡献；强调社区参与，注重社会资本培育。[①]政府应通过鼓励居民社区参与实现积极的福利社会。社区正成为困难群体获取社会资源、参与社会生活的重要福利场域。当前，困难群体的社区参与具有低水平和不平衡的特征，民事权利类参与率较高但频率较低，社会权利类参与率较低且不平衡，政治权利类参与率最低且与普通居民差距最大。[②] 当前，基层政府及社会工作者对困难群体的社区参与重视程度不够。社会工作在促进社区民主建设时涉及最多的人群还是社区精英群体或“社区能人”。

二、中国社区治理改革的未来发展

王思斌最早提出社会工作高质量发展。[③] “高质量发展意味着社会工作的支持系统更好发展，民生领域社会工作更加扎实”[④]。未来，社会工作的综合性支持功能和权责性福利功能均需持续发挥作用。社会工作要通过畅通和规范参与社会治理的途径实现高质量发展[⑤]。完善社会工作介入社区治理的机制非常关键。与此同时，有学者提出，“在专业社会工作

---

① 钱宁．现代社会福利思想［M］．北京：高等教育出版社，2014：262-268.

② 李文静，张越森．弱势群体社区参与特征、影响因素与动员策略——基于北京、淄博市部分社区的调查［J］．社会工作，2021（5）：88-100+109-110.

③ 王思斌．从发展速度向发展质量转变中社会工作的机会与角色要求［J］．中国社会工作，2018（4）：61.

④ 顾东辉．高质量发展：中国特色社会工作的战略任务［J］．中国社会工作，2022（31）：8.

⑤ 王思斌．社会工作高质量发展的“两极突破—中间支撑”策略［J］．中国社会工作，2022（4）：6.

不断融入体制建设，助力基层治理创新和民生基本保障的过程中，愈加需要厘清自己的独特性，明确自己的专业性所在”。[①] 这提示未来要凸显社会工作的学科属性。社会工作的高质量发展涉及制度、服务体系、人才、服务机构能力以及重点领域等方面的发展。综合上述观点，为了促进社区社会工作的高质量发展，未来应进一步完善社会工作介入社区治理的机制，明确社会工作福利功能发挥的重点领域。

（一）进一步完善社会工作介入社区治理的机制

社会工作介入社区治理的机制涉及社会工作力量与社区其他治理主体的关系，也涉及街道社工站、社会工作机构、社区社会工作者等不同类型社工之间的关系，着力形成完善的社区多元主体协作治理机制以及纵横交织的社会工作分工协作体系。具体需要从以下几个方面着手。

1. 通过街道社工站建设推进社区治理机制向更高层次发展

乡镇（街道）社会工作站的设立意味着国家将常驻社工力量从社区层面提升到了街道层面，社会工作发展迎来了新的契机。“社区内部发展型”的社区治理机制在“三社联动”提出前就已存在，适用于社会工作及社会组织发展相对落后的地区。“项目指导型”是最普遍的社区治理运行机制。社会工作发展程度较高的地区采取了“社会工作机构服务型”和“社会组织委托型”。街道社会工作站的设立标志着我国社会工作介入社区治理的机制开始向“社会工作机构服务型”和“社会组织委托型”转变。

目前，民政部对如何建立社会工作站尚无细则，但鼓励引导优秀的社工机构承接运营乡镇（街道）社工站。长沙市建设社工站形成了嵌入基层政府内部的“内嵌型”、政府购买社工机构服务的“下沉式”以及“桥接式”三种介入路径。[②③] “下沉式”有助于形成“社会工作机构服务

---

① 童敏，周晓彤．解决式问题导向思维：中国社会工作高质量发展的路径审视［J］．社会工作，2021（6）：1-10+99-100.

② “桥接式”参与路径是指乡镇社工站置于基层政府与民众、社会组织之间，成为官民沟通、政社互动的桥梁纽带。

③ 龙欢者．乡镇（街道）社工站参与基层社会治理的三重路径——基于湖南的实践［J］．中国社会工作，2022（13）：25-26.

型”社区治理机制，而“桥接式”则有助于形成“社会组织委托型”社区治理机制。上海市推动“社会工作综合服务站+社会工作专项服务站”两类社会工作站建设①。这种设置方式也接近“社会组织委托型”社区治理机制，有助于发挥社会工作的综合性支持功能与权责性的福利功能。政府“内嵌型”的社工站建设模式虽然存在非专业化和非机构化的缺陷②，但相比“社区内部发展型”及“项目指导型”社区治理机制，能够提升街道层面常驻社会工作的专业性。各地应结合当地实际选择不同的社工站建设路径，社会组织发育水平高的地区可以借鉴上海模式或长沙的“桥接式”路径，形成专业社会服务组织平台。社会工作及社会组织发展较弱地区则可以先选择政府“内嵌型”，再逐步向“下沉式”及“桥接式”过渡。各地也可以综合发挥各种路径的优势，最终实现“社会组织委托型”社区治理机制。

2. 街道社工站与基层党政部门沟通协作并明确职责

无论是“内嵌型”“机构型”，抑或是“桥接式”社会工作站建设模式，都需要处理政府与社工站的关系。街道社工站应在街道党委的领导下，做好社会组织党建工作；依托基层党组织的核心力量，将党领导一切的制度优势和社会工作的专业优势转化为基层治理的实际效能③。为了既发挥好社会工作的综合支持功能，又避免受到行政化的干扰，街道社会工作站应与基层政府基于社区民生任务，明确相互的职责，以制度化的方式开展合作。社工站的人才队伍应包括社会工作专业毕业生及从社区选拔上来的持证社会工作者，实现专业化与本土化的结合，针对社区实际问题和需求提供服务。街道社工站要根据属地特点承接街道社区办、民政等部门的专业服务，根据社区特点设计和实施福利服务项目，培育社区自治组织，开展社区自治服务项目；立足社区、多方链接资源，协

① 上海市民政局．上海市民政局关于推进上海市街镇社会工作服务站建设的通知［Z］．2021-12-30.

② 徐选国．政社联结：发达县域乡镇（街道）社工站的整合模式［J］．中国社会工作，2021（31）：9.

③ 张强．“红色社工”与基层治理——基于武汉市W区社会工作实务案例的分析［J］．新视野，2022（4）：99-105.

助提供公共卫生、社会保障、城市建设等公共服务。

3. 社工站与社会服务组织、社会团体及社会慈善力量进行服务对接

为了提升社区福利治理水平，社工站应与其他社会服务组织及社会慈善力量进行业务对接，形成专业服务平台。街道社工站需要承担打通民政及社会团体“最后一公里”服务及社区治理的任务。例如，《北京市街道（乡镇）社会工作服务中心试点建设实施方案》提出，“社会工作站要重点整合社区治理、社会组织、社会救助、养老服务、儿童福利、慈善捐助、心理服务等社会建设和民政领域社会工作基层服务资源，协调各部门资源，共同开展社会工作服务”。[①] 繁重的社区福利治理离不开社工站、专业社工机构及其他社会服务组织的协作。社工站应协助、监督、指导其他社会服务力量开展社区社会工作，未来应逐步制定标准化的业务对接流程。

4. 社会工作服务站与社区社会工作者形成纵向分工体系

受到人员编制以及资金等方面的影响，社工站无法承揽所有的社区服务。因此，需要社区层面设立专业社会工作岗位，在街道社工站指导下负责本社区相应工作，例如社区情况调研、服务项目执行、问题反馈及政策宣传等。在社区福利功能日渐提升的趋势下，该岗位将承担重要职责。社区社工重点负责社区青少年、老年、妇女、残疾人等方面的专项服务工作。同时，社区社工还要配合街道专项服务站或专业社会服务组织开展工作。此外，街道办事处及社工站共同指导社区社会工作者申报和运行社区自治服务项目，培育社区社会组织和志愿服务队伍，提升社区动员能力和资源链接能力，提高社区治理水平。

5. 对街道社工站及社区社会工作者进行持续培训

由于社会工作力量在街道和社区层面均有不同的介入形式，其专业性存在差异，在短期内难以保证，因此要加强对街道社工站及社区社会工作者的持续培训。广东省社工站的社工由镇（街）直接聘用、省统一

---

① 北京市委社会工委市民政局．北京市街道（乡镇）社会工作服务中心试点建设实施方案［Z］．2021-05.

督导。张和清等提出，“中国社会工作毕业生就业的专业对口率低，而现实中存在大量非科班出身的实际从业者。为了使社会工作实务体现本土化、专业性和不可替代性，无论是科班出身还是非科班出身的从业人员都需要加强继续教育和培训”。[①] 基于广东经验，未来应加强高校专家团队以及省、市级督导团队对街道社工站的指导，形成纵向专业督导体系，更好开展社会工作实践，满足居民需求、解决社区问题、加快推进我国基层社会治理体系和治理能力现代化。

（二）明确高质量发展时期社区社会工作福利功能发挥的重点领域

新时期，社会工作将在更高层面持续发挥综合性支持功能，协助党和政府进一步完善社区治理方式，巩固社区治理格局。在社区治理格局相对稳定后，社会工作可将工作重心逐步转移至社区福利治理、贫困地区及困难群体集中型社区治理、困难群体的社区参与以及社会工作服务体系的建设方面。

1. 以福利治理促进社区治理

2010 年以来，我国的社会福利制度开始向适度普惠福利模式转变，社区福利的内容将进一步扩大。社会工作应在参与社区福利治理的过程中促进社区治理转型，实现综合支持功能与权责功能的结合。一方面，专业社会工作作为社会力量提供社区服务是社区福利治理的体现。另一方面，社会工作在社区福利治理过程中对社区其他治理主体理念和方法的影响进一步促使社区治理方式转化。当然，此阶段的效果也受到诸多因素影响，需要基层党和政府及其他治理主体共同构建。

2. 加强社会工作服务体系建设

随着我国社会工作职业化和专业化的发展，为了更好落实社会福利政策，需要构建包含多元主体的社区福利治理体系。在这一体系中，既需要对困难群体等福利对象实施更精准的帮扶，又需要构建整合式的社会工作服务体系。街道社工站、社区社工以及社会服务组织之间应基于

---

① 张和清，廖其能，李炯标．中国特色社会工作实践探索——以广东社工“双百”为例［J］．社会建设，2021（2）：3-34.

居民服务需求，开展专业化的联合服务，提高服务质量。各地应尽快在社区福利治理体系中制定多元主体间标准化的互动机制，切实推动社会工作的福利功能高质量发展。

3. 重点关注城市边缘社区建设

在城市地区，社会服务组织及社会工作人才将随着街道社工站的建设，在更多社区发挥社区治理功能。但相对普通社区，社会工作应以困难群体较为集中的社区为重点服务对象，着重参与城市贫困社区建设。例如，流动人口聚居区的社区建设、老旧社区、老年人聚居型社区建设等。政府要在这些地区投入更多的社会工作人才和社区建设资金，加强社区周边基础设施建设，着力提升这类社区的治理水平。

4. 重视困难群体的社区参与

社区参与是社区治理的重要内容。居民的参与行为由自身的主观需求和利益所驱动，并受到居民之间的信任和互惠关系、参与机制的完善程度以及社区治理制度供给状况等因素的影响。[①] 其中，社区环境的影响力大于个人背景的影响力[②]。针对不同职业、收入、文化程度、政治面貌和居住地区以及小区类型的居民，应采取不同的提升居民参与的政策[③]。推进社区参与对困难群体福利提升及社区治理创新具有重要的价值。提高困难群体的社区参与是社会工作的重点工作内容。对比普通居民的社区参与现状及其影响因素，困难群体的社区参与除了常规动员策略，更需要专业社会工作方法的使用。

① 方亚琴，申会霞．社区社会组织在社区治理中的作用［J］．城市观察，2019（3）：77-83.

② 马卫红，黄沁蕾，桂勇．上海市居民社区参与意愿影响因素分析［J］．社会，2000（6）：14-16.

③ 徐金燕，陆自荣，蒋利平．居民志愿服务参与意愿与社区公共服务居民满意度：内在影响之实证解析［J］．中共成都市委党校学报，2012（6）：33-37.

第三章 中国社会福利模式转型下的社区福利治理

第一节 福利治理视角下的社区福利

一、社区福利治理的内涵

推进国家治理现代化需要建设现代化的福利治理体系和治理能力。福利治理是治理理论在社会政策领域的运用，也是对福利国家危机的一种回应。福利治理旨在对传统国家范式下的福利发展模式和机制进行反思、优化和超越，提出应对福利危机和社会矛盾的机制与政策性措施，实现对传统福利模式失败的制度性回应①。对于我国社会福利制度模式而言，需要借鉴西方福利国家模式的经验和教训，在制定社会政策时，应具备治理理念。

福利治理兴起的背景是福利多元主义的兴起。西方国家的社会福利制度经历了第一次经济危机之前的残补型社会福利，国家仅对最需要帮助的困难群体提供满足最低生活水平的福利。第二次世界大战之后，福利国家迅速发展，但自 20 世纪 70 年代经济危机以后，福利国家开始遭遇严重危机。70 年代的石油危机、福利国家机构膨胀、效率低下、贪污腐败、限制个人选择以及经济全球化、人口老龄化等因素，使得西方国家开始实施福利国家改革。在新自由主义的影响下，西方国家福利改革的主要方向是削减社会福利水平，引入市场机制进入福利领域。然

① 雷雨若，王浦劬．西方国家福利治理与政府社会福利责任定位［J］．国家行政学院学报，2016（2）：133-138.

而，由于福利依赖以及西方民主制度的影响，改革遇到很大阻力。随着第三条道路的兴起，福利多元主义也开始逐步成为社会福利改革的一条新思路。

福利多元主义理论由罗斯[①]（Rose，1986）提出。他认为，一个社会总体的福利来源于三个部门：家庭、市场和国家。约翰逊[②]（Johnson，1987）在罗斯的福利多元部门组合中加进了志愿机构，丰富了福利多元理论的内容。在他那里，福利部门包括了国家、市场、志愿部门（自助、互助组织、非营利机构、压力团体、小区组织等）、非正规部门（亲属、朋友、邻里）。福利多元主义也受到了许多学者的认可和重视，只是每个学者强调的组合方式有所不同。保守主义者强调传统家庭的作用，新自由主义者强调市场的作用，费边社会主义把国家部门的权力视作个人自由的延伸。

福利多元主义概念首先源于 1978 年英国的《沃尔芬德的志愿组织的未来报告》，该报告主张将志愿组织也纳入社会福利的提供者行列，将福利多元主义运用于英国社会政策的实践。对此概念明确描述的是罗斯，他在《相同的目标、不同的角色——国家对福利多元组合的贡献》一文中详细剖析了福利多元主义的概念。

罗斯首先对福利国家概念进行澄清，他认为福利国家是一个大家熟知但容易引起歧义的概念，特别是容易误认为福利完全是政府的行为。国家在提供福利上的确扮演着重要的角色，但绝不是对福利的垄断。其次，他主张福利是全社会的产物，市场、家庭和国家都要提供福利，放弃市场和家庭，让国家承担完全责任是错误的。市场、国家和家庭三个部门在社会中提供的福利总和即社会总福利，用公式表示为：

TWS=H+M+S，即社会总福利=家庭福利+市场福利+国家福利

---

① ROSE R. Common Goals but Different Rose：The State ' s Contribution to the Welfare Mix［M］// ROSE R.，SHIRATORI R. The Welfare States：East and West. Oxford：Oxford University Press，1986.

② JOHNSON N. The Welfare States in Transition：The Theory and Practice of Welfare Pluralism［M］. Brighton（England）：Wheatsheaf，1987.

福利多元主义的三分法和四分法如下。

从罗斯关于福利多元主义的解析来看，他采取了三分法的方式。在罗斯研究的基础上，伊瓦斯提出了福利三角的研究范式。① 他认为罗斯关于福利多元主义的定义过于简单，应把福利三角分析框架放在文化、经济和政治的背景中，并将三角中的三方具体化为对应的组织、价值和社会成员关系。市场对应的是正式组织，体现的价值是选择和自主，社会成员作为行动者建立的是与（市场）经济的关系；国家对应的是公共组织，体现的价值是平等和保障，社会成员作为行动者建立的是和国家的关系；家庭是非正式的/私人的组织，在微观层面上体现的是团结和共有的价值，社会成员作为行动者建立的是和社会的关系。

福利三角体现了三方的互动关系。（市场）经济提供着就业福利；个人努力、家庭保障和社区互助是非正规福利的核心；国家通过正规的社会福利制度将社会资源再分配。在一定的文化、经济、社会和政治背景中，国家提供的社会福利和家庭提供的家庭福利可以分担社会成员在遭遇市场失败时的风险。②

然而，并非所有的学者都持三分法的划分模式，伊瓦斯本人在其后来的研究中也对福利三角的研究范式给予修正，他采取了四分法的分析范式，认为社会福利的来源有四个：市场、国家、社区和民间社会。③ 他特别强调民间社会在社会福利中的特殊作用：它能够在不同层次上，在基于不同理念的政府、市场、社区之间建立联系的纽带，使私人和局部利益与公共利益相一致。

---

① EVERS A. Shifts in the Welfare Mix: Introducing a New Approach for the Study of Transformation in Welfare and Social Policy [M] // EVERS A, WINTERSBERGER H. Shifts in the Welfare Mix: Their Impact on work, Social Services and Welfare Policies. Eurosocial, Vienna, 1988.

② 彭华民．福利三角：一个社会政策分析的范式 [J]．社会学研究，2006 (4): 157-168+245.

③ EVERS A, OLK T. Wohlfahrts Pluralismus: Vom Wohlfahrts Staat Zur Wohlfahrts Gesellschaft [M]. Opladen, 1996.

表 3-1 伊瓦斯福利多元主义四个部门的特征

部门	市场	国家	社区	民间社会
福利生产部门	市场	公共部门	非正式部门/家庭	非营利部门/中介机构
行动协调原则	竞争	科层制	个人责任	志愿性
需方的角色	消费者	有社会权的公民	社区成员	市民/协会成员
交换中介	货币	法律	感激/尊敬	说理/交流
中心价值	选择自由	平等	互惠/利他	团结
有效标准	福利	安全	个人参与	社会/政治激活
主要缺陷	不平等、对非货币化结果的忽视	对少数群体需要的忽视，降低自助的动机，选择的自由下降	受道德约束降低个人选择的自由，对非该团体的成员采取排斥态度	对福利产品的不平等分配，专业化缺乏，低效率

福利治理理论主张由多个主体合作解决社会福利事务，并不过多强调政府职责，尝试对福利国家所面临的“管理性危机”进行突破。就此而言，福利治理是对福利多元主义的深化。①

社区福利治理是治理理论在社区福利提供方面的运用。社区福利治理的核心是政府与市场组织、社会服务组织、志愿组织、社区居民的合作来满足社会成员对于福利的需求。从当前发展情况来看，社区福利的提供者是多元的，包括国家、居民、社会组织、市场及社区工作者等。

二、中国社会福利模式转型历程

由于前文已经对不同时期的社会政策进行了较为详细的介绍，这里简要陈述我国社会福利模式的转型历程。

改革开放之前，我国社会福利制度是与计划经济相匹配的单位福利以及少量的民政福利，这里的民政福利是针对少数困难群体的补缺型福

① 岳经纶，程璆．福利治理现代化：概念、理论框架与推进路径［J］．甘肃行政学院学报，2022（2）：32-41+125.

利。改革开放之后，我国社会福利开始逐步从单位福利向社会福利转型。具体包括：第一，通过企业改革分解职业福利，把福利的问题交给“社会”来承接，使企业回归其原本地位；第二，社会福利社会化成为社会福利改革的先声；第三，社区服务成为社会福利改革的新视角。①

进入20世纪90年代，依据中共十四大确定的改革方向，中国开始逐步走出计划经济体制，着手建立具有中国特色的社会主义性质的市场经济体制。从90年代中后期开始，注重社会公正，关注民生的观念得到重视，社会福利改革随着经济发展的脚步走向深入。21世纪以后，民政部在中共十六届三中全会提出的“坚持以人为本，树立全面协调可持续发展观”的思想指导下，开始从“社会问题取向”的社会福利制度建设转向“需要满足取向”的社会福利制度建设。2007年，结合我国发展中国家现状，提出从“补缺型”向“适度普惠型”社会福利制度转变的改革方向。

2020年10月29日，中共十九届五中全会通过的《中共中央关于制定国民经济和社会发展第十四个五年规划和二〇三五年远景目标的建议》指出，我国在“十三五”期间“人民生活水平显著提高，高等教育进入普及化阶段，城镇新增就业超过六千万人，基本医疗保险覆盖超过十三亿人，基本养老保险覆盖近十亿人，建成了世界上规模最大的社会保障体系”，在第十四个五年规划期间“要提高人民收入水平，强化就业优先政策，建设高质量教育体系，健全多层次社会保障体系”，从而实现2035年“人民生活更加美好，人的全面发展、全体人民共同富裕取得更为明显的实质性进展”② 的中国社会福利的远景目标。③

---

① 成海军．三十年来中国社会福利改革与转型［J］．马克思主义与现实，2011（1）：180-185.

② 中共中央关于制定国民经济和社会发展第十四个五年规划和二〇三五年远景目标的建议［Z］．2020-10-29.

③ 王云斌．福利需要：中国特色社会主义福利制度改革与创新［J］．社会福利（理论版），2021（3）：3-10.

第二节　中国社区福利体系

一、中国社区福利内容体系

2000年，《民政部关于在全国推进城市社区建设的意见》提出，在大中城市，要重点抓好城区、街道办事处社区服务中心和社区居委会社区服务站的建设与管理。社区服务主要是开展面向老年人、儿童、残疾人、社会贫困户、优抚对象的社会救助和福利服务，面向社区居民的便民利民服务，面向社区单位的社会化服务，面向下岗职工的再就业服务和社会保障社会化服务。2006年，《关于加强和改进社区服务工作的意见》突出强调了发展推进社区就业服务，推进社区社会保障服务，推进社区救助服务、社区卫生和计划生育服务，推进社区文化、教育、体育服务，推进社区流动人口管理和服务，推进社区安全服务，不断改进政府公共服务方式。

表3-2　中国社区福利内容体系

<table>
<tr><th colspan="2">服务类别</th><th>服务对象</th><th>服务主体</th><th>经费来源</th><th>服务性质</th></tr>
<tr><td colspan="2">社区公共服务</td><td>社区全体居民</td><td>政府部门及其延伸机构</td><td>各种来源</td><td>公益（福利）性</td></tr>
<tr><td rowspan="4">社区公益服务</td><td>社区福利服务（狭义）</td><td>社区困难群体</td><td>社区自治组织、NPO、志愿组织</td><td>各种来源</td><td>公益（福利）性</td></tr>
<tr><td>便民利民服务（准商业）</td><td>社区全体居民</td><td>社区各类组织</td><td>各种来源及服务收费</td><td>公益（福利）性</td></tr>
<tr><td>社区互助服务
社区自治服务</td><td>社区全体居民</td><td>社区居民</td><td>居民捐助
政府补贴</td><td>公益（福利）性</td></tr>
<tr><td>社区志愿服务</td><td>社区全体居民</td><td>社区内外志愿组织</td><td>各种来源</td><td>公益（福利）性</td></tr>
<tr><td colspan="2">社区商业服务</td><td></td><td></td><td>服务收费</td><td>营利性或商业性</td></tr>
</table>

（一）社区卫生和计划生育服务

推进社区卫生和计划生育服务。坚持政府主导、社会力量参与，建立健全以社区卫生服务中心（站）为主体的社区卫生和计划生育服务网络，以妇女、儿童、老年人、慢性病人、残疾人、贫困居民等为重点，为社区居民提供预防保健、健康教育、康复、计划生育技术服务和一般常见病、多发病、慢性病的诊疗服务。大力培养社区卫生服务技术和管理人员，加强对社区卫生服务的监督管理，保证服务质量。实施国家政策规定的计划生育基本项目免费服务。建立民主监督制度，把社区居民满意程度作为考核社区卫生服务工作人员业绩的重要标准。完善社区卫生服务运行机制，发挥社区卫生服务的健康保障功能，努力实现人人享有初级卫生保健的目标。

（二）社区文化、教育、体育服务

发展面向基层的公益性文化事业，逐步建设方便社区居民读书、阅报、健身、开展文艺活动的场所，加强对社区休闲广场、演艺厅、棋苑、网吧等文化场所的监督管理，促进社会主义精神文明建设。调动社区资源和力量支持和保障社区内中小学校开展素质教育和社会实践活动，为青少年健康成长创造良好的社区环境。

落实《全民科学素质行动计划纲要》，不断提高居民科学素质。统筹各类教育资源，充分发挥社区学院、市民学校的作用，积极创建各种类型的学习型组织，面向社区居民开展多种形式的教育培训和科普活动，建立覆盖各类人群的多渠道、全方位的社区学习服务体系。

培育群众性体育组织，落实《全民健身计划纲要》，配置相应的健身器材，不断增强居民体质。

（三）社区流动人口管理和服务

按照“公平对待、合理引导、完善管理、搞好服务”和“以现居住地为主，现居住地和户籍所在地互相配合”的原则，实行与户籍人口同宣传、同服务、同管理，为流动人口的生活与就业创造好的环境和条件。简化办事程序，减少相关手续，取消不合理收费，为流动人口提供优质服务。

（四）社区安全服务

深入开展基层安全创建活动，加强社区警务室（站）建设，大力实施社区警务战略，建立人防、物防、技防相结合的社区防范机制和防控网络。依托社区居委会等基层组织，挖掘和利用社区资源，加强群防群治队伍建设。深入开展法制宣传教育和咨询服务活动，建立完善收集、反馈社情民意的工作机制，组织开展以社区保安、联防队员为主体，专职和义务相结合的巡逻守望、看楼护院等活动。

建立及时有效的矛盾纠纷排查、调处工作机制，加强对刑释解教人员、监外执行人员和有不良行为青少年的帮助、教育和转化工作。做好社区消防工作，提升社区消防安全水平。深入开展打击“黄赌毒”和禁止传销等工作。健全社区环境保护管理制度，建设资源节约型、环境友好型社区。建立传染病、食品安全、灾害事故的应急反应机制，不断提高社区应对突发事件的能力。

（五）社区就业服务

加强街道、社区劳动保障工作平台建设，通过提供就业再就业咨询、再就业培训、就业岗位信息服务和社区公益性岗位开发等，对就业困难人员提供针对性的服务和援助。结合居民物质文化生活需要开发就业岗位，挖掘社区就业潜力，创建充分就业社区，提高就业稳定性。探索建立信用社区、创业培训与小额担保贷款联动机制，为下岗失业人员自谋职业和自主创业创造条件。建立就业与失业保险、城市居民最低生活保障工作联动机制，促进和帮助享受失业保险、城市居民最低生活保障待遇的相关人员尽快实现就业。

（六）社区社会保障服务

加强企业离退休人员社会化管理服务工作，加快老年公共服务设施和服务网络建设。具备条件的地方，可开展老年护理服务，兴建退休人员公寓。充分发挥劳动保障工作平台的作用，促进和帮助城镇居民按规定参加各项社会保险。进一步推进社会福利社会化，加快发展社区居家养老服务业。

（七）社区救助服务

加强对失业人员和城市居民最低生活保障对象的动态管理，及时掌握他们的就业及收入状况，切实做到“应保尽保”。积极开展基层社会救助服务，帮助群众解决生产生活中的实际困难。大力发展社区慈善事业，加强对社区捐助接收站点、“慈善超市”的建设和管理。慈善超市最初起源于美国，主要业务是接收、处理和销售市民捐赠的旧物，并且用销售这些物资得到的善款为残疾人、失业者等兴办各种类型的福利工厂、职业培训机构和就业安置场所。中国在上海、广州、沈阳、温州、苏州等地都陆续开办了慈善超市。

（八）其他社区福利服务

社区福利服务还包括针对某一类群体的福利服务，这类普惠型的服务是未来社区福利建设的重要内容。社区福利服务具体包括社区老年人服务、儿童及青少年服务、残疾人服务、流动人口服务、妇女服务等。

二、中国社区福利发展现状

（一）社区服务机构覆盖率逐年提高

1980 年以来，社区服务中心成为社区服务与社区建设运动最基本、最主要的组织载体，市、区、街道社区服务中心和社区居民委员会的社区服务站形成相互依存的四级组织网络，为改善社区居民生活状况与生活质量，提高个人福利与社区福利作出巨大的贡献。①

从 2010 年到 2019 年，我国社会服务机构数量逐年上涨，2010 年有 15 万个，2019 年增长至 46.17 万个。截至 2016 年底，全国共有各类社区服务机构和设施 38.6 万个。其中，社区服务指导中心 809 个（其中农村 27 个），社区服务中心 2.3 万个（其中农村 0.8 万个），社区服务站 13.8 万个（其中农村 7.2 万个）；社区养老服务机构和设施 3.5 万个，比上年增长 34.6%；互助型养老服务设施 7.6 万个，比上年增长 22.6%；其他社区服务设施 11.3 万个，社区服务中心（站）覆盖率为 24.4%，其中城市社区服务中心（站）覆盖率为 79.3%，农村社区服务中心（站）覆盖

① 刘继同．中国特色现代社区福利制度框架与幸福和谐社区建设［J］．浙江工商大学学报，2019（2）：102-109.

率为 14.3%。城镇便民、利民服务网点 8.7 万个。社区志愿服务组织 11.6 万个。①

截至 2021 年底，全国共有社区综合服务机构和设施 56.7 万个，其中，社区服务中心 2.9 万个，社区服务站 48.6 万个，社区专项服务机构和设施 5.2 万个。

社区养老服务机构和设施 31.8 万个。城市社区综合服务设施覆盖率为 100%，农村社区综合服务设施覆盖率为 79.5%。②

（二）社区服务组织及专业人才增加

从社区福利服务的从业人员来看，2021 年，全国共有 5.3 万人通过助理社会工作师考试，1.6 万人通过社会工作师考试。截至 2021 年底，全国持证社会工作者共计 73.7 万人，其中助理社会工作师 55.9 万人，社会工作师 17.7 万人。虽然这些持证社会工作者并不都在街道和社区就业，但这些人才是提供社区福利服务的重要人力资源。截至 2020 年底，全国社会组织总量为 89.44 万个，较 2019 年增长 3.21%。其中，社会团体 37.5 万个，社会服务机构 51.1 万个，基金会 8385 个，分别较 2019 年增长 0.81%、4.93%和 10.62%③。截至 2021 年底，全国社会组织总量为 901870 个。教育领域和社会服务领域社会组织数量占社会组织总量的近一半，其中，教育领域社会组织数量共 288341 个，占社会组织总量的 31.97%；社会服务领域社会组织共 137475 个，占社会组织总量的 15.24%。社会服务组织为社会工作等专业人才提供了功能平台，有助于社区福利水平的提升④。社会捐赠资金也是社区福利服务的重要资金来源。

---

① 2017 年中国社区服务机构和设施数量、社会组织数量及自治组织数量发展情况分析［EB/OL］.（2017-08-09）［2022-10-10］. https：//www.chyxx.com/industry/201708/549182.html.

② 民政部.2021 年民政事业发展统计公报［DB/OL］.（2022-08-26）［2023-01-04］. https：//www.mca.gov.cn/article/sj/tjgb/.

③ 黄晓勇.社会组织发展蓝皮书：中国社会组织报告（2020）［M］.北京：社会科学文献出版社，2021.

④ 黄晓勇.社会组织发展蓝皮书：中国社会组织报告（2021）［M］.北京：社会科学文献出版社，2022.

（三）“三社联动”的社区服务机制初步形成

2016年10月28日，民政部等16个部门首次发布国家级《城乡社区服务体系建设规划（2016—2020年）》，标志着2016年成为中国社区社会工作与社区福利体系建设元年，中国城乡社区福利和追求生活质量时代来临，反映出中国社会正在由20世纪80年代的“社区服务”，经由90年代的“社区建设”，进入21世纪的“社区福利体系建设时代”。

《城乡社区服务体系建设规划（2016—2020年）》标志着“社区多元主体广泛参与，以社区为平台、社会组织为载体、社工专业人才为支撑的三社联动社区服务机制雏形”形成。[①] 该规划提出，“到2020年，基本公共服务、便民利民服务、志愿服务有效衔接的城乡社区服务机制更加成熟；社区综合服务设施为主体、专项服务设施为配套、服务网点为补充的城乡社区服务设施布局更加完善；网络联通、应用融合、信息共享、响应迅速的城乡社区服务信息化发展格局基本形成；以社区党组织、社区自治组织成员为骨干，社区社会工作者和其他社区专职工作者为支撑，社区志愿者为补充的城乡社区服务人才队伍更加健全”。[②]

民政部2013年提出“三社联动”社区治理机制创新之后，各地实施了社区治理试点工作。社会工作多方面介入社区治理，尤其通过发动居民成立社区社会组织，提供根据居民需求而设立的、鼓励社区志愿者积极参与的社区福利服务。在社区公益金等政府购买服务资金的支持下，在专业社会服务组织快速发展的背景下，我国社区服务水平得到较大程度的提升。早在2007年，北京等地就实施了街道社区服务中心创新试点。2015年，合肥提出了“五社联动”，具体做法是在街道层面设置社区（党群）服务中心，引入专业社会服务组织入驻提供专业服务。积极鼓励社区居民参与志愿服务活动，创新志愿服务机制，为专业社会工作

---

① 刘继同．中国特色现代社区福利制度框架与幸福和谐社区建设［J］．浙江工商大学学报，2019（2）：102-109.

② 中华人民共和国国家发展和改革委员会．民政部 发展改革委十六部门联合印发《城乡社区服务体系建设规划（2016—2020年）［EB/OL］．（2016-12-19）［2018-01-11］．http：//www. ndrc. gov. cn/201612/t20161219-830445. html.

机构提供了人力支持。

2021年，《国务院办公厅关于印发“十四五”城乡社区服务体系建设规划的通知》发布，总结了“十三五”时期的社区服务体系建设成就。在“十三五”时期，“党领导社区服务能力不断加强，村（社区）党组织书记和主任‘一肩挑’比例逐步提高，党建引领社区服务体系建设的体制机制逐步完善。服务设施不断完善，以党群服务中心为基本阵地的城乡社区综合服务设施建设加快推进，城市社区综合服务设施实现全覆盖，农村社区综合服务设施覆盖率达到65.7%。服务供给不断扩大，城乡社区普遍能够提供基本公共服务办理、代办等服务，便民利民服务办理更加便捷，志愿服务蓬勃发展。服务人才队伍不断壮大，截至2020年底，全国社区工作者433.8万人，村（居）民委员会班子成员277.6万人，社会工作专业人才157.3万人。服务信息化建设不断加强，‘互联网+社区政务服务’‘互联网+社区商业服务’加速推进，全国50.9万个村民委员会、11.3万个居民委员会初步实现信息集中汇聚、统一管理、动态更新”。

三、中国城市社区福利存在的问题

（一）国家对社区福利服务的投入不足

城乡社区服务体系，是指党委统一领导、政府依法履责、社会多方参与，以村（社区）为基本单元，以村（社区）居民、驻区单位为对象，以各类社区服务设施为依托，以满足村（社区）居民生活需求、提高生活品质为目标，以公共服务、便民利民服务、志愿服务为主要内容的服务网络和运行机制。[①] 近些年来，国家通过基本公共服务均等化、社区公益金、党群服务金等资金项目的建设，提高了对社区服务的投入力度，但相对居民多元化且高质量的社区服务需求而言，我国在社区综合服务中心等基础设施建设、社区服务资金提供、社区服务人才配备等方

① 国务院办公厅．国务院办公厅关于印发“十四五”城乡社区服务体系建设规划的通知［A/OL］．（2022-01-21）［2022-10-22］．http：//www.gov.cn/zhengce/zhengceku/2022-01/21/content_5669663.htm.

面均不够充分。城乡社区服务发展不平衡、不充分问题仍然突出。城市之间以及城市不同区域的社区服务水平差距也比较显著。

（二）社区福利水平总体偏低

随着城市化进程的加快，城市地区家庭人口规模日益缩小，人们的流动性增强，对社区福利服务提出了更高的要求。目前，我国社区福利的总体水平偏低，无法满足人们的需求，社区服务体系建设任重道远。例如，在养老服务方面，社区养老驿站建设及社区居家养老服务发展水平较低，城市之间差别也很显著。针对婴幼儿的托育服务更是社区福利服务中的短板和弱项。在社区医疗服务方面，居民健康管理服务停留在表面，许多工作没有落到实处。社区矫正服务中社会工作机构参与率低，基层矫正任务繁重，矫正服务不足。社区文化教育服务存在空间不足、利用率低、服务缺乏，群众参与率较低等问题。此外，社区残疾人服务、妇女服务、儿童服务、流动人口服务等方面的福利服务发展均有较大提升空间。

（三）社区福利治理体系尚不完善

目前我国党建引领社区服务体系建设还不健全，政府、市场、社会多方参与格局还不完善，信息化基础设施和技术应用还比较薄弱。社区福利服务是社区服务的重要组成部分。社区服务体系不健全进一步导致社区福利治理体系不完善。社区福利治理体系的主体包括了政府、事业单位、社会组织、市场组织、社区居民等。如何在现有社会福利制度的基础上，立足本社区，提供针对社区全体居民的有效福利服务成为未来社区服务的重要工作。然而，目前的社区福利体系框架还没有搭建完善，社区福利标准没有确定，福利主体之间缺乏协作，导致社区福利的规划性不足，分散化的志愿服务成为近年来社区福利服务的热点，但社区养老服务、托育服务、残疾人服务等常规性的福利服务应尽量从宏观布局，提高服务公正性和效率，在微观层面体现服务的专业性。

（四）困难群体服务专业化亟待提升

在社区服务体系当中，有一部分服务是专门针对困难群体的补缺型福利。例如，针对贫困居民的社会救助服务、家庭暴力受害者服务、残疾人康复服务、贫困流动人口服务、社区矫正服务等。目前，这类福利服务的专业性还有待提升。针对困难群体要构建社会救助服务体系，实施精准救助服务。将社会工作人才、心理咨询师等专业人才引入困难群体救助服务人才队伍，以便实施全方位救助、个性化救助。此外，目前我国专业社会服务组织对社区服务的参与程度也明显不足。

（五）社区居民参与积极性不足

社区居民的参与对提升社区服务水平具有重要意义。社区居民的参与能够更准确反映居民的利益诉求，使社区服务提供者明确服务方向和内容，提高社区服务的精准度。社区居民也是社区福利服务的重要提供来源。居民作为志愿者能够发挥社区地缘优势开展互助服务，提高社区社会资本。此外，社区党员作为重要的先进力量也可以开展党员帮扶服务。在发达国家，居民的社区服务参与率达到了50%左右。从中国目前社区服务的现状看，社区居民的参与程度还很低。而且在有限的居民参与中，还普遍存在着“边缘化”现象，主流群体（工作群体）社区服务参与率明显不足。这对社区服务的可持续发展十分不利。[①]

四、中国社区福利服务的未来发展

（一）中国社区福利服务发展的总体目标

中国社区福利服务要坚持适度普惠原则，与总体的社会福利模式相适应。首先要尽力满足最困难群体的基本福利需求，在基本的物资需求满足的基础上，随着社会经济水平的提高逐步提升福利服务水平。其次，要及时响应社区居民的普遍性福利需求并根据需求的具体内容合理制定服务层次，坚持适度普惠原则，保证服务的公平性和有效性。在社区福利服务提供的主体方面，要坚持福利治理的原则。不能仅靠政府提供所有社区服务，而是要积极促进多元主体协商治理。一方面，促进专业社

---

① 李迎生．对中国城市社区服务发展方向的思考［J］．河北学刊，2009，29（1）：134-138+144.

会服务组织的参与。同时，创新志愿者制度，提高志愿者数量并提升志愿服务质量。此外，积极鼓励慈善精神，鼓励企业和个人积极参与社会慈善事业。在社区福利服务的提供过程方面，未来还应在转移衔接方面做努力。通过构建标准化的、专业化的社区福利服务体系，完善社区服务的运行机制。

（二）中国城市社区福利治理的未来发展

1. 加大政府对社区福利服务的投入力度

政府是社会福利政策的主要制定者和福利资源的主要提供者。因此，未来应加大政府对社区服务的投入力度，增强社区服务的福利属性。推动基本公共服务资源向社区下沉。重点加强城市边缘社区的公共服务资源配置。提高社区基础设施水平，推进新建社区综合服务设施标准化规范化建设，确保新建社区综合服务设施面积达标。增加社区党群服务中心的经费以及社区公益金额度，为社区服务的开展提供更多资金。此外，还应增加政府购买服务资金，为社区居民提供更多专业服务，提高社区服务水平。制定税收优惠政策，鼓励更多企业提供社区养老和居家养老服务、托育服务等目前比较紧缺的服务。

2. 构建多元化的社区福利治理体系

在社区福利治理体系建设方面，未来应按照《“十四五”城乡社区服务体系建设规划》的要求，“压实街道党（工）委责任，建立健全街道党工委牵头、驻区单位党组织负责人参加的社区党建工作联席会议制度，加强党对城乡社区服务体系建设的全面领导。全面健全社区党组织引领，基层群众性自治组织主导，社区居民为主体，群团组织、社区社会组织、社会工作者和驻区单位共同参与、协同开展社区服务的体制机制”。具体来看，通过党建引领社区服务体系建设，扎实做好服务群众、教育群众、凝聚人心工作。全面落实在职党员到社区报到为群众服务制度机制，推动党政机关、企事业单位到社区开展服务，为社区服务提供高质量的人才支持。强化政府在基本公共服务供给保障中的主体地位，优化社区服务功能布局，促进服务资源高效配置和有效辐射。发挥社区党组织、基层群众性自治组织作用，支持群团组织积极参与社区服务。健全社会力量参与社区服务激励政策，组织实施社会力量参与社区服务行动，推动社区与社会组织、社会工作者、社区志愿者、社区公益慈善资源联动开展服务。支持引导驻区单位向社区居民开放停车场地、文化体育设施、会议活动场地等资源。支持社区服务企业发展，积极引导市场主体进入社区服务领域，鼓励开展连锁经营。

3. 提升社区服务的专业化水平

《“十四五”城乡社区服务体系建设规划》提出，未来要重点强化社区养老、托育、助残服务供给，做好对困难群体和特殊人群的关爱照护，推动社区与居家养老服务协同发展。着力提升基层卫生、医疗保障服务能力。加强基层公共就业服务，在有条件的社区设立就业创业空间，重点为社区居民中的失业人员、就业困难人员、高校毕业生、退役军人、农村转移劳动力、残疾人等群体提供服务。大力发展社区教育，助力构建终身学习体系。扩大文化、体育、科普等公共服务供给。为了实现社区福利服务发展任务，应该重视社区服务专业人才队伍建设，通过街道社工站增加社区常驻社工力量并对社区社会工作者及街道社工站工作者提供常态化的培训。同时，鼓励社区工作者考取社会工作师资格证，提升服务能力。街道社会工作站也应成为社会组织及群团组织的互动交流平台，致力于构建专业化的社区服务体系。

4. 鼓励和引导社区居民参与社区服务

推进社区参与对居民的福利提升具有重要价值。提高居民在社区福利服务中的参与程度需要从以下几个方面入手。

第一，提高居民以个体的方式参与社区服务。目前，许多城市地区在逐步完善志愿者制度，通过优化志愿者准入、培训、激励等政策，提高社区居民参与积极性。例如，广州市实施的“时间银行”养老志愿服务机制实现了志愿服务的储蓄制度，对志愿服务实施了精准化管理，在提高志愿服务质量的同时提升了人们的参与热情，弘扬了社会慈善精神。此外，社区居民以网格员、楼组长、业委会成员等身份参与社区服务的提供和监督。第二，社区党员在社区党建工作中积极发挥作用，参与社区志愿服务、一对一帮扶、社区重大公共事务的协商和解决。第三，社区居民以组织的形式参与社区服务。社区居民依托兴趣爱好以及专业特长组成社区社会组织，积极申请社区党群服务资金及社区公益金等资金的支持，开展居民自治服务项目，提高社区服务水平。第四，困难群体的社区参与也是社会工作的重点工作内容。对比普通居民的社区参与现状及其影响因素，困难群体的社区参与除了常规动员策略，更需要专业社会工作方法的使用。

第四章　儿童社区福利治理

第一节　儿童社会福利政策体系

一、儿童及儿童社会政策

（一）儿童

“儿童”是一个在日常生活中被广泛应用的词汇。但很长一段历史时期，就这一概念并没有约定俗成的统一定义，不同学科领域、不同工作范畴和不同学者有着不同的见解和观点。就其具体年龄段来看，在美国，儿童是指 18 周岁以下的未成年人，而其他西方发达国家，儿童一般是指 12 周岁或 14 周岁以下的未成年人。我国在《中华人民共和国未成年人保护法》中规定“18 周岁以下的人为未成年人”。依据国际《儿童权利公约》界定，儿童指的是“18 岁以下的任何人，除非对其适用之法律规定成年年龄低于 18 岁”，并认为每一位儿童既是一个独立的个人，又是家庭和社会的一分子。鉴于人体发育的共同特征和对联合国《儿童权利公约》的认同，本章对儿童的界定主要以《儿童权利公约》为准，即 18 岁以下的任何人。

（二）儿童社会政策

儿童社会政策的内涵：2019 年，民政部首次设置“儿童福利司”，标志着中国现代普惠型儿童福利时代的来临。儿童福利政策开始向现代广义儿童福利服务体系转变。现代儿童福利服务体系泛指国家与社会确保所有儿童身心健康成长制度安排的总和。中国传统民政型儿童福利服务体系，以狭义、少数孤残儿童和福利机构养育为主要特征；中国现代化、社会性、国家性儿童福利服务体系，则以广义、普惠和家庭福利为主要特征。[①] 在此背景下，儿童社会政策是国家和权威部门作出的、涉及儿童身心健康发展的制度性安排总和，包括广义和狭义两个方面。

二、中国儿童社会政策概况

我国儿童社会政策的构成可以大致分为保障儿童参与社会生活的政策、保障儿童受教育权的政策、保障儿童健康权的健康卫生政策、有关儿童精神文化生活的政策、有关儿童得到合法抚养免于伤害的政策、儿童社会保障政策、特殊儿童及困境儿童社会政策。

（一）保障儿童参与社会生活的政策

我国在《中华人民共和国宪法》《中华人民共和国婚姻法》等国家法律中规定了儿童享有的基本权利，如生存权、被抚养权、继承权等。这些基本的生存和发展权利是儿童参与社会的初步体现和基本保障。20世纪90年代陆续颁布的《儿童发展纲要》逐渐凸显儿童参与权利，体现儿童主体地位的提升。2010年，国务院妇女儿童工作委员会起草了《中国“儿童友好城市”的创建目标与策略措施》，并在新一轮的中国儿童发展纲要中指出“创建儿童友好型社会环境”“保障儿童参与家庭生活、学校和社会事务的权利”。2016年，中国儿童友好社区工作委员会成立，2019年《儿童友好社区建设标准》发布，具体包括制度建设、空间营造、服务提供、文化建设、儿童友好社区工作人员要求与管理等内容。《中国儿童发展纲要（2021—2030年）》仍然坚持儿童参与原则，鼓励和支持儿童参与家庭、社会和文化生活，创造有利于儿童参与的社会环境。

（二）保障儿童受教育权的政策

国家主要通过义务教育、职业教育等形式保证儿童受教育权利。随

① 刘继同．中国现代儿童福利服务体系制度化建设论纲［J］．探索与争鸣，2021（10）：140-147+179-180.

着社会的发展，学前教育也将成为普惠性的儿童教育政策内容。1986 年，义务教育法颁布并分别在 2006 年、2015 年、2018 年进行了修正，充分保障了儿童受教育的权利。《幼儿园工作条例》《学校体育工作条例》等具体法规规范了儿童教育工作。另外，我国还制定了针对残疾儿童、流动和留守儿童的教育政策，切实保障这部分儿童的受教育权利。基于《国家中长期教育改革和发展规划纲要（2010—2020 年）》，2012 年国务院发布《关于深入推进义务教育均衡发展的意见》，强调保障特殊群体平等接受义务教育，巩固提高九年义务教育质量，同时规范学校管理，深入推进教育均衡发展。2020 年，小学适龄儿童入学率和升学率分别达到了 100%和 99. 5%，九年义务教育巩固率达到 95. 2%①。

2019 年，教育部印发《禁止妨碍义务教育实施的若干规定》，纠正近些年来出现的社会培训机构擅自招收适龄儿童、少年开展全日制教育、培训替代义务教育的现象。② 2021 年秋季是中小学全面落实“双减”（指减轻义务教育阶段学生作业负担和校外培训负担）有关部署要求的第一个学期，教育部《关于加强义务教育学校考试管理的通知》要求大幅压减考试次数，学校不得以任何名义设置重点班，层层压实督导责任③。

国家也加强了对高中和中职教育的干预。《高中阶段教育普及攻坚计划（2017—2020 年）》提出，“到 2020 年，各省高中毛入学率都要达到 90%以上，重点解决贫困地区教育资源不足和职业教育招生比例持续下降等问题”。④ 2019 年，国务院《国家职业教育改革实施方案》提出了进一

① 国家统计局. 年度数据（教育）[EB/OL]. (2022-03-01) [2022-11-25]. https://data. stats. gov. cn/easyquery. htm? cn=C01.

② 教育部办公厅. 《禁止妨碍义务教育实施的若干规定》的通知 [EB/OL]. (2019-04-11) [2022-11-25]. http://www. moe. gov. cn/jyb_ xwfb/gzdt_ gzdt/s5987/201904/t20190411_ 377506. html.

③ 中央政府门户网站. 推动“双减”政策全面落地 [EB/OL]. (2021-08-31) [2022-11-25]. http://www. gov. cn/xinwen/2021-08/31/content_ 5634281. htm.

④ 中华人民共和国教育部网站. 教育部等四部门关于印发《高中阶段教育普及攻坚计划（2017—2020 年）》的通知 [Z/OL]. (2017-04-06) [2022-01-12]. http://www. moe. gov. cn/srcsite/A06/s7053/201704/t20170406_ 301981. html.

步办好新时代职业教育的具体措施，着力培养高素质劳动者和技术技能人才①。2010 年，《国家中长期教育改革和发展规划纲要（2010—2020 年）》首次提出了“普及学前教育”的目标②。2020 年底，全国学前教育毛入园率从 2010 年的 56.6%上升到 85.2%。2021 年，教育部等九部门印发《“十四五”学前教育发展提升行动计划》，提出“到 2025 年全国学前三年毛入园率达到 90%以上，普惠性幼儿园覆盖率达到 85%以上，公办园在园幼儿占比达到 50%以上”的目标。

（三）保障儿童健康权的健康卫生政策

健康权是指公民有维护生命安全、身体健康、机能完整，并予以支配的权利，是公民享有其他权利的基本前提。

1. 维护儿童健康权利的法律法规

国家明确规定了家庭、学校、社会等各方面相应的法律责任。未成年人保护法就未成年人健康的家庭保护、学校保护、社会保护、政府保护、网络保护、司法保护作出了较明确规定。此外，一些相关法律如婚姻法里也有类似的规定。另外，国家还制定了具体法规或条例，确保儿童健康权。例如，《中华人民共和国义务教育法》《中华人民共和国母婴保健法》《幼儿园卫生工作条例》《学校卫生工作条例》《学校体育工作条例》以及各种更加具体的、针对某些实际问题的“办法”“规定”“通知”等。

2. 基本公共卫生服务

目前国家推行的 14 项基本公共卫生服务项目中，直接涉及儿童群体服务的有预防接种、0~6 岁儿童健康管理服务。此外，孕产妇健康管理、居民健康档案管理、健康教育以及中医药健康管理服务也与儿童的健康权利有关。近年来，国家对儿童健康教育服务，尤其是青少年性健康教

---

① 教育部办公厅．国务院关于印发国家职业教育改革实施方案的通知（国发〔2019〕4 号）［Z/OL］．（2019-04-04）［2022-11-25］．http：//www.moe.gov.cn/jyb_ xxgk/moe_ 1777/moe_ 1778/201904/t20190404_ 376701.html.

② 中华人民共和国中央人民政府．国家中长期教育改革和发展规划纲要（2010—2020 年）［Z/OL］.（2010-07-29）［2022-01-12］. http：//www.gov.cn/jrzg/2010-07/29/content_ 1667143.htm.

育的重视程度不断提升。此外，控制儿童近视、改善儿童营养状况、增强儿童身体素质等方面的健康行动也在陆续开展。

3. 婴幼儿早期照护和发展服务

2019 年 1 月，国家发改委等 18 部门发布《加大力度推动社会领域公共服务补短板强弱项提质量促进形成强大国内市场的行动方案》，将“增加托育服务有效供给”作为“补强非基本公共服务弱项”的内容之一。4 月，国务院发布托育服务发展的纲领性文件——《关于促进 3 岁以下婴幼儿照护服务发展的指导意见》，阐明了我国托育服务发展的基本原则、发展目标、主要任务、保障措施和组织实施并首次明确了 17 个部门的职责分工。10 月，发改委和卫健委发布了《支持社会力量发展普惠托育服务专项行动实施方案（试行）》。2020 年底，国务院颁发的《关于促进养老托育服务健康发展的意见》提出了健全政策体系、完善监管服务等意见。2021 年 5 月，中央政治局通过的《关于优化生育政策促进人口长期均衡发展的决定》重申了托育服务托底、普惠的发展原则。

4. 儿童心理健康教育政策

近年来，我国儿童青少年心理行为问题发生率和精神障碍患病率逐渐上升，成为重要公共卫生问题。2019 年印发的《健康中国行动——儿童青少年心理健康行动方案（2019—2022 年）》和 2021 年印发的《关于加强学生心理健康管理工作的通知》均提出落实儿童青少年心理行为问题和精神障碍的预防干预措施，形成学校、社区、家庭、媒体、医疗卫生机构等联动的心理健康服务模式，全方位提升学生心理健康水平。《中国儿童发展纲要（2021—2030 年）》提出，“加强儿童心理健康服务，积极开展生命教育和挫折教育，培养儿童珍爱生命意识和自我情绪调适能力；关注和满足孤儿、事实无人抚养儿童、留守儿童和困境儿童心理发展需要”。

（四）有关儿童精神文化生活的政策

儿童精神文化政策主要包括：1. 政府兴建专门的娱乐福利设施，为青少年提供娱乐服务的政策。2. 儿童组织和政府部门开展的娱乐活动。

如在六一国际儿童节举办的游园游艺、电影放映专场、戏剧专场活动等。3. 各种“单位”举办相关设施和服务，为所属儿童提供娱乐服务的政策。4. 各种公共文化、娱乐场所和服务设施对儿童实行优惠的政策。5. 对社会文化产品、娱乐场所和服务加以管制与监督的政策。6. 提升面向儿童的公共文化服务水平的政策。国家提倡制作和传播体现社会主义核心价值观，适合儿童的图书、电影、歌曲、游戏、广播电视节目、动画片等精神文化产品，培育儿童文化品牌。公共图书馆单设儿童阅览区，公共图书馆盲人阅览区为盲童阅读提供便利，[①] 鼓励社区图书室设立儿童图书专区。

（五）有关儿童得到合法抚养免于伤害的政策

儿童保护政策涉及家庭保护、学校保护、社会保护、网络保护、司法保护、政府保护等方面。

1. 家庭保护

近年来，国家出台多项政策规范儿童的家庭监护。2014 年，最高人民法院、最高人民检察院等部门发布的《关于依法处理监护人侵害未成年人权益行为若干问题的意见》，从司法的角度明确了民政部门托底起诉、托底监护、托底保障的职责。

2. 学校保护

学校的教学场所、设施以及组织的相关活动要确保儿童安全。工读学校应当对在校学生进行思想教育、文化教育、劳动技术教育和职业教育。

3. 社会保护

儿童社会保护主体涉及政府、群团组织、企事业单位、社会组织、基层社区组织等，内容涉及儿童保护监督、管理、宣传、安全产品和福利服务供给等诸多方面。

4. 网络保护

新闻出版、网信、广播电视等管理部门加大对网络内容的监管力度，

---

① 中国人大网．中华人民共和国公共图书馆法［EB/OL］．（2018-11-05）［2022-11-25］. http：//www. npc. gov. cn/npc/c12435/201811/3885276ceafc4ed788695e8c45c55dcc. shtml.

及时发现清理网上与儿童青少年有关的非法有害出版物及信息，为儿童青少年营造良好的网络环境。学校、家庭以及网信办应相互配合，通过规范电子身份认证系统等方式避免儿童沉迷游戏行为的发生。

5. 司法保护

公安机关、人民检察院、人民法院和司法行政部门应当依法履行职责，保障未成年人合法权益。

6. 政府保护

县级以上人民政府承担未成年人保护的协调工作。

（六）儿童社会保障政策

当前我国儿童社会保障政策体系主要由医疗保险政策和社会救助政策构成。

1. 儿童医疗保险政策

儿童基本医疗保险。在城市，儿童住院医疗保险逐步并入城镇居民医疗保险。2007 年起，城镇居民医疗保险制度在全国试点实施，将城镇在校学生及学龄前婴幼儿纳入基本医疗保险体系。儿童医疗保险与城镇居民医疗保险接轨，目前已实现全国覆盖。城镇居民医疗保险与新农村合作医疗 2019 年底明确完成整合，统称为城乡居民医疗保险。

儿童大病医疗保险。城乡居民大病保险是在基本医疗保险制度的基础上，对大病患者发生的高额医疗费用给予进一步保障的制度性安排，是基本医疗保险制度的补充。[①] 2010 年，国家开始建立专门针对大病儿童的医疗救助制度试点。2012 年，国家推行城乡居民大病医疗保险并将城乡儿童重特大疾病纳入国家医疗保障体系。

儿童商业医疗保险。商业医疗保险是对基本医疗保险的一种补偿。目前，各大保险公司推出了诸多种类的儿童商业医疗保险，满足儿童更高健康需求。

2. 贫困儿童社会救助政策

当前我国的社会救助体系由生活救助、医疗救助、教育救助、住房

---

① 关信平．社会政策概论［M］．北京：高等教育出版社，2021：55.

救助、法律援助、流浪乞讨人员救助、临时救助构成。其中，贫困儿童可以享受生活救助、教育救助和医疗救助。2020年，中共中央办公厅、国务院办公厅印发的《关于改革完善社会救助制度的意见》对我国的儿童救助工作提出了总体要求。

在生活救助方面，各地对共同生活的家庭成员人均收入低于当地最低生活保障标准且符合财产状况规定的儿童，给予最低生活保障。对无劳动能力、无生活来源、无法定扶养义务人或者其法定义务人无履行义务能力的城乡未成年人，给予特困人员救助供养。① 对遭遇突发事件、意外伤害、重大疾病，受传染病疫情等突发公共卫生事件影响或由于其他特殊原因导致基本生活暂时陷入困境的儿童，给予急难社会救助。

在专项救助方面，对低收入家庭和刚性支出较大导致基本生活出现严重困难的家庭儿童，根据实际需要给予相应的医疗、教育等专项社会救助或实施其他必要救助措施。例如，通过政府购买服务对社会救助家庭中的未成年人提供必要的访视、照料服务。我国对学前教育、义务教育、高中阶段教育（含中等职业教育）就学的低保、特困家庭学生，根据不同教育阶段需求和实际情况，给予相应的教育救助。对义务教育阶段学生实施“两免一补”（免除学杂费、免费提供教科书，对家庭经济困难寄宿生补助生活费）政策，对高中教育阶段的贫困少年儿童提供必要的学习和生活补助。社会捐赠也是教育救助的重要途径。在医疗救助方面，城市享受低保的儿童在住院报销的起付线、报销比例以及报销流程方面均有优惠，个人缴费部分全部由政府补助。除了疾病应急救助之外，卫生部门及慈善组织也开展了大量的儿童大病救助项目。

（七）特殊儿童及困境儿童社会政策

2013年，民政部下发的《关于开展适度普惠型儿童福利制度建设试点工作的通知》明确了适度普惠型儿童福利制度的基本内涵，将儿童群体分为孤儿、困境儿童、困境家庭儿童、普通儿童四个层次。民政福利

---

① 2014年，国务院公布施行了《社会救助暂行办法》，将城乡“三无”人员保障制度统一为特困人员供养制度，我国城乡特困人员保障工作进入新的发展阶段。2019年之后，未满16周岁的特困供养儿童被纳入孤儿基本生活保障制度。

对象从孤残儿童逐步扩展为孤儿、困境儿童（残疾儿童、重病儿童、流浪儿童）、困境家庭儿童和留守儿童。目前，我国负责保障处境困难儿童的部门主要是民政部儿童社会福利司与社会事务司。

1. 孤儿社会政策

广义的孤儿包括失去父母的孤儿（包括宣告死亡）、弃婴、找不到父母（包括宣告失踪）的未成年人。当前我国针对孤儿所采取的主要措施有：亲属抚养、机构养育、家庭寄养。此外，还包括依法收养。

（1）孤儿养育形式

机构照顾。目前，重病重残儿童是我国儿童福利机构养育的被遗弃儿童的主体，比例达98%。2001年，民政部制定的《儿童社会福利机构基本规范》在全国施行。2019年发布的《儿童福利机构管理办法》明确和规范了儿童福利机构的服务过程和内容。《关于进一步推进儿童福利机构优化提质和创新转型高质量发展的意见》提出，“到2025年，全面完成儿童福利机构优化提质和创新转型工作”。

家庭寄养。家庭寄养是我国一些儿童福利机构探索的新型照顾模式。2003年，民政部正式颁布了《家庭寄养管理暂行办法》。2010年，《国务院办公厅关于加强孤儿保障工作的意见》提出，孤儿监护人对有抚养意愿和抚养能力的家庭进行评估，选择抚育条件较好的家庭开展委托监护或者家庭寄养，并给予养育费用补贴，当地政府可酌情给予劳务补贴。2014年，民政部颁布的《家庭寄养管理办法》就家庭寄养经费的来源、寄养家庭应具备的条件及应履行的义务、对寄养家庭进行监督的方法等核心问题作出了新的具体规定，如扩大寄养儿童范围、将流浪乞讨等生活无着未成年人纳入其中、提高寄养家庭标准等。

亲属抚养。孤儿的祖父母、外祖父母、兄、姐要依法承担抚养义务、履行监护职责；鼓励关系密切的其他亲属、朋友担任孤儿监护人。监护人不履行监护职责或者侵害孤儿合法权益的，应承担相应的法律责任。

收养。《中华人民共和国民法典》规定，只有依法在民政部门登记，收养关系才能成立。民政部正在研究建立全国收养信息对接平台，在保护隐私的前提下，将可送养儿童的基本信息向有收养意愿的家庭公开。

为进一步加强收养登记管理，持续深入规范收养评估工作，2020 年 12 月，民政部颁发了《收养评估办法（试行）》，进一步规范了收养行为①。

（2）孤儿保障制度

2010 年，《国务院办公厅关于加强孤儿保障工作的意见》强调，要在全国范围内建立孤儿保障制度，从基本生活、医疗、教育、就业、住房等方面对未成年孤儿进行保障。

孤儿基本生活费。各省、自治区、直辖市政府要按照不低于当地平均生活水平的原则，合理确定孤儿基本生活最低养育标准，并向全体孤儿发放基本生活费。机构抚养标准应高于散居孤儿养育标准。孤儿医疗和教育救助。各地将孤儿纳入城乡基本医疗保险，参保（合）费用通过城乡特困人员医疗救助制度解决；鼓励、支持医疗机构减免孤儿医疗费用；实施“残疾孤儿手术康复明天计划”等医疗康复救助项目；有条件的地方政府和社会慈善组织可为孤儿投保意外伤害保险和重大疾病保险等商业健康保险或补充保险。家庭经济困难的学龄前孤儿到学前教育机构接受教育的，由当地政府予以资助。将义务教育阶段的孤儿寄宿生全面纳入生活补助范围。在普通高中、中等职业学校、高等职业学校和普通本科高校就读的孤儿，纳入国家资助政策体系优先予以资助；孤儿成年后仍在校就读的，继续享有相应政策；学校为其优先提供勤工助学机会。孤儿就业和住房救助。国家鼓励和帮扶有劳动能力的孤儿成年后实现就业，优先安排其到政府开发的公益性岗位就业。城市孤儿成年后，符合城市廉租住房保障条件或其他保障性住房供应条件的，当地政府要优先安排、应保尽保。对有房产的孤儿，监护人要帮助其做好房屋的维修和保护工作。②

---

① 民政部．收养让更多孤儿重获家庭温暖［EB/OL］．（2019-01-27）［2022-11-25］. http：//www. gov. cn/xinwen/2019-01/27/content_ 5361483. htm.

② 国务院办公厅．关于加强孤儿保障工作的意见［EB/OL］．（2010-11-18）［2022-11-25］. http：//www. gov. cn/xxgk/pub/govpublic/mrlm/201011/t20101118_ 62875. html.

2. 困境儿童社会政策

(1) 残疾儿童社会政策

残疾儿童社会政策包括残疾儿童生活救助政策、残疾儿童教育政策、残疾儿童医疗康复政策三类。

残疾儿童生活救助政策。民政部要求参照孤儿基本生活保障制度建立残疾儿童基本生活保障制度。纳入孤儿基本生活保障范围的残疾儿童，不再享受困难残疾人生活补贴和重度残疾人护理补贴。

残疾儿童教育政策。2017 年，《残疾人教育条例》突出强调了根据残疾人的残疾类别和接受能力优先采取普通教育方式；推广国家通用手语和国家通用盲文，改善残疾人教育支持保障条件。《第二期特殊教育提升计划（2017—2020 年）》提出，到 2020 年，残疾儿童少年义务教育入学率达到 95%以上。2017 年，教育部印发的《残疾人参加普通高等学校招生全国统一考试管理规定》提出，开展残疾人高等融合教育试点工作，残疾儿童受教育权得到了更好保障。

残疾儿童医疗康复政策。自 1988 年以来，我国政府将残疾人康复工作纳入国家发展规划。除了以残疾人整体为对象的康复政策外，一些部委还专门采取了针对儿童的措施，比如原卫生部将残疾儿童康复工作纳入社区卫生服务，组织、参加孤残儿童矫治手术等各类医疗助残行动，开展残疾儿童早期筛查和残疾预防。民政部对各类福利机构和社区服务机构中的残疾儿童进行康复、教育，组织开展“残疾孤儿手术康复明天计划”。教育部指导特殊教育机构开展残疾儿童早期康复工作。

2018 年，国务院印发的《关于建立残疾儿童康复救助制度的意见》，决定全面实施残疾儿童康复救助制度。救助对象为符合条件的 0~6 岁视力、听力、言语、肢体、智力等残疾儿童和孤独症儿童，包括城乡最低生活保障家庭、建档立卡贫困户家庭的残疾儿童和儿童福利机构收留抚养的残疾儿童；残疾孤儿、纳入特困人员供养范围的残疾儿童；其他经济困难家庭的残疾儿童。中国残联等部门共同修订形成了《残疾人基本康复服务目录（2019 年版）》，包括《0—6 岁残疾儿童基本康复服务目录（2019 年版）》和《7 岁以上残疾儿童和成年残疾人基本康复服务目录（2019年版）》，明确了残疾儿童基本康复服务内容，各地根据目录提供相应水平的、普惠性的康复服务。

1982年，民政部与联合国儿童基金会共同开展“残疾儿童社区康复”合作项目，后来，中国残联作为残疾人福利服务政策的执行机构，开展社区康复活动。2019年，中国残联等部委联合制定了《残疾人社区康复工作标准》。在残疾儿童基本康复服务中，已经纳入城乡医保、大病医保、医疗救助范围以及列入相关政府部门相关医疗救助工程的康复服务项目。残疾人自付部分由各地根据资金情况进行补助；尚未列入基本医保范围的服务，由残疾人康复专项经费或其他经费支付。2019年，中国残联开发启用全国残疾儿童康复救助信息管理平台系统，为残疾儿童家长网上申请康复救助提供条件。

（2）重病儿童社会政策

经诊断患重病、身体重残、罕见病需要长期治疗的贫困家庭儿童可以申请重点困境儿童基本生活费。重点困境儿童基本生活费标准低于社会散养孤儿基本生活费。① 对于困难的重病、重残儿童，城乡居民基本医疗保险和大病保险给予适当倾斜，医疗救助则适当提高报销比例和封顶线。符合规定的重病儿童也可以享受教育救助政策。

（3）流浪儿童救助政策

根据《儿童权利公约》的精神，我国政府将流浪儿童界定为年龄在18周岁②以下离开家庭，脱离监护人的保护，流浪街头连续超过24小时，基本生活失去保障的未成年人。《城市生活无着的流浪乞讨人员救助管理办法》为我国救助保护流浪儿童工作指出了新的方向。2007年，民政部与国家发展改革委共同制定了《“十一五”流浪未成年人救助保护体系建设规划》及《关于流浪未成年人救助保护设施建设的指导意见》，启动了流浪未成年人救助保护体系建设。《“十一五”流浪未成年人救助保护体系建设规划》提出，“到2010年，实现全国90%以上的地级城市和工作

① 山东省青岛市2021年福利机构养育孤儿基本生活费标准为每人每月1980元；社会散居孤儿（含事实无人抚养儿童）每人每月1650元；重点困境儿童每人每月1320元。

② 也有学者基于劳动法将流浪儿童年龄界定为0~16周岁。

任务较重的县级市拥有流浪未成年人救助保护设施”。《关于流浪未成年人救助保护设施建设的指导意见》提出，救助中心主要提供短期的居住、锻炼、教育、医疗、康复服务，并通过心理、行为偏差和轻微违法犯罪行为的矫治、教育转化等服务，减少反复流浪和违法犯罪现象，帮助受助未成年人回归家庭或实现社会自立。

2003 年，民政部与联合国儿童基金会、英国救助儿童会合作，在河南省郑州市流浪儿童救助保护中心进行了“类家庭”救助保护模式实验。“类家庭”是指建立类似于家庭的集寄养、看护、教育于一体的、融入社区的、无“家”可归的流浪儿童之“家”，为年龄在 8～14 岁、智力正常、身体健康、屡送屡返的或无“家”可归的流浪儿童提供救助保护，培养流浪儿童独立的生活能力，使其具备合作、协作精神，养成良好的生活习惯，为今后融入主流社会独立生活做准备。它是流浪儿童救助保护中心工作向社区的延伸。截至目前，类家庭的流浪儿童救助模式仍在探索之中，覆盖区域有所扩展。

2011 年，国务院办公厅发出《关于加强和改进流浪未成年人救助保护工作的意见》，对流浪儿童救助保护工作提出了更加具体的要求和政策措施。公安、民政等多部门协作实行更加积极主动的救助保护，加大打击拐卖未成年人犯罪力度，帮助流浪未成年人及时回归家庭，做好流浪未成年人的教育矫治、强化流浪未成年人源头预防和治理。同年，民政部等多部门联合开展的“接送流浪孩子回家”及“流浪孩子回校园”专项行动以及 2012 年民政部出台的《关于促进社会力量参与流浪乞讨人员救助服务的指导意见》促进了上述政策的落地。

3. 困境家庭儿童社会政策

困境家庭儿童包括父母重度残疾或重病的儿童、父母长期服刑在押或强制戒毒的儿童、父母一方死亡另一方因其他情况无法履行抚养义务和监护职责的儿童、贫困家庭的儿童。贫困家庭儿童政策在前文“儿童社会保障”及“贫困儿童社会救助政策”部分已有介绍。2019 年，民政部等 12 部门联合印发了《关于进一步加强事实无人抚养儿童保障工作的意见》，在国家层面将事实无人抚养儿童纳入孤儿基本生活制度保障范围，每月发放基本生活补贴并开展相应救助工作。近年来，各地也开始陆续实施困境家庭儿童关爱服务，通过政府购买服务等方式，发挥共青团、妇联等群团组织的社会动员优势，引入专业社会组织提供心理咨询和疏导、情感抚慰等专业服务，培养其健康心理和健全人格。

4. 流动儿童社会政策

2018 年，全国义务教育阶段随迁子女数量为 1952.41 万人，其中进城务工人员随迁子女数量为 1424.04 万人，近 5 年增加了 311.82 万人，增幅为 15.97%。[①] 2020 年义务教育阶段在校生中进城务工人员随迁子女 1429.73 万人[②]。许多贫困流动儿童面临学业、生活、文化以及心理融入等方面的困境。2012 年，教育部等部门开始研究制定接受义务教育后在流入地参加升学考试的办法等各项具体细则。2014 年，国务院《关于进一步做好为农民工服务工作的意见》提出，“学校对随迁子女与城镇户籍学生混合编班，统一管理”。到目前为止，全国大部分省市已经有条件（社保、就读年限等）全部开放流动儿童参加当地高考。

第二节　儿童社区福利服务的现状与问题

一、针对全体儿童的政策

我国儿童社会政策诸多方面都与社区有密切关系。例如，在儿童的社会参与权利方面，2019 年颁布的《儿童友好社区建设标准》具体包括制度建设、空间营造、服务提供、文化建设、儿童友好社区工作人员要求与管理等内容。

在儿童教育政策方面，社区教育和家庭教育涉及社区。2015 年，教育部颁布《关于加强家庭教育工作的指导意见》，提出构建家庭教育社区支持体系。全国妇联与教育部、中央文明办、民政部等部门共同印发

---

① 根据教育部年度教育统计数据整理得出。

② 教育部 . 2020 年全国教育事业发展统计公报［EB/OL］.（2021-08-27）［2022-11-25］. http：//www. moe. gov. cn/jyb_ sjzl/sjzl_ fztjgb/202108/t20210827_ 555004. html.

《关于指导推进家庭教育的五年规划（2016—2020 年）》，提出“到 2020 年，基本建成适应城乡发展、满足家长和儿童需求的家庭教育指导服务体系”。2016 年，教育部、民政部等部门联合发布《关于进一步推进社区教育发展的意见》提出，到 2020 年我国初步形成社区教育治理体系，以加深流动儿童与伙伴、家庭、社区的联结。

在儿童卫生健康政策方面，基本公共卫生服务涉及健康管理、婴幼儿早期照护和发展服务、心理健康教育等。儿童青少年心理行为问题和精神障碍的预防干预措施，形成学校、社区、家庭、媒体、医疗卫生机构等联动的心理健康服务模式。

在保护儿童的精神文化政策方面，街道和社区承办的儿童活动中心、儿童之家以及“社区儿童之家”等机构，专门面向青少年群体提供服务，包括文化娱乐服务。政府在对社会文化产品、娱乐场所和服务加以管制与监督的过程中也离不开社区的积极配合。

在儿童保护政策方面，儿童家庭保护、社会保护和政府保护均离不开基层社区组织及社区居民的支持。

在儿童保障政策方面，儿童医疗保险需要在社区层面的社区服务中心或街道层面的社保所办理。虽然目前一些地方已经开通了社会保险网上办理和审核流程，但传统的线下方式仍是居民最普遍采取的办法。

二、在特殊儿童和困境儿童社会政策方面

（一）在孤儿救助政策的实施方面

孤儿的家庭寄养方式是一种介于社区化与机构化的养育方式。这样的养育方式需要民政部门对寄养家庭展开调查和追踪，在服务的过程中会涉及与社区的合作。孤儿家庭寄养的责任主体是政府，社区发挥协助作用。

南京市对寄养家庭的评估包括多个层面，“男女主人年龄须在 55 岁以下，家中小孩在 10 岁以上”。此外，“住房条件较好，家庭有稳定的经济收入。家庭成员无犯罪记录，无不良生活嗜好，家庭和睦，与邻里关系融洽”。福利院会谨慎挑选寄养家庭，“一开始我们设了 3 个月的试用期，通过走访来评估，后期，我们也会有定期考核，来了解孩子在家庭

的成长情况”。儿童福利机构应定期探访寄养儿童，监督、评估寄养家庭的养育工作，并向主管民政部门及时反映家庭寄养工作情况及提出建议。“我们到社区、派出所对寄养妈妈的为人、家庭情况做了一个评估，教授和心理专家都认为这个爱心妈妈是适合的，所以评估结束后，我们就借鉴南京市福利院寄养家庭的协议模式，形成一个寄养协议”。[①]

（二）残疾儿童的社区康复工作

社区残疾儿童康复工作始于 1982 年。目前，残疾人社区康复的重要性日益提升。这项政策需要在社区落地，包括社区康复员培训、建立儿童康复信息库、肢残儿童家长和亲友培训、基层康复机构对残疾儿童家庭的技术支持、心理支持等工作内容。

（三）“类家庭”流浪儿童之家建设

“类家庭”又可称为模拟家庭，是模仿普通家庭而形成的一种家庭的模式，一般的“类家庭”都建立在社区中。一般意义上的“类家庭”是由爸爸妈妈和 4~6 名儿童组成。担任“类家庭”父母的人选也是要经过严格的筛选、考察、培训，符合要求后才能够上岗的，他们大多数都是一些有着相对丰富教育经验、喜欢儿童、呵护儿童且有耐心和奉献精神的志愿人士；他们除了能够全天候地照顾流浪儿童的饮食起居，并且还通过言传身教，负有教育和教养流浪儿童的责任和义务，为流浪儿童的心理健康和行为矫正方面带来潜移默化的影响，让流浪儿童在健康温馨的家庭环境里快乐成长。[②] 流浪儿童管理是社会救助管理工作的内容，主管部门是民政部门。“类家庭”流浪儿童之家是救助管理工作的一种创新，目前还在探索阶段。本质上，这并不属于社区服务的范畴，只是作为社区居民的身份，流浪儿童“家庭”需要融入社区。

（四）困境家庭儿童社区政策

困境家庭儿童主要包括父母重度残疾或重病的儿童、父母长期服刑

---

① 初梓瑞，蒋琪．首个社会救助“事实孤儿”进寄养家庭［EB/OL］．（2015－12－14）［2022－10－10］．http：//gongyi. people. com. cn/n1/2015/1214/c151132－27924233. html.

② 白乙涵．流浪儿童“类家庭”救助模式探析［J］．社会福利（理论版），2018（9）：3－7+27.

在押或强制戒毒的儿童、父母一方死亡另一方因其他情况无法履行抚养义务和监护职责的儿童、贫困家庭的儿童。前三类儿童的救助和保护主要参照事实无人抚养儿童政策执行。而针对贫困家庭儿童的救助工作，包括生活救助、医疗救助和教育救助，则需要社区予以配合。

第三节　儿童社区福利前沿

当前我国普惠型的儿童社区福利服务还处于初步发展阶段，特殊儿童和困境儿童社会政策在社区的执行过程中，社区居委会主要发挥协助作用。个别地区创新了儿童社区服务的形式，例如，购买社会组织服务提供专业服务或由社区专业社工开展社区儿童服务。因此，本节将重点介绍当前我国儿童社区福利服务的前沿案例及先进经验。

一、儿童社区福利服务概念

社区儿童服务是儿童社区福利概念的衍生，服务隶属于社区服务范畴，是社区工作的一项重要内容。社区儿童服务有两层含义：一是把儿童作为服务对象，以满足社区内家长和儿童发展的需要；二是儿童作为服务者，参与社区的相关活动，重视儿童的社会参与权利以及对社区的责任感。

二、儿童服务类型

（一）社区流动儿童服务

我国有较多数量的流动儿童。目前，流动儿童的义务教育权利得以保障但教育公平问题仍凸显，医疗保险参保率及公共卫生服务水平较低。社区福利服务成为弥补流动儿童福利政策不足的重要方式。我国多个城市开展了社区流动儿童服务。广义的社区流动儿童服务包括社区教育服务、医疗服务、学校服务及家庭服务等。在不包括学校服务和医疗服务的狭义的社区服务方面，社会组织是社区流动儿童服务的主要实施主体。社会组织提供的服务内容包含了教育辅导、兴趣提升、人格发展及社区融入等。社会组织服务的对象以义务教育阶段学生为主，不同地区和机构提供服务的内容和专业化程度有所差异。在服务过程中，社会组织重视发动社区、学校及周边单位开展志愿服务。学习辅导服务是各地大部分社会组织均有涉及的服务，人格培养和家庭教育服务能够弥补流动儿童与普通儿童的差异，综合素质提高类服务属于选择性和发展性服务①。一些机构开展了社区参观及志愿活动等社区融入服务，一些地区通过微信群开展线上“父母课堂”，邀请专家开展线上讲座。

除了流动儿童服务，在特殊儿童及困境儿童服务方面，例如残疾儿童、流浪儿童、困境家庭儿童服务也有了创新的服务形式，只是这些服务主要由残联、共青团等部门直接提供或购买专业社会服务组织提供。

以事实无人抚养儿童为例，有研究表明，把个案管理引入中国的儿童社会工作服务尤其是针对事实无人抚养儿童的服务，不仅是必要的，而且也是可行的。事实无人抚养儿童大多由祖辈代为照顾，社会工作者在介入时不能只围绕儿童本身，还需要深入其家庭，并积极寻求社区和社会支持。项目使得个案管理超脱出机构服务的场域，社会工作者得以进入服务对象的家庭，关注到服务对象的社区；项目一方面可以对个案服务进行统筹，为个案管理的推进奠定基础，另一方面借助小组服务和大型社区活动，为众多服务对象及家庭之间构建交流渠道，并推动其共性问题的解决。在具体工作中项目式个案管理在一定程度上与民政部近年来开始在基层社区试点推动儿童福利主任是契合的。儿童福利主任的工作当中也涉及对儿童的信息更新（包括事实无人抚养儿童）以及照顾指导、监护评估、儿童心理状况评估、及时疏导等。②

（二）儿童社区教育和文化服务

儿童社区教育服务包括与节日有关的临时活动和假期儿童文化教育服务两大类。例如，一些社区与科协合作开展了针对青少年的科普教育

---

① 李文静．适度普惠模式下流动儿童社区福利治理体系探析［J］．社会建设，2021，8（3）：75-86.

② 孙斐，黄锐．迈向项目式个案管理：事实无人抚养儿童社会工作服务的困境及其转型——基于上海市J项目的个案分析［J］．社会建设，2022，9（6）．

服务，也有的社区会在六一儿童节举行一些亲子服务和活动。

在假期儿童文化和教育服务方面，一些社区提供免费托管服务，安排志愿者为孩子辅导功课，开放社区图书室、乒乓球活动室等，既充实了孩子们的课余生活，同时也解决了双职工父母的后顾之忧。例如，沙头角社区实施的“魔力学堂”儿童托管项目解决了双职工家庭子女暑期照顾问题，同时为托管儿童提供生活技能、趣味英语、益智桌游、陶艺、红色教育等有益心智发展的主题课程。[①]

儿童之家的建设将为社区提供儿童服务提供重要基础设施支持。北京市城市副中心、东城区的儿童之家建设率均超过了95%，开展了亲子阅读、家庭教育工作坊、课后托管、青少年社会实践活动、儿童安全等系列活动[②]。

（三）儿童健康服务

儿童社区健康服务除了上述基本公共卫生服务的社区部分之外，还包括托育服务和社区早教服务。婴幼儿早期托育服务与早期教育服务主要由卫生健康委负责。目前，我国儿童早期教育服务供给的公益性不足，由市场提供的同类服务价格高昂。这为社会力量参与儿童早期服务提供了极大的空间。滨湖世纪社区是中国儿童友好社区2016年在安徽省合肥市开设的第一家示范社区。同年，社区成立了滨湖世纪社区亲子中心，由安徽省首家直接登记注册的专业社工机构合肥市爱邻社会工作服务社运营，在儿童早期普惠型服务方面开展了尝试和探索。

社区亲子中心位于滨湖世纪社区服务中心，面积约100平方米。中心人员包括专职社工1名、妈妈馆长1名、老师2名和居民志愿者若干。中心的运作模式：培育妈妈馆长，提供普惠化的儿童早期服务。由社会组织与街道、社区居委会等合作在社区公共空间内建设并运营“社区亲

---

① 唐晓青．沙头角社区魔力学堂儿童托管项目解决辖区儿童暑期照顾问题［EB/OL］．（2017-08-22）［2022-10-22］．http://iyantian.sznews.com/yantian-news/contents/2017-08/22/content_17081620.htm.

② 北京市妇儿工委．北京市东城区发布儿童之家规范化建设指南及工具手册助推儿童之家常态化、专业化、规范化发展［EB/OL］．（2018-12-24）［2022-10-10］．https://www.nwccw.gov.cn/2018-12/24/content_235327.htm.

子中心”，为社区 0~6 岁的儿童及其家庭提供离家近、可负担、高质量的亲子服务。社区只需提供 50~100 平方米场地，即可引进亲子中心。居民能够以远低于市场价的费用享受到便捷优质的服务。社会组织则通过无偿或低偿的方式自我造血，实现可持续运营。

基于妈妈对于儿童友好的重要性以及社区参与的理念，围绕妇女社会工作缓解压力和宣泄情绪、重塑自信，提升对自我的认识、解决妇女的实际困难和需要的直接目标，亲子中心推出“妈妈馆长计划”。机构优选社区内全职妈妈、退休妇女等参与课程组织与场馆维护，助力全职妈妈实现“带娃—家庭—工作—自我价值”四重平衡。同时，动员家长成立“家长委员会”，增强居民自助互助，提升居民社区资本。

亲子中心的现任妈妈馆长傅欢，正是这样的一个例子。她于 2016 年 11 月带孩子参加亲子中心的服务活动，经过一段时间的接触和了解后，成为亲子中心妈妈志愿者队伍中的一员。在不断的学习与锻炼中，她熟练掌握组织策划活动与开展课程的能力和技巧，再经过专业系统的培训后，考取了幼师证和社工证，于 2018 年 3 月任亲子中心妈妈馆长，负责全馆的统筹管理工作。

“妈妈馆长计划”以亲子服务为切入点，围绕女性，联结家庭，服务社区，为扶持妇女就业和社区治理探索新模式。目前，亲子中心的妈妈志愿者队伍在不断地扩充，并在长期的参与、培养中逐渐成长、成熟，将来能为各个社区输送亲子服务人才，助力普惠化的儿童早期服务在更多的社区落地开花。儿童之家建设要遵循就近原则选址家门口；以儿童友好视角进行空间布置，注重安全性、舒适性、儿童视角；把采光最好的场地留给儿童等原则。①

（四）儿童友好社区建设——保障儿童权益的社区环境

“儿童友好城市”概念缘起于 1996 年联合国儿童基金会和联合国人居署共同发起的“儿童友好城市运动”。目前，联合国儿童基金会在全球

---

① 邵会会．儿童友好社区的本地化探索实践［EB/OL］．（2019-07-20）［2022-10-12］．https：//www. sohu. com/a/328247958_ 491282.

范围内已认证超过3000个儿童友好型城市和社区，中国城市和社区至今榜上无名。但令人欣慰的是，“儿童友好”理念正逐渐引起社会各界广泛关注。近年来，北京、长沙、深圳等多个城市提出创建儿童友好型城市，并开始了一些有益尝试。社区是城市的“细胞”，也是儿童生活、居住时间最长的场所。创建儿童友好型城市，社区无疑是重要抓手和不可或缺的重要环节。所谓“儿童友好社区”，是在国际“儿童友好型城市”理念基础上，结合我国社区建设与社区治理实际而提出的以社区为依托，以保护和促进儿童发展为宗旨，以儿童及其监护人和其他家庭成员为服务对象，在安全友好的社区公共空间提供包括文化、教育、健康等多维度的普惠型服务。一个“儿童友好社区”，既有硬件设施的完善，也有软件环境的丰富。

各地职能部门、社区组织、物业服务企业要坚持以“儿童视角”查找、消除社区内各类风险隐患，切实担负起监管和主体责任，筑牢安全防线。在这方面，有的地方已作出探索。[①] 如在北京市东城区、海淀区一些街道，城市设计师尝试让儿童参与社区儿童活动区域的设计，并将社区人行道与车行道分开，让儿童的生活环境更加安全，这些做法值得其他地方学习借鉴。应该说，儿童友好社区有助于全面提升儿童的社会福利水平，是提供儿童社区服务的重要依托，也必须通过提供儿童社区服务才能实现。

第四节　儿童社区福利治理未来发展

一、儿童社区福利服务存在的问题

（一）社区儿童服务体系不完备

我国的社区儿童服务以补缺型福利为主，普惠型服务较为缺乏。同时，补缺型服务也是以行政体系的常规工作为主，专业性不高。社区儿

① 杨维立．打造儿童友好型社区让孩子快乐成长［N］．中国建设报，2020-11-26.

童服务体系不完善，表现在这样几个方面：一是缺少明确的儿童社区服务制度。由于很多社区服务只是把原属于街道办事处的职能简单转化为社区服务，这种服务只是形式上的，并没有从服务理念，特别是服务制度上进行转变。现行的社区服务制度更多的还是停留在原有的居民服务（如申报低保、计划生育指标申报以及儿童免费疫苗等）方面，没有根据形势的变化，拓展新的工作范畴。二是服务内容不全面。目前的儿童服务较少，尤其是针对社区内年幼儿童的临时看护服务十分缺乏。此外，目前的儿童服务没有充分调查社区居民的需求，更没有一种培养社区未来公民的意识，很少组织针对 18 岁以下儿童的活动。三是社区工作人员素质不高，未接受专门的培训，特别是社会服务方面的培训。街道办事处转变为社区服务中心以后，在服务功能与服务意识上还是停留在街道办事处水平。多数社区服务人员只是从事常规性的服务，缺少开拓性意识，缺少联系社区内居民的方法与途径。社区低保户家庭的子女有学业辅导及心理健康等方面的需求，但社区服务人员也缺少相应的服务技巧和服务意识。①

（二）居民对社区儿童服务的参与不够

目前，只有部分社区使用社区公益金或党群服务资金开设了社区托管服务。社区居民以志愿者的身份参与了托管服务。如上所述，也有的社区托育服务鼓励社区妇女的参与。但大部分社区儿童服务缺乏，居民的参与不足。究其原因，一是社区缺乏专业的组织者。二是社区活动没有相应的场地。许多社区主要由高层建筑组成，而这些高层建筑的设计主要出于经济收益方面的考虑，很少考虑到社区居民与儿童的日常活动需要。三是缺少相关活动的基本经费支持，现行的经费仅仅只能维持社区工作人员的办公，远远不能满足社区活动组织所需要的经费要求。四是社区居民缺少闲暇时间，年轻的父母们把更多的时间用于个人职业发展，用于儿童发展的时间偏少。其实，由于社区内居民的职业众多，从教育理论的角度来讲，应该是丰富的儿童教育资源，但家长们都忙于个

---

① 严仲连．我国社区儿童服务的问题与对策［J］．社会科学家，2016（1）：125-129.

人的事业发展，生活压力和工作压力大。[①]

（三）儿童被当作被保护者，主体性体现不足

社会参与是儿童的重要权利，也是较高层次的权利体现。在当前的社区服务体系中，儿童在大多数情况下是被服务者。这与儿童的身心智发展程度有关，儿童作为被监护对象，需要得到来自家庭、学校、社区以及社会的关怀。近年来，随着儿童友好城市倡议的提出，儿童的参与权利受到更高程度的重视。但在现实中，儿童也只是被动参与相关活动，儿童的需求没有得到重视，从儿童视角出发提供的服务相对不足。儿童只是被动地参与家长为儿童选择的种种活动，在某种意义上，这也是社区儿童服务形式单一的表现。儿童并没有作为未来公民而参与社区的服务，如让儿童参与社区的敬老爱幼以及社区公益劳动，儿童偶尔的交往，也只是停留在固定的几个伙伴之间，很少有小组类的有组织的活动，更不用说常规性的儿童活动。

（四）提供社区儿童服务的空间和基础设施不完善

儿童活动物质资料包括活动场地和活动材料。在冬天，社区儿童没有公共的户内游戏场所，夏天也没有适合儿童的户外活动器械。虽然不少社区开始配备户外的运动器械，但只适合于成年人操作。由于部分社区建立时只考虑到收费，没有考虑到社区服务，为了迎合当代社区管理的要求，临时配置了活动室，这些活动室多数只服务于成年人，不适合年幼儿童的活动。活动室功能单一，有的社区虽设立了活动室，但活动面积过小，有的却置于社区内居民楼的顶层，平常只是摆设，利用率低。有的服务半径过大，导致社区内很多居民很少听说相关的组织机构存在。

（五）专业人才缺乏，社区儿童服务质量有待提升

当前，我国社区儿童服务体系尚未形成，不论是针对全体儿童的普惠型福利服务还是针对困境儿童的补缺型福利服务的质量均有待提升。

---

① 刘丽秋．当前社区志愿服务存在问题及对策研究［J］．社科纵横，2014，29（2）：87-89.

第一，街道、残联、共青团等行政性社会服务机构工作人员的专业性不足，能够提供的专业服务缺乏。第二，这些行政性社会服务机构购买专业社会服务组织的服务的数量和资金等还不足，未来应提高专业社会服务机构在社区提供儿童服务的比例。第三，社区专业工作者也对儿童社区服务专业性有重要的影响。按照《国家中长期人才发展规划纲要（2010—2020年）》要求，积极开发城乡社区专职工作岗位，鼓励高校毕业生、退役军人、返乡农民工等优秀人才到城乡社区工作，加大社会工作者等专业人才使用力度，力争到2020年，每个城乡社区至少配备1名社区社会工作者。这为我国社区儿童服务专业性的提升提供了人才基础。即便如此，没有完善的儿童社区服务制度，社区儿童服务的水平仍难提升。

二、儿童社区福利治理的未来发展

（一）儿童社区福利治理的目标

儿童社区福利治理的目标是根据社区不同年龄阶段儿童的福利服务需求，结合国家及地方的社会福利政策和财政情况，合理配置社会福利资源，包括资金、人才、基础设施等，构建以基层党委为核心，政府为主导，社会服务组织及专业社会工作人才积极参与，广泛调动社区居民、辖区单位及社会慈善介入的福利体系。儿童社区福利治理的手段既包括执行既有的儿童福利政策，也包括社区福利服务，同时广泛发动社区力量，开展互助型的儿童服务项目。

（二）儿童社区福利治理具体策略

1. 提高国家对儿童社区服务的投入力度

儿童福利是社会福利制度与社会福利政策体系的核心组成部分，是衡量社会福利现代化程度和社会文明状况的最佳指标体系。[①] 结合国内外儿童服务的发展趋势，国家在儿童服务中负有领导、管理、监控以及相关的财政投入等责任。特别是要完善相关的制度与管理措施，而不是使

① 刘继同．国家责任与儿童福利［M］．北京：中国社会出版社，2010：74.

相关的儿童服务游离于政府的职责之外。如，近年来深受关注的儿童托管服务质量得不到保障，与政府责任缺失有明显的关系。各社区儿童普遍缺少社区活动场所或社区建设在规划用地时没有考虑社区居民、社区儿童福利等事项，这与现行的社区建设政策不到位有关。未来应通过儿童友好社区建设工程改善儿童社区服务的基础设施，包括改善社区环境，提高社区安全程度，增设儿童社区服务中心，购买专业的书籍和服务设备，配备专业的人才提供服务。我国儿童社区服务在早教教育及托育服务等方面有很大的短板，未来需要着重提升这方面的服务投入。此外，还缺少相关的财政激励政策，用于激励个人或企业对社区儿童公益事业的投入。

2. 完善社区儿童服务运行机制

社区儿童服务运行机制的完善主要包括服务体系中的人、物、制度等方面的内容。从目前的情况来看，社区服务的首要任务是社区儿童活动场所。首先，在社区规划方面，要统筹安排社区居民，特别是社区特殊群体的需要，要设置方便社区居民共同活动的场所，这些场所既能满足儿童共同活动的需要，也能满足居民聚会的需要。其次，要选拔素质高的社区服务人员，而不是简单的工作安排，社区工作人员要有服务意识，要有工作组织能力，还要有较强的沟通能力，能关注社区儿童的需要，组织儿童活动，特别是能组织或引导社区居民共同参与社区儿童活动，引导家长自发参与社区儿童活动的组织与管理。最后，要完善包括社区儿童服务在内的社区服务制度，具体包括政府、街道社工站、社区分工合作机制、公共服务运行机制、社区财政投入机制、社区志愿参与机制等，要从制度上落实儿童服务的经费投入与经费管理，确保社区儿童服务的正常开展。

3. 提高社区儿童服务的专业性

如前所述，当前的社区儿童服务体系尚未形成，社区儿童服务质量有待提升。首先，借助街道社会工作站的建设，引入更多专业社会服务组织提供专业化的社区儿童服务。其次，通过加强民政、妇联、残联、共青团等行政性社会服务部门工作人员的专业性，提高针对特殊儿童及困境儿童的服务专业性。再次，对社区工作人员开展教育学、社会工作、心理学等方面知识的培训，提高社区儿童服务专业性。最后，构建街道社会工作站、专业社会组织、社区工作者组成的纵横交织的服务体系，提升社区儿童服务的专业性。

4. 重视儿童主体视角及社区居民的参与

社区儿童服务的目标是满足儿童的福利服务需求。儿童的主体性和参与权利受到了世界诸多国家的重视。因此，我国的社区儿童服务也应重视儿童参与。根据儿童不同年龄阶段的身体发展情况，充分发挥儿童的主体性，在社区活动中重视儿童的需求表达以及自我决策。在社区环境建设、社区工作人员配备、社区图书资料购买等方面重视儿童视角和儿童需求。积极动员儿童的社区参与，让儿童参与社区志愿服务。此外，还要重视社区居民尤其是儿童家长的参与。通过举办各种亲子服务活动，加深儿童与家长的沟通和交流，形成社区儿童家庭互助合作网络。充分挖掘社区居民资源，为儿童提供丰富多彩的服务。

5. 鼓励社区周边学校、慈善团体参与社区儿童服务

社会企业或慈善团体参与社区服务（包括儿童服务）是国外社区服务的重要形式，主要通过志愿者服务以及儿童社区公共物资捐助两个方面实现。我国社区儿童服务的基本问题多集中在空间和基础设施不足、文体活动产品不足等方面。这两个问题的解决，除了发挥政府的作用外，鼓励企业与慈善团体参与也将是我国社区儿童服务发展的努力方向。社区服务中的志愿者主要有社区居民、社会爱心人士以及高校志愿者。对于社区儿童来说，由于年龄和学识方面的优势，高校志愿者更受社区儿童欢迎。高校志愿者参与社区儿童服务（社区服务）是国内外社区工作和国外高等教育的发展趋势。相对来说，大学生接受高等教育，在活动组织与学生学业辅导方面具有较强的群体优势，大学生也需要相应的社会实践来提高综合素养。因此，如何调动大学生群体参与社区儿童服务，需要政府部门与地方高校之间的有效协作。①

---

① 严仲连．我国社区儿童服务的问题与对策［J］．社会科学，2016（1）：125-129.

第五章　老年人社区福利治理

第一节　老年人社会福利政策体系

一、老年人社会福利政策概论

（一）老年人基本情况

按照国际规定，60周岁以上的人确定为老年。我国老年人权益保障法第二条规定，老年人的年龄起点标准是60周岁，即凡年满60周岁的中华人民共和国公民都属于老年人。老年人可以划分为低龄老年人（60~69岁）、中龄老年人（70~79岁）和高龄老年人（80岁及以上的老年人）。在生理上，老年人的身体出现各种衰老变化，并伴随着各种老年疾病；在心理上，老年人往往胆小多疑、性格孤僻，易“固执”，爱“唠叨”，常“怀旧”。此外，老年人社会角色的转变也易引起一些心理问题。

第七次全国人口普查数据显示，我国60岁及以上人口为26402万，占总人口的18.70%（其中，65岁及以上人口为19064万，占13.50%）。老龄化水平城乡差异明显。从全国看，乡村60岁、65岁及以上老人的比重分别为23.81%、17.72%，比城镇分别高出7.99个、6.61个百分点。老龄化已经成为我国面临的一项艰巨的公共健康问题。然而，目前我国家庭规模日趋缩小，核心家庭、空巢家庭、老年人家庭日益增多，传统的家庭养老功能已逐渐不能满足人口老龄化的发展需要，面临前所未有的挑战，养老逐渐转向社会，落地社区。

（二）老年社会政策

老年社会政策是国家为满足老年人基本生活需要，提升老年人生活福祉而实施的一系列制度安排及法律举措的总称。老年社会政策体系涵盖了养老保险、养老服务、老年津贴及老年福利（老年教育等）等内容。[①]

二、老年人社会政策体系

（一）老年人社会政策的构成

1. 联合国机构、国际组织等的公约、宣言、政策声明等

例如，1982 年老龄化问题世界大会通过了《维也纳老龄问题国际行动计划》；联合国大会于 1991 年 12 月 16 日通过《联合国老年人原则》；1992 年联合国大会老龄问题特别会议通过了《世界老龄问题宣言》《2001 年全球老龄目标》；1999 年国际老龄联合会全球老龄大会出台的《蒙特利尔宣言》；联合国第二次老龄问题世界大会于 2002 年通过的《马德里老龄问题国际行动计划》；第四十五届美洲国家组织大会于 2015 年通过的《美洲国家保护老年人人权公约》中关于国家养老事务和老年人权益保障的论述等。

2. 国内相关法律法规

《中华人民共和国宪法》《中华人民共和国民法典》《中华人民共和国婚姻法》《中华人民共和国老年人权益保障法》等。比如，《中华人民共和国民法典》中的总则编关于成年被监护人的范围扩大到所有无民事行为能力或者限制民事行为能力人等，以及对特殊民事主体的权利保护的相关规定；物权编增设居住权制度对老年人“住有所居”现实需求的法律反馈；婚姻家庭编相关规定对老年人尚未成为被监护人但仍需要家庭成员日常生活照料的保障。

3. 国务院和国务院各职能部门制定、颁布、实施的各类行政法规、部门规章和政策规定

国务院：《关于加快发展养老服务业的若干意见》《“十三五”国家老龄事业发展和养老体系建设规划》《国务院办公厅关于推进养老服务发

---

① 李迎生．当代中国社会政策［M］．上海：复旦大学出版社，2012.

展的意见》《中华人民共和国国民经济和社会发展第十四个五年规划及2035年远景目标纲要》等。民政部等各职能部门：《关于开展公办养老机构改革试点工作的通知》《关于推进养老服务评估工作的指导意见》《关于加快推进养老服务业放管服改革的通知》《关于加强养老服务标准化工作的指导意见》《关于做好全国民政行业养老护理员职业技能培训工作的意见》《关于做好政府购买养老服务工作的通知》，国家卫计委等印发的《"十三五"健康老龄化规划》《关于确定第五批中央财政支持开展居家和社区养老服务改革试点地区的通知》《关于加快实现社会福利社会化的意见》等。

4. 国家计划

"十二五"期间，民政部决定，连续5年开展养老服务体系建设推进年活动，用多元方式来解决养老问题。启动敬老、爱老、助老工程，工程由6个计划作为支撑。

"阳光计划"：在大中城市要建设一批集养老示范、培训实训于一体的较大型的养老机构；"月光计划"：在区县一级，每个区县都要建设一所以养老为重点、兼具为残疾人和孤儿服务的综合性服务设施；"星光计划"：在社区要建设为居家养老服务的、星罗棋布的站点；"霞光计划"：在农村乡镇继续建设为五保老人服务的五保敬老设施；"幸福计划"：2011年开始试点、逐步铺开，在农村建设的、由村主办的互助养老幸福院；"福康计划"：在各类养老机构和社区配置康复辅具。涵盖了养老不同的层级和不同的功能，为了把它落到实处，民政部还制定了社会养老体系建设监测指标体系，随时对各地的发展进行监控，并且制定了以奖代补的政策。

5. 地方人大与地方政府职能部门制定、颁布、实施的各类地方法规、部门规章和政策规定

例如，2009年北京市民政局、市残联制定《北京市市民居家养老（助残）服务（"九养"）办法》；2019年广东省东莞市颁布的《东莞市居家养老服务管理办法》；2020年辽宁省制定的《辽宁省老年人权益保障条例（第二次修正）》；上海市民政局关于印发《2020年上海养老服

务工作要点》的通知；2020 年南京市人民代表大会常务委员会公告《南京市养老服务条例》等。

（二）老年人社会政策发展历程

1. 1949—1981 年：封闭式、城乡分割的养老政策

这一时期的政策内容单一，保障范围有限，主要对退休职工、劳动者等提供养老补助和相应的安置措施。在政策的制定和实施上体现了国家对老年群体的保障和救济，其主要特征是依附于单位制和集体制下的封闭式养老服务实践，未提出养老服务的概念。

1951 年政务院公布了《中华人民共和国劳动保险条例》，规定企业职工的养老保险费由企业负担，建立了企业职工退休养老制度。1953 年又公布了修改条例并开始实施。这一条例是新中国第一部有关社会保险的法规文件。在企业社会保险建立的同时，适用于机关事业单位的养老保险也逐步建立起来。1955 年，国务院颁发了《国家机关工作人员退休处理暂行办法》，对国家机关、民主党派、人民团体和事业单位工作人员的退休制度给予明确规定，在机关和事业单位中实行退休养老制度，其退休条件和待遇标准与企业大致相同。1958 年国务院通过实施了《关于工人、职员退休处理的暂行规定》，这一规定适当放宽了退休条件，提高了退休待遇标准，中国从此建立起了统一的退休制度。

2. 1982—2000 年：国家和企业的养老功能退化

改革开放之后，我国企业养老服务功能衰退，家庭和社会承担起主要的养老功能。以举办社会保险事业为起点，国家接连出台一系列养老服务社会化改革的政策，如退休养老工作社会化、社会保障工作管理社会化、生产领域和城市服务社会化、养老金发放社会化等，养老服务体现了机会均等、选择自由的特征。

1991 年 6 月，国务院作出《关于企业职工养老保险制度改革的决定》，首次明确提出养老费用由国家、企业和个人三方负担，职工个人也要缴纳一定的费用，并开展社会统筹与个人账户相结合的试点工作。1995 年和 1997 年，国务院先后下发《关于深化企业职工养老保险制度改

革的通知》《关于建立统一的企业职工基本养老保险制度的决定》两个重要文件，进一步明确了社会统筹与个人账户相结合的养老保险制度改革方案，建立了职工基本养老保险个人账户，促进了养老保险新机制的形成。

3. 2001—2010 年：多主体养老体系建设初期

2005 年，国务院常务会议通过了《关于完善企业职工基本养老保险制度的决定》。这是国务院针对人口老龄化、就业多样化发展形势下出现的新情况、新问题，提出的改革和完善社会保险任务制度之一。该决定把进一步扩大基本养老保险覆盖范围、统一城镇个体工商户和灵活就业人员参保政策、帮助就业困难人员参保缴费，作为当前和今后一个时期改革完善养老保险制度的主要内容。

这一时期，政府、市场等多主体开始参与养老服务，建设居家为基础、社区为依托、机构为补充的社会化养老服务体系的基本框架，并兴办多种形式的养老服务业，如公建民营、民办公助、政府购买服务、社会资金筹集等，减轻国家的财政负担，更好地满足老年人多样化的养老服务需要。在养老服务体系中，政府把建设的重点放在社区，通过扩大和增强社区功能来承接企事业单位的社会职能和服务职能，如依托社区来开展退休养老工作的社会化管理，建立社区福利和养老服务网络，调动社区各方资源参与养老服务，在社区开展老年人日间照料服务等。

4. 2011—2020 年：养老服务体系完善时期

2011 年，城镇居民社会养老保险试点开始进行，根据党的十七大精神和《中华人民共和国国民经济和社会发展第十二个五年规划纲要》《中华人民共和国社会保险法》的规定，国务院制定《城镇居民社会养老保险试点意见》，要求建立个人缴费、政府补贴相结合的城镇居民养老保险制度，实行社会统筹和个人账户相结合，与家庭养老、社会救助、社会福利等其他社会保障政策相配套，保障城镇居民老年基本生活。2012 年，我国要基本实现城镇居民养老保险制度全覆盖。

这一时期，各地开始创新养老服务形式："金融养老""产业融合养老""互联网 + 养老""迁移养老和异地养老""互助养老""强化家庭养老”等多种养老服务模式出现。养老服务的内涵更加丰富：新增了“医养健融合发展”“1+N 联合体”“PPP 模式”等养老服务模式；养老服务进一步贴近需求：从过去注重老年人基本生活照料向满足医疗健康、精神慰藉、法律服务等较高层次需要延伸，从过去养老补贴注重“补床头”“补砖头”向“补人头”方向转变，从过去注重硬件设施向注重适老化改造、养老住区智能化等软件设施转变。

5. 2021 年至今：养老服务高质量发展

在养老保险政策方面，2022 年 1 月，企业职工基本养老保险全国统筹制度启动实施，在全国范围内对地区间养老保险基金档期余缺进行调剂。2022 年 4 月，国务院办公厅发布《关于推动个人养老金发展的意见》，明确建立个人储蓄性养老保险制度。

2021 年 3 月，《中华人民共和国国民经济和社会发展第十四个五年规划和二〇三五年远景目标纲要》提出，“十四五”期间要大力发展普惠型养老服务，支持家庭承担养老功能，构建居家社区机构相协调、医养康养相结合的养老服务体系；未来，随着我国老龄化程度的加深，在我国养老服务政策的推动下，养老服务行业将加速发展。

2021 年 12 月，国务院印发《“十四五”国家老龄事业发展和养老服务体系规划的通知》。该通知提出，“支持社会力量建设专业化、规模化、医养结合能力突出的养老机构，推动其在长期照护服务标准规范完善、专业人才培养储备、信息化智能化管理服务、康复辅助器具推广应用等方面发挥示范引领作用；培育一批以照护为主业、辐射社区周边、兼顾上门服务的社区养老服务机构，推动集中管理运营和标准化、品牌化发展，支持社区养老服务机构建设和运营家庭养老床位，将服务延伸至家庭”。

（三）我国养老社会政策现状

1. 老年人法律保护

保障老年人相关权益的法律。首先，老年人具有参与社会发展、享受社会优待的权益。《中华人民共和国老年人权益保障法》规定，开展有益健康的活动、参与志愿活动、继续接受教育等；与老年人日常生活密切相关的服务行业为老年人提供优先、各相关场所应当对老年人免费或者优惠开放等。

其次，确保老年人的监护权、居住权、被赡养的权利。《中华人民共和国民法典》中有成年监护、居住权等规定；《中华人民共和国老年人权益保障法》中关于养老的相关规定："老年人养老以居家为基础，家庭成员应当尊重、关心和照料老年人"，"家庭成员应当关心老年人的精神需求，不得忽视、冷落老年人"，"赡养人的赡养义务不因老年人的婚姻关系变化而消除"，等等。

2. 推进相关保险制度

（1）养老保险制度

经过近十年的改革与建设，中国新的养老保险制度已初步建立，形成了包括基本养老保险、企业补充养老保险和个人储蓄性养老保险为主的多层次、多支柱新型养老保险体系。

相关政策：《国务院关于建立统一的城乡居民基本养老保险制度的意见》提出将新农保和城居保两项制度合并实施，在全国范围内建立统一的城乡居民基本养老保险制度；《中华人民共和国劳动法》第七十五条关于"国家鼓励用人单位根据本单位实际情况为劳动者建立补充保险"的规定；《国务院关于企业职工养老保险制度改革的决定》提出逐步建立起基本养老保险、企业补充养老保险和职工个人储蓄性养老保险相结合的养老保险制度。

《中华人民共和国社会保险法》对养老保险提供了政策保障；《中华人民共和国劳动保险条例》有关养老待遇的规定；《中共中央办公厅 国务院办公厅关于进一步做好补发拖欠基本养老金和企业调整工资工作的通知》；《中华人民共和国老年人权益保障法》规定"老年人依法享有的养老金、医疗待遇和其他待遇应当得到保障，有关机构必须按时足额支付，不得克扣、拖欠或者挪用"；等等。

（2）医疗保险制度

《中华人民共和国老年人权益保障法》规定："国家通过基本医疗保

险制度，保障老年人的基本医疗需要。”“享受最低生活保障的老年人和符合条件的低收入家庭中的老年人参加新型农村合作医疗和城镇居民基本医疗保险所需个人缴费部分，由政府给予补贴。有关部门制定医疗保险办法，应当对老年人给予照顾。”“国家逐步开展长期护理保障工作，保障老年人的护理需求。对生活长期不能自理、经济困难的老年人，地方各级人民政府应当根据其失能程度等情况给予护理补贴。”等等。

（3）创新保险制度

银龄安康保险。一种面向老年人的意外伤害保险。在一般情况下，会向被保险人提供以下种类保险金。一是意外身故保险金：如果被保险人遇到了意外事故，会赔付相应金额的身故保险金。若之前保险公司赔付过伤残保险金，那么会先扣除赔付过的伤残保险金。二是意外伤残保险金：如果被保险人遇到了意外事故，会根据伤残等级，向保险公司索赔。

长期护理险。为重点保障失能、失智老年人的基本生活和医疗护理，杭州已率先在桐庐县开展长期护理保险试点。青岛也开展了长期护理保险。

3. 对于特殊类型老人养老的保障

（1）老年人津贴制度

老年津贴是养老保障制度的一项重要内容，是一种非缴费型的现金给付制度，英国的老年补助金、中国香港的“生果金”等都属于老年津贴福利。随着我国人口老龄化程度的加深，为了有针对性地满足高龄老人、困难老人的生活需求，让老年人分享经济社会发展的成果，我国政府鼓励有条件的地方建立高龄老人津贴制度。老年津贴主要来源于地方政府财政，因此各地区发放老年津贴的要求和标准各不相同，以上海市为例，上海对具有本市户籍且年满 65 岁的老年人发放“老年综合津贴”，按照年龄段分为 5 档，65～69 岁为最低档，每人每月 75 元；100 岁以上为最高档，每人每月 600 元。截至 2018 年底，我国高龄老人津贴制度已经实现省级全覆盖，享受高龄津贴的老年人达到 2680 万，养老服务补贴和护理补贴制度分别覆盖 30 个、29 个省（自治区、直辖市），分别有

354 万人和 61 万人受惠，[1] 与养老保险制度、老年人社会救助相结合共同为老年人提供生活保障。

（2）低保、低收入家庭老人

《中华人民共和国老年人权益保障法》规定，“国家对经济困难的老年人给予基本生活、医疗、居住或者其他救助”“政府投资兴办的养老机构，应当优先保障经济困难的孤寡、失能、高龄等老年人的服务需求”“地方各级人民政府在实施廉租住房、公共租赁住房等住房保障制度或者进行危旧房屋改造时，应当优先照顾符合条件的老年人”。

民政部、国家发改委、国务院扶贫办联合印发《深度贫困地区特困人员供养服务设施建设改造行动计划》，逐步开展面向低保、低收入家庭及建档立卡贫困家庭老年人、残疾人的无偿或低偿集中托养服务。

（3）“三无”老人

《中华人民共和国农村五保户供养工作条例》规定：“老年、残疾或者未满 16 周岁的村民，无劳动能力、无生活来源又无法定赡养、抚养、扶养义务人，或者其法定赡养、抚养、扶养义务人无赡养、抚养、扶养能力的，享受农村五保供养待遇。”“农村五保供养包括供给粮油、副食品和生活用燃料；供给服装、被褥等生活用品和零用钱；提供符合基本居住条件的住房；提供疾病治疗，对生活不能自理的给予照料；办理丧葬事宜。”等等。

（4）流浪、乞讨老人

《中华人民共和国老年人权益保障法》规定，“对流浪乞讨、遭受遗弃等生活无着的老年人，由地方各级人民政府依照有关规定给予救助”，等等。

4. 注重构建社会化养老服务体系

（1）鼓励社会力量参与养老服务，促进多元主体提供保障

民政部、财政部和国家税务总局等部门先后出台《关于对老年服务

① 央广网．民政部：已基本实现老年人高龄津贴、服务补贴和护理补贴制度全国覆盖［EB/OL］．（2019-01-03）［2022-12-02］．https：//mzzt. mca. gov. cn/article/zt_ 2019gzhy/mtgz/201901/20190100014264. shtml.

机构有关税收政策问题的通知》《关于印发〈“社区老年福利服务星光计划”实施方案〉的通知》《关于支持社会力量兴办社会福利机构的意见》，在税收政策、财政补贴和资金倾斜上给予非营利性组织参与机构养老服务支持。

全国老龄委员会颁布《中国老龄事业发展“十一五”规划（2006—2010年）》，在总结“十五”期间老龄事业发展成就后，提出要健全养老保障体系，加大投入养老服务设施建设，鼓励吸引社会力量兴办养老院等。

《关于减免养老和医疗机构行政事业性收费有关问题的通知》《关于鼓励外国投资者在华设立营利性养老机构从事养老服务的公告》《关于鼓励民间资本参与养老服务业发展的实施意见》等政策相继发布。

（2）建立健全养老服务体系

2008年，我国养老服务政策焦点从以机构为主，转变为以居家为主，“去机构化—回归家庭”成为政策导向的主流；2012年，老年人权益保障法增添了老年人在社会服务、社会优待和宜居环境方面的权益；从依靠家庭赡养为主转变为以居家为基础，家庭成员广泛参与；国务院颁布的《社会养老服务体系建设规划（2011—2015年）》提出“建立完善的居家养老服务体系和社区养老服务体系”。2013年，国务院颁布《关于加快发展养老服务业的若干意见》，提出到2020年，全面建成以居家为基础、社区为依托、机构为支撑的，功能完善、规模适度、覆盖城乡的养老服务体系。养老服务产品更加丰富，市场机制不断完善，养老服务业持续健康发展。

当前我国城市养老服务政策逐渐社会化；养老模式由封闭到开放，由企业、单位责任向家庭和社会责任让渡；社会养老服务政策体系逐步完善；保障内容追求满足老年群体更高层次的需求，形式及内容不断更新、丰富。2022年，《“十四五”城乡社区服务体系建设规划》提出要以“一老一小”为重点，完善社区养老服务和普惠托育服务，扩大群众家门口的公益性、基础性服务供给。国家发展改革委员会等部门提出，力争在5年内，使大城市老年助餐服务逐步覆盖80%以上的社区。特殊困难老年人月探访率达到100%。①

第二节　老年人社区福利服务现状

一、老年人社会政策在社区的执行情况

（一）企业离退休人员社会化管理服务工作

这项工作具体包括：加强企业离退休人员社会化管理服务，确保离退休人员基本生活；为企业离退休人员提供社会保险政策咨询和各项社会保险业务查询服务；向企业离退休人员发放社会化管理服务卡，建立健全离退休人员信息数据库；集中管理企业退休人员的人事档案；帮助死亡离退休人员的家属申请丧葬补助金和遗属津贴；组织企业离退休人员中的党员定期开展组织活动，加强企业离退休人员的思想政治工作。

（二）构建城镇居民社会化养老服务

具备条件的地方，可开展老年护理服务，兴建退休人员公寓。2001年民政部在全国启动了“社区养老服务星光计划”，着力实施城乡社区老年人福利设施建设。2003年，大连市沙河口区首创了居家养老的新模式，提出了依托社区服务解决养老问题的新思路，此后社区居家养老模式逐渐兴起并在城市地区得到快速推广。国务院办公厅于2011年发布的《关于印发社会养老服务体系建设规划（2011—2015年）的通知》中指出，“社区养老服务是居家养老服务的重要支撑，重点建设老年人日间照料中心、托老所、老年人活动中心、互助式养老服务中心等社区养老设施，推进社区综合服务设施增强养老服务功能”，对社区养老服务设施建设方面提出总体规定。此外，中央10部门于2014年颁布的《关于加快推进健康与养老服务工程建设的通知》，首次将社区养老服务与医疗相结合。经过多年的建设与发展，目前我国已经初步构建起了以居家为基础、社

---

① 王凡．国家发改委：力争五年内大城市老年助餐服务覆盖逾八成的社区［N］．南方都市报，2022-02-09.

区为依托、机构为补充、医养相结合的社会养老服务体系。

国家对老年社区养老服务机构的支持政策：如《关于做好政府购买养老服务工作的通知》《关于鼓励民间资本参与养老服务业发展的实施意见》《民政事业发展第十三个五年规划》等。财政部、国家税务总局等发布《关于养老、托育、家政等社区家庭服务业税费优惠政策的公告》，规定对社区提供养老、托育、家政等服务的机构免征增值税、契税、不动产登记费、耕地开垦费、土地复垦费、土地闲置费等，并在计算应纳税所得额时，减按90%计入收入总额。这些政策的制定与实施，都表明国家鼓励和支持各类企业、社会组织和个人从事社区养老服务。

（三）高龄老人津贴政策的执行

宁夏回族自治区于2009年5月率先颁布了《关于建立80岁以上低收入老年人基本生活津贴制度的通知》；同年6月，民政部在借鉴宁夏经验的基础上要求有条件的地区实施困难老人和高龄老人津贴。2013年，民政部进一步明确表示：将着力统一高龄老人津贴制度，全国80岁及以上的老年人皆可享受高龄老人津贴，明确提出建立以省为单位面向80岁及以上老年人的高龄老人津贴制度。如今，我国已在全国范围内逐步建立起高龄老人津贴制度，越来越多的高龄老年人享受到老年津贴这一福利制度。

北京市高龄老年人津贴标准为：80周岁至89周岁的老年人每人每月100元、90周岁至99周岁的老年人每人每月500元、100周岁及以上的老年人每人每月800元。

（四）为贫困、失依老人提供低保、五保及医疗救助服务

国家为收入在贫困线以下的老年人提供最低生活保障制度、医疗救助制度以及其他节日慰问活动等临时救助，为无人供养的老年人提供机构养老或社区养老服务。

2019年，《北京市老年人养老服务补贴津贴管理实施办法》正式印发，向经济困难、高龄、失能三类老年人发放养老服务补贴津贴。北京市按照低保、低收入、计划生育特殊家庭分别给予每人每月养老服务补

贴300元、200元、100元；失能老年人护理补贴按照重度失能和残疾等级分别是600元、400元、200元；符合申请条件的老年人本人或其委托代理人，或监护人自愿申请，可以登录北京市政务服务网、北京市民政局官方网站或微信公众号，输入姓名和身份证号码后填报申请；可以就近在本市任一街道（乡镇）办事窗口出示居民身份证提出申请；可以填写《北京市老年人养老服务补贴津贴申请表》后，到户籍所在地街道（乡镇）社会救助或“一门受理”窗口出示居民身份证或户口簿原件后提交。

二、老年人社区福利服务发展现状

（一）社区福利服务

1. 老年人社区服务中心建设

目前我国社区养老设施主要包括社区养老服务中心、社区日间照料中心、社区养老服务站、社区老年活动中心等形式。这些社区养老设施是提供社区养老服务的重要保障。从“十三五”时期开始，中央财政每年投入10亿元用于推进城市、农村居家和社区养老服务试点建设，包括助餐、助浴、助急、助医等居家社区养老服务。截至2020年，全国共有社区养老服务机构和设施29.1万个，床位332.8万张，同时开展智慧健康养老应用试点。截至2019年，全国共成立了79家示范企业、130个示范街道和29个示范基地。①

2. 社区医疗与健康服务

全国大部分地区开展了社区老年人医疗卫生服务，具体包括：健康检查服务、医疗保健咨询、常见病预防和管理、健身设施建设。例如，北京市每年为60岁以上具有北京市户口及北京市居住证的老年人免费体检一次。社区卫生服务中心为社区老年人提供医疗保健咨询、基于居民

---

① 中华人民共和国中央人民政府．“十四五”国家老龄事业发展和养老服务体系规划［EB/OL］．（2022－02－21）［2022－02－27］．http：//www.gov.cn/xinwen/2022－02/21/content_5674877.htm.

健康档案建设的慢性病管理等服务。近年来，北京、重庆、长春等市针对社区失独老人开展了心理辅导和关爱服务。

3. 老年人社区教育服务

由于老年人的身体健康状况以及知识水平处于下降趋势，对新知识、新设备以及新技术的了解滞后，一方面影响了老年人的生活质量，另一方面使老年人容易上当受骗。因此，除了老年大学等专业的教育机构，社区教育也是重要的提高老年人认知、促进老年人知识更新、提高老年人防骗水平的重要手段。例如，北京市卫健委制定的本市地方标准《社区卫生服务机构老年健康教育服务规范》（征求意见稿）提出，社区卫生服务机构应组建健康科普师资团队，每年为老年人举办健康教育讲座不少于4次。

具体而言，社区卫生服务机构要采用老年人能理解和接受的方式开展咨询服务，每年举办老年健康咨询活动不少于4场；每年为老年人举办健康教育讲座不少于4次，其中中医药养生保健不少于2次。同时，社区卫生服务机构要对老年人采取个性化健康教育，可通过面对面、电话、微信、短信等多种方式开展健康教育服务。① 此外，社区派出所往往会针对老年人开展安全教育服务，文化部门负责开展针对老年人的文化教育服务。

（二）社区志愿服务

党员与老年人一对一帮扶服务。在社区老年人志愿服务方面，全国大部分地区均开展了党员与老年人尤其是与社区有困难老年人的一对一帮扶服务。此外，许多社区成立了老年人志愿者服务队，积极参与社区治理及社区服务活动，这保障了老年人的社区参与权利，丰富了老年人的生活。此外，大学生也开展了针对社区老年人的服务，例如学习英语、学习智能手机的使用等。青少年也提供了诸多为老志愿服务。例如，许多地区针对青少年暑期提出了开展志愿服务的要求，社区需要协助青少

① 孙乐琪．社区老年健康教育服务规范征求意见，老年健康咨询每年不少于4场［N］．北京晚报，2023-02-01.

年完成这项工作，许多青少年志愿服务的内容便是围绕老年人服务开展。此外，社区老年人志愿服务还包括健康义诊、科技助老等诸多领域。

（三）社区自治服务

社区老年人自治服务有助于提升老年人的福利水平。老年人社区自治服务一方面是指老年人自发组织起来开展的社区治理服务，解决的是某方面的具体的社区问题。另一方面，老年人社区自治服务是指老年人围绕老年人的需求和爱好，开展的各类兴趣小组等。例如社区各类老年人书画兴趣小组、老年人艺术团、老年人体育社团、老年人编织小组等。

（四）老年人社区互助服务

互助养老是一种全新的养老模式，作为社区养老的补充，互助养老更强调普通居民间相互的帮扶与慰藉。例如，河北省肥乡县探索出“村级主办、互助服务、群众参与、政府支持”的农村社会互助养老新模式，较好解决了老年人的生活照料、精神慰藉、文化活动等需求问题，既体现了传统居家养老习俗，又促进了家庭和睦。该模式已在全省范围内推广。农村“互助幸福院”是农村基层群众根据自身需要创造的互助养老方式，符合农村实际，已建成农村互助幸福院 11454 所，占全省农村总数的 22%。该模式由 2 名专业养老社工带领 200 名社区健康的老年居民志愿者，组成互助社，解决社区内 80%的居家养老服务需求。

“邻里抱团”养老新模式鼓励同住一个社区相熟的老人们就近租住房屋作为养老生活场所，由养老机构上门提供相应养老服务。作为家庭养老模式的补充和完善，“邻里抱团”养老模式既满足了老人不脱离当地生活环境，方便子女看望老人的需求，又能让邻里老人们聚在一起，生活上相互帮助，情感上互相慰藉，真正让老人“老有所依，老有所乐”。

（五）社区养老服务

1. 社区医院家庭病床

社区医院家庭病床是为有养老专业服务需求但因各种原因无法入住养老机构，且经老年人照顾需求等级评定评估照顾等级为 2~5 级的居家老年人提供家庭养老服务。由专业养老机构进行评估后，免费为申请人进行家庭床位适老化、智能化家居改造，提供生活照料、个人护理、健康管理等家庭养老服务。

2. 社区护理站、社工站、医院、养老院——社区嵌入式养老服务模式

社区嵌入式养老服务模式是借助社会力量，依托社区，将一切能整合的养老资源通过竞争机制以多元化、社会化的运作方式最大限度地嵌入社区，使居住在社区的老年人能够获得专业化养老服务实现在地安养的一种养老方式。“嵌入”是指通过社会力量，把社会各个主体为老年人提供的不同种类的服务从社会层面放到社区层面，将其以机构养老的形式嵌入社区里面，老年人可以以付费或不付费的形式获取切身需要的养老服务。

广州市越秀区于2014年开办了广州市首家社区嵌入式养老院。社区嵌入式养老院受到了居民的广泛认可，广州市政府计划在2019年建30间社区嵌入式养老院。为更好地满足居家老年人就近就便的养老服务需求，市民政局通过四项措施，着力推进社区嵌入式养老机构建设，充分发挥养老机构专业化、标准化服务积极作用，进一步延伸社区居家服务内涵，增加中心城区嵌入式、多功能、综合性养老服务供给。截至2020年5月，全市已建成30间具备全托、日托和上门服务等功能的社区嵌入式养老机构。

社区嵌入式养老机构建设应注意以下方面。

一是优先选址在常住人口规模较大及户籍老龄化程度较高的社区，且交通便利、日照充足、通风良好、相对独立和便于老年人使用的位置，宜与社区卫生服务中心等医疗服务机构邻近设置，不宜与社区养老服务无关的设施合设。

二是根据建设规模合理设置托养、日间照料、医疗康复、餐饮服务及接待洽谈功能区，其中日间照料、餐饮服务区建筑面积一般不低于200平方米；总床位数宜在10~200张，其中护理型床位数占比不低于80%，且提供日间照料床位数占比不低于10%。

三是按照养老机构标准规范、社区居家养老服务规范，配备与服务和运营相适应且具备相应从业资格的养老护理员、医生、护士、家政服

务员、康复治疗师、心理咨询师、社会工作师、财务人员、工勤人员等。①

第三节 老年人社区福利服务未来发展

一、老年人社区福利治理的目标

如前所述，我国老年人社区福利服务形式多样、内容丰富，既包括志愿服务、互助服务、自治服务、政府提供的福利服务等多种服务形式，也包括养老、医疗、文化、生活救助等诸多方面。总体而言，养老服务是所有服务的核心，也是社区老年人福利的重点。除了现金形式的养老保险及救助制度之外，社区福利服务也成为老年人安享晚年的重要依托。未来，我国老年人社区福利应当以老年人的需求为核心，在适度普惠型福利模式基础上，进一步实现高质量发展。具体而言，应当重视老年人迫切需要的社区-居家养老服务体系建设，适合的地区应借鉴社区嵌入式养老服务模式。在此基础上，为老年人提供丰富的社区文体服务、医疗服务、教育服务，重视老年人的社区参与。为了实现这样的目标，应进一步加强老年人服务人才队伍建设，完善社区养老服务体系。

二、社区养老服务的他国经验

（一）英国经验

英国的社区老年服务在社区工作中占有非常重要的地位，其工作体系由管理人员、关键工作人员及照顾人员组成。他们大部分由社会工作者及半专业的辅助工作人员组成。

管理人员是对某一社区的社区老年服务负全部责任的人，负责社区服务资金的分配、下层社区服务人员的聘用及工作的监督。关键工作人

① 广州市人民政府．关于深化社区嵌入式养老机构建设管理的通知［EB/OL］．（2020-06-24）［2022-12-12］．https：//www. gz. gov. cn/xw/zwlb/content/mpost_ 6429801. html.

员是指受管理人员分配，对更小社区或区域内的一定数量的老年人进行照顾的主要责任人。他们负责老年金的发放、对老年人需求的了解和为他们解决一些重要问题。照顾人员则是被政府雇用为老年人提供日常生活服务的人。他们多是老人的邻居或者与老人有某种亲属关系的人。他们并不都是全职的，政府提供的也只是一种补贴。

首先，养老服务形式多样化。1989 年的《英国的社区照顾白皮书》提出，“社区照顾要形成一个关怀的光谱，从提供住家支持照顾，到给需要深度照顾者提供的日间照顾，一直到更高需求的人士提供的住院照顾和长期护理服务等”。

1. 社区活动中心

这是由英国地方政府出资兴办的、具有综合性功能的社区服务机构，为本社区内的老人提供一个娱乐、社交的场所。活动中心的经费来自政府拨款，服务基本是免费提供的。

2. 家庭照顾

这是英国为使老人留在家庭而采取的一种政策措施，即政府给在家居住、接受亲属照顾的老人发放与住院舍同样的津贴。

3. 暂托处

这是提供短期照顾的服务机构。当家庭照顾者有事外出，可把需照顾的对象送到暂托处，让工作人员免费代为照顾两周。

4. 老人公寓

这是为有生活自理能力，但无人照顾的老人提供的服务设施。公寓由多个功能齐全的二居室单元组成，每个单元都设有“生命线”紧急呼救装置。公寓收费低廉，但数量有限，只批准低收入老人入住。

5. 居家服务

这是对居住在自己家里、尚有部分生活能力但又不能完全自理的老人提供的一种服务，包括上门送餐或做饭、洗衣、洗澡等。服务一般不收费或收费极低。

6. 老人院

这是对完全丧失了生活自理能力的老人提供的一种集中收养、护理的院舍式服务。不过这是分散在社区中的小型院舍，而不是早期那种大型集中的院舍，可使老人不离开他们熟悉的生活环境。

监督体系完善化。英国的社区老年服务实行“契约制”，即把原来由政府承担的一些服务移交给社会工作机构。在具体实施过程中，英国政府采取项目管理模式，从申报、执行、监督到年度报告，从工作人员到志愿者或义工等都有一套完整规范的工作管理和评估体系。

（二）美国的老年社区服务经验

美国的社区服务起步较晚，19 世纪中后期才成立社区工作性质的慈善组织。它采取典型的社区自治模式，即政府不直接干预，而是由社区主导、居民主动参与、由下而上实施的社区发展模式。

1. 提倡自助养老

在美国，社区老年服务种类繁多，例如日间护理中心、老人服务中心、提供廉价营养午餐的营养项目等。但是，美国文化强调自强、自立，不能单纯地依赖政府和社会，所以政府提倡自助养老，提供各种项目帮助老人做力所能及的工作，发挥其自身价值。

一是祖父母的养育项目，指低收入的老人每周为残障儿童工作一段时间以获得报酬。老人可以给这些孩子个别的关注、友谊和建议，还可以帮助孩子完成家庭作业，并把自己的经历和智慧告诉他们。

二是老人帮助老人的项目，指雇用低收入的老人去帮助生病的、年老的等各种有需要的老人。这种项目一般包括进行陪伴、关心、煮食以及支付账单等方面。

三是为高龄老人提供的雇用项目，指为经济困难的 55 岁及以上的老人提供工作。老人在接受健康检查、在职培训和其他相关服务后，通常在社区内的医院、老人服务中心、学校、日间照顾中心等做兼职工作，并领取一定的薪水。

四是招募老年志愿者项目，指社会服务机构、红十字会以及福利团体等招募和培训老年志愿者，让他们在社会工作者的指导下做些志愿性服务，如接送服务对象、为卧床不起的人购物、让医院中的病人心情愉快、做维护性工作等。

2. 支持志愿者服务

美国的社区老年服务很大一部分是由志愿者提供的。它具有广泛的群众性，专业技术人员、退休人员、政府官员、艺术家、学生等都积极参加。志愿者提供各种社区服务，以满足老人的需要。譬如，帮助老年人购物、用餐，定期探望老人，打电话陪老人聊天等。

为了鼓励并号召更多的人参与，美国政府采取了各种措施支持志愿者服务。在美国，青少年是否参加志愿活动被纳入升学、提供奖学金、减免学费的硬指标之中；志愿服务 200 个小时被作为大学录取的必要条件。有的大学还将参加社区服务列为必修课。

3. 重视第三部门的力量

老年公寓一般都由政府专门拨款，设计和建造专供低收入老年人使用，有时也会交给承包商运营。为了保证退休老人能够住进自己经济能力所能承受的低价公寓，美国政府规定公寓不得对老人提高房租，在土地税等方面都给予减免。老年公寓主要针对低收入老年人。在芝加哥，家庭月收入低于 1200 美元或银行存款低于 2000 美元、年龄在 62 岁以上的老年人可以申请。

在美国，老年公寓无论收费高低，一般分为三种：

第一种是自住型公寓，专为生活能自理的老人设计。公寓不会提供与日常生活、医疗相关的服务，只提供优美舒适的居住环境。公寓有餐厅、洗衣房、公共交通等设施，还有丰富的娱乐设施，如游泳池、健身房、图书馆、俱乐部等。大部分公寓会经常组织集体活动。

第二种是协助型公寓。这是目前比较流行的一种，主要为日常生活需要帮助、但不需要专业医疗护理的老人设计，提供与日常生活有关的各种服务，如穿衣、洗澡、吃饭、喂药和洗衣等。

第三种是持续护理型公寓。这类公寓不仅提供日常生活服务，还提供健康服务，包括护士服务、康复护理、健康监督服务等。

“橡树”老年公寓属于美国福利性老年公寓，它的位置很好，位于芝加哥的中心地带，紧邻公车站，出行很方便。公寓的收费很合理，租金为租房者月收入的 30%，需要另外交纳管理费。公寓的设施很齐全，有大小两种套间：一室一厅和两室一厅。公寓内有恒温空调、洗衣房、活动室、健身房，房门内设有电子监控摄像头，还有停车场和公园。

如果申请人毫无收入来源和存款，房租由政府补贴，申请人还能收到每年 240 美元的电费补贴、免费公交卡、免费医疗保险和免费食品供应。当然，美国各州政策不太一样，但福利项目都大同小异。例如，司马璐是美国公民，也是低收入者，入住老年公寓前，每月从政府那儿领取 800 多美元的社会安全保险金。入住后，她不再领取补助金，但房租由政府补贴，每月还能拿到 160 多美元的零用钱。她算了一笔账，入住前，每月收入 800 美元，房租 3600 美元；入住后，不但无须支付一分钱，还能拿到零用钱。

老年公寓的运营成本由政府全包，房租不准提高，地租要减免。在芝加哥，类似“橡树”公寓这样的老年公寓共有 100 多家，平均一个套间的运行成本为 1200 美元，全部费用由政府补贴。美国老人很喜欢申请老年公寓，因为那里能够给他们提供独立的生活空间，既保有了温馨的家庭氛围，又能更加便利地获得较好的社会服务。很多美国人在退休后会选择将自己的房子卖掉，住进老年公寓，用卖房的钱支付房租。申请人在申请时可以依次选择 N 家老年公寓，结果下来后，申请人有权放弃 3 次，然后重新排队。有些老年公寓会对本社区居民优先，有些会对高龄居民优先。

美国老年公寓的申请人数众多。有时，申请者为能住进位置不错的老年公寓，需要常年排队。另外，为了能让来自各种族群的老人和睦、快乐地安享晚年，老年公寓设定了较为严格的居住条例。比如，公寓内养狗需要多交房租；租客之间要尊重彼此隐私，不能随便将自家房门敞开着；做饭时要注意通风，不能让食物气味扩散至别的住户那里，否则很有可能会被投诉。如果住户间发生了矛盾，公寓管理人员会贴出告示，出面调解。

（三）日本的老年人社区服务

1. 提供全面的家庭照顾服务

（1）家庭访问介护服务，是指派专业介护人员到老年人家中，对卧床不起、身体机能减退以及痴呆老人进行生活照顾，制订介护计划。（2）家庭访问医疗护理服务，是指派专业医务人员到老人家中对老人进行诊疗护理。服务对象是经医生诊断为老年慢性病稳定期的老年病人，为其提供治疗、护理、康复服务、联席会诊等事宜。（3）咨询和指导服务，是指面向家属、老年人举办讲习班，讲授简单护理知识和技能，并定期举办各种学习班，普及各种疾病的预防。（4）家装设计装修。

2. 建立居民互助型的非营利组织

它是生活在同一社区中的居民之间，本着邻里互助的精神自发性成立的一种福利服务供给体。它的经济来源和劳动力来源主要依靠政府资助、社会捐助、经营收入以及志愿者提供的无偿劳动。由于居民互助型组织具有成本小、亲情浓、能够满足居家老人需求的优势，近年发展速度非常快。

3. 鼓励老年人的社会参与

一方面，日本政府建立了“老人俱乐部”。加强老人之间的互动和交流。另一方面，2006 年 4 月 1 日，日本开始施行《高龄者雇佣安定法》，新规保证有工作意愿和能力的人员被雇用到 65 岁。

三、老年人社区福利治理的未来发展

（一）加强国家对老年人社区服务的资金、房屋和设施等方面的支持

政府在社区养老福利事业中占据主导地位，面对老龄化时代的到来，未来应进一步加强对社区养老服务事业的支持力度，包括社区服务资金、养老服务空间和基础设施建设等方面。我国近年来也十分重视社会力量作用的发挥。例如，《关于做好政府购买养老服务工作的通知》《关于鼓励民间资本参与养老服务业发展的实施意见》等政策均体现了这一精神。

财政部、税务总局等发布《关于养老、托育、家政等社区家庭服务业税费优惠政策的公告》，规定对社区提供养老、托育、家政等服务的机构免征增值税、契税、不动产登记费、耕地开垦费、土地复垦费、土地闲置费等，并在计算应纳税所得额时，减按90%计入收入总额。这些政策的制定与实施，都表明国家鼓励和支持各类企业、社会组织和个人从事社区养老服务。

（二）提高社会工作等专业人才比例和工资待遇

从国外社区养老服务经验来看，专业的养老服务及管理人才对提高社区养老服务具有重要价值。无论是英国的社区照顾模式中的社会工作人才，还是美国社区养老服务中的非营利组织人才，抑或是日本养老服务中具有社会工作资格的介护福祉士和介护支援专员等人才均对养老服务发展具有重要的作用。借鉴发达国家经验，我国老年人社区福利服务发展也应当提高社会工作、心理咨询、护理等专业人才比例，并提高工资待遇水平。近期，全国正在大力推动街道（乡镇）社会工作站建设，我国应当在街道及社区设置养老服务专员，负责区域内的养老服务发展，尤其要重视困难老人的养老服务。

（三）加强老年人对社区养老服务的参与度

老年人社区服务应重视老年人自身力量。虽然我国老年人比重较大，但是老年群体也可划分为低龄老年人、中龄老年人以及高龄老年人等不同层次。借鉴英国、美国等国家的经验，未来应重视年轻及健康老年人在社区养老服务中作用的发挥，通过积累志愿服务积分等方式，鼓励更多老年人提供社区服务。同时，国家也可以将社区老年人吸纳到社区照护队伍中，充分发挥社区本土力量，提高社区养老服务社会资本，提升社区养老互助及志愿服务氛围。

（四）运用先进技术应用于社区养老服务

李克强总理在2015年政府工作报告中首次提出“互联网+”行动计划，社区养老领域也顺应时代潮流逐步引入“互联网+”思维。相继出台《国务院办公厅关于促进“互联网+医疗健康”发展的意见》《关于开展第二批智慧健康养老应用试点示范的通知》（工信厅联电子〔2018〕63 号）等法律条例，旨在通过网络的互联互通和信息共享功能，使社区养老变得智能化、人性化、便利化，从而带来养老事业发展变革的机遇。

第六章　残疾人社区福利治理

第一节　残疾人社会政策体系

一、残疾人社会政策概述

（一）残疾人概念

根据我国残疾人保障法，“残疾人”是指在心理、生理、人体结构上，某种组织、功能丧失或者不正常，全部或者部分丧失以正常方式从事某种活动能力的人。残疾人包括视力残疾、听力残疾、言语残疾、肢体残疾、智力残疾、精神残疾、多重残疾和其他残疾的人。

根据第六次全国人口普查我国总人口数及第二次全国残疾人抽样调查我国残疾人占全国总人口的比例和各类残疾人占残疾人总人数的比例，推算2010年末我国残疾人总人数为8502万。实际上，根据中国外交部人权事务特别代表刘华在2020年2月28日举行的联合国人权理事会第43次会议上的发言，中国现有残疾人数量为8500万。中国残疾人口呈现出以下特征：（1）城市残疾人口少于农村，城市残疾率为5.24%，农村为7%。（2）老年人口残疾率比较高，60岁以上残疾率为24.43%。（3）残疾率伴随着收入水平的提高逐渐降低。

2010年，各类残疾人的人数分别为：视力残疾1263万人；听力残疾2054万人；言语残疾130万人；肢体残疾2472万人；智力残疾568万人；精神残疾629万人；多重残疾1386万人。

我国以社会功能障碍为主来确定残疾，即以社会功能障碍的程度划分残疾等级，每类残疾划分4个等级，各对应不同程度自理能力。残疾人类别划分为以下 6 种，分别是视力残疾、听力残疾、言语残疾、智力残疾、肢体残疾和精神残疾。

（二）残疾人面临的问题

1. 残疾人的基本生活得不到最起码的保障，残疾人的生存权受到威胁。

2. 残疾人很难享受与其他公民平等受教育的权利，发展的权利受到严重的剥夺。

3. 就业范围和选择的自由受到严格的限制，难以获得平等的就业机会。

4. 缺乏医疗保障和必要的康复服务，由于自身的残疾和现实的障碍不能获得平等的社会参与机会。

5. 权益受侵害事件时有发生，残疾人的合法权益得不到维护。

（三）残疾人社会政策

残疾人社会政策是指通过国家立法和政府的行政干预，以残疾人群的需求为导向，旨在改善社会环境、增进残疾人社会福利及促进残疾人无障碍地参与社会生活的一系列措施、计划、方案和行动准则。残疾人社会政策的外延：（1）有关残疾人的社会保障政策。（2）有关残疾人的日常生活照顾服务的政策。（3）有关残疾人的医疗保健和康复服务的政策。（4）残疾人教育政策。（5）有关促进残疾人就业的政策。（6）无障碍环境的建设和推广政策。（7）丰富残疾人精神文化生活的政策。（8）有关残疾人权益保护的政策。

二、残疾人社会政策发展历程

自 1949 年至今，中国残疾人社会政策经历了三次变化。

第一阶段自 1949 年至 1988 年，这一时期我国残疾人社会政策以劳动福利为主导，以建立居养机构为主，保障水平较低，保障人数少，保障效果差。

第二阶段自 1988 年中国残联成立至 2008 年，这一时期的残疾人社会政策建立于人道主义思想基础之上，以残疾人自立为目标，建立了一系列的庇护性政策，在一定程度上提高了残疾人的保障水平，但是残疾人自立的目标远未达到。

第三阶段自2008年至今，这一时期的残疾人社会政策以社会权利为基础，建立发展性社会政策，促进残疾人融入社会。

（一）计划经济时期的残疾人社会政策——劳动福利为主导的政策框架

在新中国成立初期，国家对残疾人事务的管理部门主要是内务部（现在的民政部），工作的主要职责是残疾人的就业、救济、收养和抚恤等，其他工作如残疾人文化体育生活、残疾人康复等被列入其他相关部门的职能中，但基本未形成较大的规模和影响。在国家的政策主导下，民政部主要开展了残疾评定、社会救济、优抚工作、福利机构设立、福利生产等工作，确立了残疾人政策的主要内容。1950年政府颁布实施的《革命烈士家属、革命军人家属优待暂行条例》《革命残废军人优待抚恤暂行条例》《革命工作人员伤亡褒恤暂行条例》等一系列法规，使得残疾评定和抚恤标准在全国范围得到统一。

从1949年到1955年新政府成立了一大批养老院和生产教养院，确立了农村五保供养制度。1958年，第四次全国民政会议提出，各地民政部门要建立精神病院，收容无家可归、无依无靠、无生活来源的精神病人。在农村，1956年起草的《一九五六年至一九五七年全国农业发展纲要》中提出要求优待烈属和残废革命军人。在盲人聋哑学校建设方面，1951年政府颁布实施《关于改革学制的决定》，明确规定“各级人民政府应设立聋哑、盲目等特种学校，对生理上有缺陷的儿童青年和成人，施以教育”。在社会保障方面，随着1951年《中华人民共和国劳动保险条例》的颁布，我国的残疾人政策融入了现代意义上的政策内容。该条例规定，只要符合社会保险条件的残疾人，与其他健全人一样享受社会保险待遇。但由于历史原因，在全民所有制和集体所有制企事业单位就业的残疾人少，因此能享受社会保险的人数只占残疾人总数的极小比例。

因为受到“文化大革命”影响抑制或中断，残疾人福利事业遭受了巨大的冲击或破坏。整体上，计划经济时期的残疾人社会政策还是以居养为主，在居养模式下，残疾人被收养于福利机构中，长期生活于封闭的环境之中，逐步与社会脱离，甚至造成“社会退却”。

（二）市场转型以来的残疾人社会政策

这一时期的特点是，残疾人社会政策从劳动福利型转向“平等、参与、共享”政策模型。第一，残疾人法治框架的构建和完善。宪法、残疾人保障法、残疾人教育条例和就业条例。第二，残疾人事业的组织机构和执行网络的建立。1988 年，中国残疾人联合会成立。同年，国务院颁布《中国残疾人事业五年工作纲要（1988 年—1992 年）》。1990 年，中国颁布了第一部保障残疾人权益的专门性法律《中华人民共和国残疾人保障法》，为各项残疾人政策的制定与开展奠定了法律基础。第一次明确提出“国家保障残疾人劳动的权利”。2004 年又进行了修订，2008 年通过了该法案的修订案。这一时期的残疾人社会政策由原有的居养政策转向以“平等、参与共享”为取向，倡导残疾人的全面参与和社会整合，力图构建一个真正平等的社会环境，有利于残疾人参与社会生活的各个方面，实现自立。

1994 年和 2007 年，国务院分别颁布了《残疾人教育条例》和《残疾人就业条例》，分别保障了残疾人最重要也是最根本的两项权利。2002 年，国务院办公厅转发卫生部等部门《关于进一步加强残疾人康复工作意见的通知》，提出残疾人康复工作的总体目标：到 2005 年，在城市和中等以上发达地区的农村，有需求的残疾人 70%得到康复服务；在经济欠发达地区的农村达到 50%。到 2010 年，在城市和中等以上发达地区的农村，有需求的残疾人普遍得到康复服务；欠发达地区的农村达到 70%以上。到 2015 年，实现残疾人“人人享有康复服务”。

（三）2008 年至今的残疾人社会政策

2008 年 3 月，国务院发布了《关于促进残疾人事业发展的意见》，全面部署了残疾人事业的发展方向与具体路径。2008 年，《中华人民共和国残疾人保障法》修订后从立法层面对残疾人社会权利进行了倾斜性配置。联合国《残疾人权利公约》的签署和被批准使得残疾人权益保障被纳入国家人权行动计划。《关于促进残疾人事业发展的意见》以最高规格的文件形式就残疾人社会权利的实现路径加以规范为标志，完成了对残疾人权益的法律政策确认。

2010 年，《关于加快推进残疾人社会保障体系和服务体系建设指导意见的通知》详细列出实现残疾人社会权利的主要路径，标志着我国残疾人社会福利的内涵得到大幅拓展，残疾人福利走上了社会福利保障与服务并重的发展道路。

通过“两个体系”建设和一系列“普惠”（如《国家基本公共服务体系“十二五”规划》）加“特惠”（如《关于加快推进残疾人小康进程的意见》《关于全面建立困难残疾人生活补贴和重度残疾人护理补贴制度的意见》）政策，残疾人的生活、医疗、康复、教育、就业等基本需要得到制度性保障，全面推进了我国残疾人社会福利事业向制度型福利方向发展。自 2017 年以来，国家高度重视残疾人社会政策的上游干预取向，出台了聚焦残疾预防的国家行动五年计划。

当前我国残疾人社会政策已经形成了以《中华人民共和国宪法》为基础，以《中华人民共和国残疾人保障法》为核心，以《残疾人就业条例》《关于促进残疾人事业发展的意见》等作为具体领域政策的体系，涉及残疾人权益保障的法律 50 多部、保障残疾人权益的专门性法规 100 余部以及大量的各部委，各省、自治区、直辖市的残疾人保障法实施办法，残疾人权益的地方法规和政策。政策内容涵盖残疾人康复医疗、劳动就业、特殊教育、社会保险、社会救助、社会福利服务、无障碍设施等多个领域。

三、残疾人社会政策现状

（一）残疾人社会政策构成

1. 法律法规

如 1994 年的《残疾人教育条例》；2007 年的《残疾人就业条例》；2008 年的《中华人民共和国残疾人保障法》；2017 年的残疾预防和残疾

人康复条例。

2. 行政规范

中国残联文件：《关于进一步加强残疾人辅助器具服务工作的意见》《关于加强社区残疾人工作的意见》《关于制发第二代〈中华人民共和国残疾人证〉的通知》等。

3. 地方政策

福建：公共服务均等化；安徽：贫困残疾儿童抢救性康复项目；陕西、江西：按比例安排残疾人就业；河北：残疾人教育实施办法；等等。

4. 国际法规

包括：《关于残疾人的世界行动纲领》；2006 年的残疾人权利公约；残疾人机会均等标准规则。

（二）残疾人扶贫政策

我国实施了一系列的残疾人扶贫政策，例如，《残疾人扶贫攻坚计划 1998—2000》《农村残疾人扶贫开发 1998—2000》等。2001 年 6 月，国务院印发《中国农村扶贫开发纲要（2001—2010 年）》。“十五”期间，扶贫开发累计扶持贫困残疾人 1166 万，完成总任务 1200 万人的 97.2%，解决温饱 699.7 万人。2008 年，接受实用技术培训的残疾人近 87 万人次，投入培训经费 2 亿元。建立县级残疾服务社 1883 个。

近些年，我国进一步制定了《农村残疾人扶贫开发纲要（2011—2020 年）》《贫困残疾人脱贫攻坚行动计划（2016—2020 年）》等重要规章制度，在残疾人扶贫政策的实践上积累了丰硕成果。扶贫政策作为我国一项改善民生的政策大计，它在消除贫困、扶助残弱的实践中发挥了重要作用。截至 2020 年，我国已圆满完成贫困残疾人脱贫攻坚任务，全国有 45.7 万人次农村残疾人接受了实用技术培训，4158 名贫困残疾人获得康复扶贫贴息贷款扶持，4581 个残疾人扶贫基地安置 5.6 万名残疾人就业，辐射带动 9.6 万户残疾人家庭增收①。

① 中国残疾人联合会.2020 年残疾人事业发展统计公报［EB/OL］.（2021-04-09）［2022-10-22］. https://www.cdpf.org.cn/zwgk/zccx/tjgb/d4baf2be2102461e96259fdf13852841.htm.

（三）残疾人教育政策

《中华人民共和国义务教育法》提出保护残疾适龄儿童接受义务教育。另外，1994 年的《残疾人教育条例》以及国务院及下属部门、地方部门制定和实施的一系列教育法规，为保障残疾人的教育权利提供了良好的制度环境，比如 2017 年国务院公布了修订后的《残疾人教育条例》。2008 年新修订的《中华人民共和国残疾人保障法》规定："普通教育机构对具有接受普通教育能力的残疾人实施教育，并为其学习提供便利和帮助。"国家加大力度拓展特殊教育的发展空间，特殊教育的地位得以不断巩固和提高。在残疾人义务教育之外，职业教育处于残疾人教育的主导地位。

中国残联、教育部等部门制订实施《第二期特殊教育提升计划（2017—2020 年）》，与教育部正式印发的《残疾人参加普通高等学校招生全国统一考试管理规定》，开展残疾人高等融合教育试点工作，将《国家通用手语常用词表》《国家通用盲文方案》纳入国家语委语言文字标准体系。残疾人受教育权得到了更好的保障，进一步提高了特殊教育发展水平。在国际交流方面，一系列以教育为主旨的交流合作项目得到启动和实施，国际间和地区间的交流合作日益活跃。譬如，"中国残联与欧盟残疾人职业教育与培训项目""中国残联与香港嘉道理慈善基金会合作项目""中西部盲童入学项目"等。

（四）残疾人就业政策

残疾人就业主要包括集中就业、按比例就业、自主从业或创业以及社区就近安排残疾人就业等形式。2018 年，全国城乡持证残疾人就业人数为 942. 1 万，其中按比例就业 72. 7 万人，集中就业 30. 2 万人，个体就业 70. 6 万人，公益性岗位就业 9. 0 万人，辅助性就业 14. 4 万人，社区就业 8. 0 万人，居家就业 118. 9 万人，灵活就业 145. 8 万人，从事农业种养殖 472. 5 万人。

2020 年城乡持证残疾人新增就业 38. 1 万人，其中，城镇新增就业 13. 2 万人，农村新增就业 24. 9 万人；城乡新增残疾人实名培训 38. 2 万人。全国城乡持证残疾人就业人数为861.7万，其中按比例就业78.4万人，集中就业27.8万人，个体就业63.4万人，公益性岗位就业14.7万人，辅助性就业14.3万人，灵活就业（含社区、居家就业）238.8万人，从事农业种养加424.3万人。

《残疾人就业条例》中涉及的一些重要内容：

第八条 用人单位应当按照一定比例安排残疾人就业，并为其提供适当的工种、岗位。用人单位安排残疾人就业的比例不得低于本单位在职职工总数的1.5%。具体比例由省、自治区、直辖市人民政府根据本地区的实际情况规定。

第九条 用人单位安排残疾人就业达不到其所在地省、自治区、直辖市人民政府规定比例的，应当缴纳残疾人就业保障金。

第十三条 用人单位应当为残疾人职工提供适合其身体状况的劳动条件和劳动保护，不得在晋职、晋级、评定职称、报酬、社会保险、生活福利等方面歧视残疾人职工。

第十五条 县级以上人民政府应当采取措施，拓宽残疾人就业渠道，开发适合残疾人就业的公益性岗位，保障残疾人就业。县级以上地方人民政府发展社区服务事业，应当优先考虑残疾人就业。

第十六条 依法征收的残疾人就业保障金应当纳入财政预算，专项用于残疾人职业培训以及为残疾人提供就业服务和就业援助。

第十七条 国家对集中使用残疾人的用人单位依法给予税收优惠，并在生产、经营、技术、资金、物资、场地使用等方面给予扶持。

第十九条 国家鼓励扶持残疾人自主择业、自主创业。对残疾人从事个体经营的，应当依法给予税收优惠，有关部门应当在经营场地等方面给予照顾，并按照规定免收管理类、登记类和证照类的行政事业性收费。国家对自主择业、自主创业的残疾人在一定期限内给予小额信贷等扶持。

第二十一条 各级人民政府和有关部门应当为就业困难的残疾人提供有针对性的就业援助服务，鼓励和扶持职业培训机构为残疾人提供职业培训，并组织残疾人定期开展职业技能竞赛。

《残疾人就业促进“十三五”实施方案》包括以下内容。

（一）完善政策，拓宽渠道，促进残疾人多种形式就业。

1. 依法推进按比例就业。

2. 稳定发展集中就业。

3. 鼓励扶持自主创业、灵活就业。

4. 全面推开辅助性就业。

5. 积极探索支持性就业。

6. 帮扶农村残疾人就业增收、转移就业。

7. 大力发展盲人按摩业。

（二）加大职业培训力度，提升残疾人就业能力。

1. 各级政府开展的各类职业培训要将有就业创业愿望和培训需求的残疾人列为培训对象。

2. 实施残疾人职业能力提升计划。

3. 依托现有设施设备，规范和加强各级残疾人职业培训基地建设，制定并完善基地建设规范和评估标准，建立对基地的认证、考核和评估机制，实行准入和退出机制。

（三）转变服务方式，提高残疾人就业服务水平。

1. 各级残疾人就业服务机构要充分发挥作用，为残疾人提供有针对性的就业服务。

2. 依托各级各类人力资源机构、职业培训机构，大力推进政府购买残疾人岗位提供、职业培训、职业指导、职业能力评估等服务，广泛吸纳社会力量参与残疾人就业服务，创新残疾人就业服务供给机制和方式，提升残疾人就业服务社会化、专业化水平。依托各级各类人力资源市场，组织开展残疾人就业专场招聘活动。

3. 将残疾人大中专毕业生就业创业服务工作放在残疾人就业工作的首位。

……

《“十四五”职业技能培训规划》明确了残疾人就业政策中聚焦就业技能培训、岗位技能提升培训和创业创新培训等主要形式，大力开展残疾人职业技能培训，回应残疾人实现就业和稳定就业的需要。

（五）残疾人社会保障政策

我国目前的残疾人社会保障政策包括：残疾人最低生活保障制度、五保供养制度、优抚安置及医疗救助、危房改造等其他社会救助。残疾人是最低生活保障制度中一个相对固定的受助人群，目前在我国大部分城市和农村地区的残疾人都可以享受到这一政策；困难残疾人生活补贴和重度残疾人护理补贴目标人群覆盖率达100%。此外，还有一些非固定的救济措施以零散的方式存在，譬如针对残疾人的医疗救助、危房改造，等等，这些救助活动成为残疾人救助体系的有效补充。

残疾人补贴。2015年发布《国务院关于全面建立困难残疾人生活补贴和重度残疾人护理补贴的意见》，将困难残疾人生活保障和重度残疾人康复护理优先纳入制度化政策保障。这是基于残疾人群体与社会平均水平的明显差距和残疾人中尤为困难的群体需求。这两项补贴制度是首个全国性残疾人专项福利补贴制度。意见对于补贴对象作出了清晰界定，将最低生活保障家庭中的残疾人列为生活补贴对象，将残疾等级为一、二级的重度残疾人列为护理补贴对象。同时，鼓励有条件的地方扩大补贴范围。残疾人生活护理补贴政策的调整预计惠及千万残疾人。

例如，安徽省绩溪县明确困难残疾人生活补贴范围为具有绩溪县户籍的最低生活保障对象、建档立卡贫困户中，持有《中华人民共和国残疾人证》且残疾等级在四级以上（含四级）的残疾人。重度残疾人护理补贴范围为具有绩溪县户籍，持有《中华人民共和国残疾人证》，残疾等级被评定为一级、二级且需要长期照护的重度残疾人（长期照护六个月以上）；评定为一级、二级的智力、精神残疾人。

该县严格按照规定办法规定的程序，落实相关政策，规范补贴发放程序，困难残疾人生活补贴按照一级、二级残疾人每人每年800元，三级、四级残疾人每人每年400元的标准发放。重度残疾人护理补贴按照每人每月60元的标准发放，截至2019年11月绩溪县重度残疾人护理补贴保障对象1748人，累计发放110.75万元。已完成2019年民生工程目标人数1599人，完成率109.32%。

残疾人社会保险也是残疾人社会保障政策的重要内容。我国残疾人社会保险的制度框架大体形成，城乡残疾人基本养老保险参保率超过90%、基本医疗保险参保率达到95%。

残疾人慈善事业、志愿助残活动等。新版《中华人民共和国残疾人保障法》指出，政府有关部门和残疾人组织应当建立和完善社会各界为残疾人捐助和服务的渠道，鼓励和支持私人、机构及其他组织发展残疾人慈善事业，开展志愿者助残等公益活动。

（六）残疾人康复政策

残疾人康复机构指负责为残疾人提供各种康复服务的机构。目前中国的康复机构主要有以下几种：

1. 专门的康复中心：指的是由政府建立的专门为残疾人提供康复服务的康复机构。

2. 社区康复中心：指的是在基层政府的领导下设立的社区康复机构，依托社区组织和社区服务体系，使残疾人在社区活动中得到康复服务和训练。

3. 企业：有残疾人的企业承担部分为残疾人提供康复服务和设施的责任。

4. 特殊学校：为残疾人提供特殊教育的机构，在进行特殊教育的同时为残疾人提供康复服务。

5. 家庭：家庭仍是残疾人康复活动的最重要的依托。

一些残疾人康复政策散见于各项医务工作和救助活动中。例如，白内障复明、小儿麻痹后遗症矫治、聋儿听力语言训练等。残疾人康复政策还包括残疾人社区康复及普通轮椅、儿童轮椅、儿童座位助行器、防褥疮床垫、语音臂式血压器、成人助听器、语音电饭锅等残疾人康复用具体系化发放。

2020年，为全面落实《国务院关于建立残疾儿童康复救助制度的意见》，全国普遍建立残疾儿童康复救助工作体系和服务网络。以贫困残疾人为重点，持续组织实施残疾人精准康复服务行动，1077.7万持证残疾人及残疾儿童得到基本康复服务，其中0~6岁残疾儿童23.7万人。得到康复服务的持证残疾人中，有视力残疾人 114. 6 万、听力残疾人 81. 6 万、言语残疾人 5. 1 万、肢体残疾人 542. 8 万、智力残疾人 86. 4 万、精神残疾人 178. 4 万、多重残疾人 54. 7 万。全年共为 242. 6 万残疾人提供各类辅助器具。积极维护残疾人健康，保障贫困残疾人基本医疗。协调国家卫健委共同印发《关于进一步做好建档立卡贫困残疾人家庭医生签约服务工作的通知》，推进贫困残疾人家庭医生签约服务。

在残疾人无障碍环境建设政策方面，2020 年，我国的火车站、汽车站等客运站实现了老年人、残疾人无障碍设施全覆盖。2035 年建成无障碍出行服务体系。广州市提出新建天桥或全部安电梯。

第二节　残疾人社区福利服务现状

一、残疾人社区社会政策在社区的执行情况

残疾人最低生活保障制度、困难残疾人生活补贴和护理补贴发放工作、社区无障碍环境建设、无障碍工具的发放等政策需要在社区落实。残疾人社区康复政策落实也需要基层政府的配合。

目前，我国残疾人社会政策仍然无法满足残疾人的需求。未来还应进一步提升社区的作用，主要原因是：首先，社区有助于优化残疾人社会福利行政。社区作为现代社会的一级社会组织形式，参与社会福利行政，可以弥补政府单一行政的不足，有效促进残疾人事业的健康发展。其次，社区有助于整合社会助残资源。社区通过建立和完善残疾人的各项保障制度，为残疾人提供一整套助学、助医、助业等优惠服务，有助于对残疾人实施精准救助。最后，社区还有助于残疾人回归社会。社区在了解残疾人的潜能和培养残疾人的技能的基础上，通过挖掘社区各类资源，能够帮助残疾人找到一份工作，进而满足残疾人像健全人一样可以平等参与社会、融入社会。

二、残疾人社区福利服务现状

1. 社区康复服务

社区康复服务是社区残疾人服务的首要内容。社区康复站往往会设立康复训练室、文化娱乐室、日间照料室、心理咨询室、无障碍设施等。社区康复站每年安排医务人员上门探望服务，提供免费的身体检查和康复指导，不同地区的免费上门服务次数有所差异。一些街道或社区层面的康复中心由民办非企业单位组织承办，为残疾人提供医疗康复、劳动技能、生活能力、法规宣传等综合性康复服务。一些残疾人社区康复中心还会设立户外健身器材，帮助残疾人康复。北京市八里庄残疾人康复中心创建了“移动式”温馨家园延伸服务到社区，以“点餐式”精准服务满足残疾人个性化需求。

2. 残疾人社区托养服务

2009 年以来的 3 年，中央财政投入 6 亿元专项资金，实施残疾人托养服务“阳光家园计划”项目，并带动各地投入 20 多亿元支持该项工作的开展。符合规定条件的智力、精神和重度残疾人托养服务机构，居家照料智力、精神和重度残疾人的家庭，履行相应的申请审批程序后可获得资助。推进残疾人精准扶贫、助学、无障碍进家庭三项助残工程，让广大残疾人真正有“获得感”，早日实现同步小康的美好梦想。

3. 残疾人社区文化建设

在残疾人社区文化服务方面，目前一些社区针对残疾人设置了多功能活动室、盲人影院等设施。例如，武汉市紫阳街阳光家园盲人影院、休息室、电教、阅览室、爱心厨房以及在武汉市首创的民生呼叫网络服务中心。① 其中的盲人影院是一个集盲人电影放映、残疾人培训、残疾人歌咏比赛等娱乐活动于一体的多功能活动室。一些社区为残疾人提供博物馆参观的服务。社区残疾人服务还包括建立残疾人文体活动室、乒乓

① 武汉市残疾人联合会．紫阳街阳光家园简介［EB/OL］．（2018-07-17）［2023-12-23］．http：//www.whdpf.org.cn/ztlm/ygjyxdjh/tnull_ 1494478.shtml.

球室、棋牌室、音乐舞蹈培训室、健身房、室外篮球场、儿童康复户外场地等文体活动场所，配备设施，为残疾人开展文体活动创造条件。

4. 残疾人社区教育

残疾人社区教育是提高残疾人知识水平、健康水平以及维权意识的重要手段。目前开展的残疾人社区教育服务包括爱耳护耳等健康讲座、自闭症儿童家长培训交流等残疾人家庭的教育服务；提高残疾人康复意识以及康复政策宣传等学习活动；为不能入学的适龄儿童开展送教上门服务并建立学籍；为残疾儿童发放助学金，对残疾儿童进行扫盲学习等。

5. 社区就业援助

社区就业中心发挥职介中心的桥梁纽带作用，加大残疾人就业力度。为残疾人提供求职登记并进行职业指导；举办残疾人就业招聘会；对符合自主创业个体就业扶持条件的残疾人发放扶持资金；开展农村实用技能和职业技能培训班。

此外，社区就业部门还为残疾人毕业生发放实习见习生活费补贴。为提供实习见习岗位的用人单位发放补贴。发展残疾人扶贫项目，促进残疾人就业增收。强化盲人保健按摩服务与管理，助推盲人保健按摩工作。

6. 残疾人社区融入

残疾人社区融入服务是当前残疾人社区服务的短板。对残疾人进行宣传是促进社区居民了解残疾人，进而促进残疾人社区融入的有效途径。例如，加大残疾人宣传的立体化。具体包括制作残疾人先进个人和扶残助残先进单位专题片，编排大鼓书、三句半、演唱《残疾人自强谱新篇》等文艺曲目。此外，其他残疾人社区福利服务均能够通过提高残疾人的福利水平而促进残疾人对社区的归属感，促进其融入社会。

7. 志愿助残活动

社区志愿服务是提高残疾人福利水平的重要途径。通过调动社区居民力量，为残疾人提供服务的形式可以有效提升社区助残的良好氛围。例如，无锡市惠山区玉祁街道玉润残疾人之家自运作以来，陆续接收了16 名智力、精神和肢体残疾人，采取残疾人“托养” + “就业”工作模式，通过学习培训、康复训练、娱乐活动托养内容，开展辅助性就业，使他们每个人能够自食其力，增加收入。玉祁街道残联通过走访并与爱心企业家洽谈，与无锡金羿通包装印刷有限公司合作，把玉祁街道玉润残疾人之家作为这家公司的外挂车间，相当于残疾人的庇护工场，企业与残疾人签订正式的劳动合同，每月按最低工资标准发放劳动报酬。①

8. 社会工作者介入残疾人的日常问题

除了残联开展的常规服务外，残疾人关爱服务以及权利保护问题也受到了社会工作的高度关注。目前，社会工作已经初步介入了残疾人的心理健康问题、就业问题、婚姻问题、贫困问题、残疾人家庭抗逆力以及亲职能力的提升、社会适应能力建设、家庭社会支持网络建设等方面。此外，社会工作还介入了残疾人照顾者服务，提升残疾人照顾者的自我效能感。残疾人属于存在多种需求的群体，社会工作应结合多学科、多部门，例如心理学、社会学的基础学科知识和科研推动以及民政部门、社会力量等多元主体、多方力量，共同提升服务的内容，创新服务的形式，拓宽残疾人服务的资源渠道②。

表 6-1 全面介绍了社区残疾人服务的内容，这些服务的实施主体包括政府、社会组织、社区等多元主体。

表 6-1　社区残疾人服务的内容

服务类别	服务内容及路径
便民服务	1. 代办服务；2. 小饭桌及餐饮服务；3. 小型缝纫和服装加工；4. 便民理发；5. 家务小时工；6. 小型修理；7. 搬运；8. 日用品小超市；9. 呼叫热线；10. 婚姻介绍；11. 居家服务及护理；12. 心理咨询；13. 包户服务；14. 殡葬服务；15. 其他
公共设施服务	1. 社区综合服务中心；2. 社区卫生服务中心；3. 社区康复站；4. 星光老年之家；5. 图书室；6. 劳动保障所（就业服务所）；7. 职业培训机构；8. 法律救助工作站；9. 民事调解室；10. 健身场所；11. 其他

① 无锡市残疾人联合会．让“残疾人之家”真正成为残疾人的“家”［EB/OL］．（2017-08-07）［2023-12-29］．http：//cl. wuxi. gov. cn/doc/2017/08/07/1419366. shtml.

② 孔凡飞，王仿．社会工作介入残疾人服务的理论框架与实践思考——基于残疾人需求的视角［J］．党政干部学刊，2021（2）．

续表

服务类别	服务内容及路径
院舍服务	1. 幼儿园、残疾儿童寄托所；2. 敬老院；3. 残疾人之家；4. 福利院；5. 社区日间照料；6. 暂托服务；7. 长期托养服务；8. 工农疗机构；9. 庇护工场；10. 阳光之家；11. 其他
医疗与康复服务	1. 体检；2. 诊断；3. 治疗；4. 护理；5. 残疾评定；6. 暂托服务；7. 长期托养服务；8. 工农疗机构；9. 庇护工场；10. 阳光之家；11. 其他
教育服务	1. 学龄前残疾儿童康复教育（普通幼儿园、残健合一幼儿园、残疾儿童寄托所）；2. 适龄残疾儿童少年义务教育；3. 职业教育；4. 转介到高中阶段教育、高等教育；5. 送教上门；6. 其他
就业服务	1. 职业技能培训；2. 工作岗位开发；3. 就业扶持与就业援助；4. 公益岗位安排残疾人；5. 按比例就业；6. 社区就业及居家就业；7. 残疾人扶贫服务社；8. 职业康复站；9. 其他
社会参与服务	1. 法律援助服务；2. 公共文化活动；3. 体育、健身；4. 残疾人文化活动；5. 无障碍环境；6. 残疾人家庭无障碍环境改造；7. 公共信息服务无障碍；8. 志愿者助残活动；9. 残疾人文化进社区；10. 其他
社会保障	1. 城乡最低生活保障制度；2. 贫困残疾人生活补助；3. 残疾人基本养老保险及补贴；4. 医疗保险及补贴；5. 重度残疾人护理补贴；6. 其他社会保险及补贴；7. 失业保险待遇；8. 贫困残疾人基本住房保障；9. 医疗救助；10. 康复救助；11. 重度精神病者免费药物及补贴；12. 重度残疾人适配辅助器具；13. 0~6 岁残疾儿童免费抢救性康复救助；14. 残疾学生免费义务教育

三、残疾人社区福利服务的不足

西方国家残疾人服务的观念已经转变为“融合式”发展服务，即通过残疾人和社会的双向改变适应使残疾人融入健全人群体中，倡导残疾人平等的机会和权利。我国现在倡导的还主要是“医疗模式”，即让残疾人“人人享有康复”，通过社区康复全面恢复残疾人的功能来参与社会生活。我国社区残疾人服务还主要依赖官方人员，社会工作机构等社会组织对残疾人开展专业服务的比例还很低，社区社会工作者的素质和数量有待提高。

第三节　残疾人社区福利治理未来发展

（一）残疾人社区福利治理的目标

残疾人社区福利治理应当以残疾人的需求为目标，在适度普惠的基础上，结合当地经济发展情况，在综合考察残疾人教育、社会保障政策的基础上，合理制定残疾人社会服务水平。目前，残疾人就业服务、康复服务、托养服务、文化和教育服务、社区融入服务等均需要在社区开展。因此，残疾人社区福利治理体现的是综合的过程，需要专业的人才针对残疾人多元需求开展精准化的救助和服务。当前，我国社区残疾人服务的提供主体是基层残联组织，未来应进一步加强残联、社会组织、社区组织之间的联动，构建多元、专业的服务体系，通过残疾人和社会的双向改变，提高残疾人生命质量。

（二）残疾人社区福利服务的发展策略

1. 加大国家对社区残疾人服务的支持力度

在我国经济发展进入高质量发展阶段，社区残疾人服务也应以高质量来要求自身的发展。国家应进一步加大对社区残疾人服务的支持，例如，提高社区残疾人康复服务的水平。另外，残疾人的社区融入是当前我国社区残疾人服务的短板。与西方国家相比，我国残疾人无障碍环境建设比较落后，未来应尽快加大残疾人出行、购物等方面的基础设施建设投入。只有残疾人敢于走出社区、走向社会，才能为残疾人的发展打好基础。

2. 将残疾人服务纳入社区服务大局，统筹规划，兼顾特性，协同发展

社区残疾人服务中的康复服务主要由残联组织专业康复人才执行。这样的服务提供方式无法与社区其他服务相衔接和融合。因此，未来还应统筹规划社区福利服务，合理安排残联针对残疾人开展的专项服务与社区居委会开展的居民福利服务。社区开展社区教育服务、志愿服务、养老服务等专项服务时应充分考虑残疾人的需求。

3. 加强人才队伍建设，提高社区残疾人服务水平

社区残疾人服务水平的提升需要进一步提升人才队伍水平。首先，加强残疾人康复人才队伍建设，招聘具备医学经验的社区康复人才，由政府部门、残联及社区卫生机构共同承担康复职责，提高残疾人社区康复水平。其次，引进和培养一批受过专业训练的职业化、专业化社区服务工作者，建立社区服务工作者的资格认证制度，加强对志愿者的教育培训。最后，使用专业社会工作方法，针对残疾人开展精准化的救助，维护残疾人基本生活权益、社会参与和社会发展权益。

4. 倡导良好的残疾人观，促进残疾人社会融入

社会对残疾人的态度是决定残疾人生存和发展的重要影响因素，为了进一步促进残疾人的身心健康发展，基层政府、残联、社会服务组织、社区居委会以及专业社会工作者应大力宣传残疾人先进事迹、帮助人们了解残疾人的生活，倡导大众树立良好的残疾人观，帮助残疾人融入社会。

第七章　妇女社区福利治理

第一节　妇女社会福利政策体系

一、妇女社会政策内涵

妇女社会政策，就是以两性平等为价值目标，以妇女群体为对象，以保护妇女合法权益、增进妇女权益、消除性别歧视、充分发挥妇女在经济社会建设中的作用，促进妇女发展、社会发展为目的，由国家、政府及其他组织制定与实施的一系列法律、法规、条例或采取的公共行动的总称。妇女社会政策包括妇女教育政策、妇女就业政策、妇女健康政策、妇女政治参与政策。

妇女社会政策的目标，一是保障妇女获得经济资源的平等权利和机会；二是消除就业性别歧视，实现男女平等就业，保障妇女劳动权利，妇女从业人员占从业人员总数的比例保持在40%以上；三是妇女享有与男子平等的社会保障权利，城镇职工生育保险覆盖面达到90%以上；四是保障女职工享有特殊劳动保护；五是缓解妇女贫困程度，减少贫困妇女数量。

二、妇女社会政策发展历程

从国际情况来看，第一个时期的女权主义运动兴起于19世纪中叶，也被称为第一波国际妇女运动。但是妇女运动争取的权利是劳动的权利，同时要有选举权和受教育权。女权运动者认为，女性能力低下主要是长期的社会不平等造成的，应当改善女性的福利，重视公正和机会平等。

此外，强调女性家务劳动的价值。

第二个时期的女权主义运动是在20世纪60年代。这一时期提倡全方位的变革，包括政治、经济、教育、文化诸多领域，涉及社会、家庭和学校诸多方面。而且第二次女权运动更为激进，主张彻底变革社会制度，为妇女解放创造必要条件。[①] 在社会政策及福利国家的研究中，对性别的关注则是在20世纪70年代以后，之前对福利国家的研究大多忽略了性别关系这一变量。

第三个时期的女权主义运动始于20世纪90年代。随着性别关系话题的不断升温，性别关系与福利国家的关系成为研究的热点之一，二者之间相互影响。

在国际女权运动的第一个时期，中国妇女正在试图摆脱封建礼教的束缚。鸦片战争结束后，男女平等的思想才在中国萌芽。中国共产党成立后，妇女解放和男女平等得到了进一步重视。

（一）新中国成立至改革开放前的妇女社会政策

1949—1957年既是社会主义妇女社会政策框架的奠基时期，又是妇女社会政策发展的第一个黄金时代，各项妇女事业蓬勃发展，妇女生活质量与精神心理福祉达到前所未有的高度。《中国人民政治协商会议共同纲领》宣布“废除束缚妇女的封建制度”，规定“妇女在政治的、经济的、文化教育的、社会的生活各方面，均有与男子平等的权利。实行男女婚姻自由”。通过男女同工实现男女平等。但是，盲目的“男女一样”并非真正的男女平等。

1957年，高等学校女学生占学生总数的23.3%，中等专业学校占26.5%，普通中学占30.8%，小学占34.5%。妇幼卫生事业兴旺发达，1957年全国有妇产机构96个，床位6794张；儿童医院16个，床位2295张；妇幼保健站（所）4599个；经常性托儿机构17700个，托收儿童488000人，比新中国成立前最高年份增加近百倍。

---

① 李曼琳．国际妇女运动与女权主义的历史演进及其启示［J］．云南师范大学学报（哲学社会科学版），2006，38（4）：50-55.

1958—1977 年既是妇女社会政策发展的挫折期与低谷期，又是“无性别化”妇女社会政策的形成期。例如 20 世纪 70 年代城市街居组织普遍兴办红色医站、校外活动站、服务站、代营食堂、代销店和托儿所，以方便居民生活和解决妇女后顾之忧。客观地说，公共食堂、托儿所、幼儿园等公共福利事业既促进了家务劳动社会化，又培育了城乡基层社区福利服务体系，积极性作用不容置疑。但是，这些福利事业发展的消极后果是彻底瓦解家庭，抹杀家庭生活的私人空间。

（二）改革开放以来的妇女社会政策

这一时期的立法从更加具体的方面对妇女的各项权利进行了明文规定。主要包括：1982 年的《中华人民共和国宪法》规定了妇女的经济、政治权利。国家保护妇女的权利和利益，实行男女同工同酬，培养和选拔妇女干部；《中华人民共和国婚姻法》也以男女平等为原则；《中华人民共和国民法通则》规定，“妇女享有同男子平等的民事权利”；《中华人民共和国义务教育法》规定，适龄儿童不分性别都要接受义务教育；《中华人民共和国继承法》规定“继承权男女平等”。此外，《妇女卫生工作条例》《女职工劳动保护规定》《女职工禁忌劳动范围的规定》《企业职工生育保险试行办法》等均保障了女性的权利。

1992 年颁布的《中华人民共和国妇女权益保障法》是当前中国妇女社会政策的根本依据。《中国妇女发展纲要（2001—2010 年）》确定了 6 个优先发展领域，即妇女与经济、妇女参与决策和管理、妇女与教育、妇女与健康、妇女与法律、妇女与环境，并把促进妇女发展的主题贯穿始终。纲要的制定和实施，目的是强化政府的有关职能，动员全社会的力量，为妇女的进步与发展创造更好的社会环境；同时，鼓励妇女在参与经济和社会发展的过程中争取自身的进步与发展。《中国妇女发展纲要（2021—2030 年）》为新时期我国妇女相关工作的开展提供了指导性的意见。

三、妇女社会政策现状

（一）保障妇女政治参与的社会政策

1. 国家保障妇女享有与男子平等的政治权利

妇女有权通过各种途径和形式，管理国家事务，管理经济和文化事业，管理社会事务。制定法律、法规、规章和公共政策，对涉及妇女权益的重大问题，应当听取妇女联合会的意见。妇女和妇女组织有权向各级国家机关提出妇女权益保障方面的意见和建议。

2. 妇女享有与男子平等的选举权和被选举权

全国人民代表大会和地方各级人民代表大会的代表中，应当有适当数量的妇女代表。国家采取措施，逐步提高全国人民代表大会和地方各级人民代表大会的妇女代表的比例。居民委员会、村民委员会成员中，妇女应当有适当的名额。

3. 国家积极培养和选拔女干部

国家机关、社会团体、企业事业单位培养、选拔和任用干部，必须坚持男女平等的原则，并有适当数量的妇女担任领导成员。国家重视培养和选拔少数民族女干部。中华全国妇女联合会和地方各级妇女联合会代表妇女积极参与国家和社会事务的民主决策、民主管理和民主监督。

（二）保障妇女就业的政策

国家保障妇女享有与男子平等的劳动权利和社会保障权利。例如，《中华人民共和国妇女权益保障法》规定，各单位在录用职工时，除不适合妇女的工种或者岗位外，不得以性别为由拒绝录用妇女或者提高对妇女的录用标准。各单位在录用女职工时，应当依法与其签订劳动（聘用）合同或者服务协议，劳动（聘用）合同或者服务协议中不得规定限制女职工结婚、生育的内容。实行男女同工同酬。在晋职、晋级、评定专业技术职务等方面，应当坚持男女平等的原则，不得歧视妇女。任何单位均应根据妇女的特点，依法保护妇女在工作和劳动时的安全和健康，不得安排不适合妇女从事的工作和劳动。妇女在经期、孕期、产期、哺乳期受特殊保护。

国务院2021年9月8日发布的《中国妇女发展纲要（2021—2030年）》提出，在2021—2030年，我国妇女发展的目标之一就是“促进平等就业，消除就业性别歧视。就业人员中的女性比例保持在45%左右”。

（三）妇女社会保障政策

国家发展社会保险、社会救助、社会福利和医疗卫生事业，保障妇女享有社会保险、社会救助、社会福利和卫生保健等权益。国家提倡和鼓励为帮助妇女开展的社会公益活动。国家推行生育保险制度，建立健全与生育相关的其他保障制度。地方各级人民政府和有关部门应当按照有关规定为贫困妇女提供必要的生育救助。妇女福利主要包括三八妇女节各单位和企业举行的慰问活动和慰问产品等。

（四）保障妇女健康的福利政策

《中华人民共和国母婴保健法》和《中国妇女发展纲要（2001—2010年）》规定，中国为保障妇女的生育健康，主要采取以下措施：为妇女办理生育保险、提供产检前检查优惠、孕妇课堂、产后探访、产假制度等。近年来，国家大力推广的家庭教育和托育服务也有助于减轻妇女养育负担，维护妇女健康权益、就业权益和社会参与权益等。

第二节　妇女社区福利服务现状

一、妇女社区福利服务内涵及必要性

（一）妇女社区福利服务内涵

妇女社区福利服务是指社会工作者在专业的理念支配下，以社区妇女为服务对象，在充分了解和确定社区妇女的需要及相关问题的基础上，通过发动和组织社区妇女参与集体行动，利用社区内外资源，有计划、有步骤地解决在社区范围内与妇女有关问题的同时，积极培养社区的妇女骨干、培养社区内妇女的互助精神和民主参与的能力，从而推动整个

社区的妇女全面发展的专业服务活动。

当前，我国许多针对妇女的服务内容在社区层面展开，如妇女合法权益的维护、男女平等的倡导、妇女互助与合作精神的推展、妇女个体自我成长意识的熏陶等，妇女社区福利服务贴近具体的生活，对维护社区妇女权益具有十分重要的意义。

（二）妇女社会政策在社区的执行情况

妇女社会政策在社区的执行，除了常规的社会救助、城乡居民医疗保险等社会保险政策需要在社区申请外，社区还需要执行基层妇联组织提出的工作要求。主要包括以下方面。

1. 针对妇女具体需要和发展的工作

（1）婚姻和家庭关系的调适与工作策略

①婚姻和家庭关系的调适。

主要包括夫妻关系的调适、婆媳关系的调适、亲子关系的调适 3 个方面。

②针对单亲母亲家庭的服务。

单亲母亲家庭常常面临的主要问题有：单亲子女教育难，单亲母亲贫困化，就业、再婚难，社会对单亲母亲的歧视和偏见使得她们的生存环境恶劣，缺乏针对单亲母亲家庭的社会保障等。

③针对失独家庭的服务。面对近年来逐步增多的失独家庭及问题，社会工作者应从社会层面倡导政策的制度性保障、社区层面的互助关怀氛围以及家庭层面的辅导与支持等方面来开展服务。

④性别视角的家庭工作原则。包括：尊重和接纳现实中家庭形式和婚姻形式的多样性；重新调整家庭权利，避免家庭暴力、冲突与资源分配不均；工作和家庭生活的协调与平衡；父亲的职责和母亲的职责同样重要，都需要训练；社会应该为家庭提供必要的资源和服务，减轻家庭的负担。

⑤家庭为本和妇女为本原则的使用策略。“家庭为本”服务的信念是：协助家庭最好的方法是加强和提高家庭的自主能力。“家庭为本”强

调以人格平等为原则的现代家庭关系，在重视个人要求的同时，维持家庭关系的协调，但不能为了家庭的整体利益而忽视或者牺牲个人的需求。在具体处理问题的过程中应尽量做到家庭整体利益和妇女利益两者的兼顾。

（2）针对伤害妇女行为的干预

①针对妇女的婚姻暴力。

②拐卖妇女。

③针对妇女面对的性骚扰和性侵害。

④针对妇女暴力的干预原则和策略。

（3）对流动妇女和留守妇女的服务

①针对流动妇女的服务。

②留守妇女的问题。

（4）针对妇女的生殖健康服务

（5）推动妇女参政

要推动妇女参政。从微观层面推动基层妇女民主参与和权利参与。包括整体社区发动、意识提升、妇女能力增长的过程，也包括宏观层面倡导保障妇女参政的立法和维护法律、政策的贯彻执行。

（6）改善妇女贫困状况

2. 维护妇女权益的工作

向社会以及妇女宣传各种维护妇女权益的法律知识：调查研究妇女权益状况，为健全和落实权益保障立法提供事实依据；监督妇女权益的落实状况：倡导、督促健全维护妇女权益的机制。

3. 推进性别平等的工作

妇女工作不仅要从改变女性着手，更重要的是要从政策、社会氛围、大众对女性的观念转变和资源支持入手，推进性别平等，才是根本治理和改善妇女生存环境，解决妇女问题的策略。

二、妇女社区福利服务的发展现状

（一）社区妇联工作职责

1. 认真贯彻执行国家和上级主管部门有关妇女政策的法律、法规。

2. 制订街道妇女工作计划，并组织实施。

3. 宣传有关法律、法规，促进社区内法制教育，依法维护妇女儿童的合法权益。

4. 加强社区妇女组织建设，认真听取各级组织对妇联工作的建议和要求，完善妇女工作。

5. 认真接待和受理妇女群众的来信、来访案件。

6. 加强对妇女群众思想教育，提倡“四自精神”。

7. 完成好街道妇联工作，组织检查、考核社区妇联工作。

8. 普及家庭教育知识，开展“双学双比”“巾帼建功”“五好文明家庭”创建活动。

随着城市管理模式的转变，社区妇女工作已经成为城市妇女工作的重心。社区妇女工作不应是原来街道妇女工作的简单延续，而应是社会转型期城市管理模式转变过程中城市妇女工作模式的转变和创新。社区是地域性的居民生活的共同体，实行法制保障下的社区居民自治体制，从而引起社区妇女工作的主体、工作方式、组织系统和功能等一系列的变化。

（二）社区妇女福利服务内容

1. 妇女自组织服务——妇女之家

近年来，在政策指引下，各级妇联组织开始积极响应党中央改革号召进行群团组织改革，在社区创建“妇女之家”，以“妇女之家”为阵地开展妇女工作；建立示范“妇女之家”管理、宣传培训、信访维权、扶贫帮困等工作制度。北京市“妇女之家”提供的基本服务包括维护权益、创业就业、家庭建设、困难帮扶四大工作模块。

2010 年，北京市妇联完成了 2646 个社区、3944 个农村共 6590 个

"妇女之家"和1958个"姐妹驿站"的建设，在全国率先实现了全覆盖，实现了"有人干事、有阵地做事、有钱办事"。2019年12月18日，由北京市妇联主办的"为成果喝彩 为未来引航"——北京市示范"妇女之家"建设阶段性成果展示活动成功举办。全市160家示范"妇女之家"创建单位负责人和各区妇联主管主席等200余人出席了活动。

来自海淀区复兴路20号社区妇女之家、东城区法华南里社区妇女之家、琪舰消防工程有限责任公司妇女之家与大家分享了"心灵手巧老姐妹爱心帮帮团""巾帼志愿者心理抗压能力提升""女职工压力疏解"三个优秀服务项目。平谷区2020年审核通过"妇女之家"重点项目12个，申报资金87万元；乡镇妇联共审核通过"妇女之家"创新项目16个，申报资金48万元，合计135万元。

除了社区"妇女之家"，一些地区尝试由社会工作者培育其他社区妇女自治组织。例如，武汉市成立了友帮家庭互助中心，中心运用性别分析的方法关注女性需求；多层次链接资源，构建"妇女—社区—社会"支持网络；运用赋权增能的工作方法，增加妇女权能。赋权理论与资源依赖理论相互交织，贯穿了整个孵化过程。第一，相关政策与机制是运用妇女社会工作方法在社区孵化社会组织的基础，政府需要加强妇女社会工作人才队伍建设，并给予孵化工作更多的政策支持与社会工作专业自主权，而社工机构自身需要完善培训、督导与评估的制度。第二，坚持妇女社会工作方法是社会工作者孵化社会组织的专业保障，社工在孵化过程中通过妇女社会工作方法提升妇女的意识、培养骨干的能力，而且需要特别注意赋权方法的多样性与深度。第三，有效联动资源是组织孵化与发展的动力，社工需要兼顾挖掘外部资源与建设内部能力，帮助妇女及组织发挥地缘优势、增强组织的造血功能。此外，社会工作者需要联动妇联工作者与社会组织成员，构建三方联动模式①。

2. 外来妇女社区融入服务

外来务工妇女是城市社区妇女中的困难人群，她们不熟悉城市环境，

① 何伊娜．妇女社会工作方法在社区孵化社会组织中的运用研究——以武汉市Y社区友帮家政组织为例［D］．武汉：华中师范大学，2017.

缺乏资源，生活面临诸多困境。社会工作在促进农村流动妇女城市融入及就业服务等方面发挥了诸多功能。例如，深圳市龙岗区某社区的农村流动妇女在城市发展中面临着经济困境、社会困境、心理困境和文化困境。社会工作者通过社区走访、问卷调查等多种方式了解社区内农村流动妇女的现状，利用社区党群服务中心开展社区活动与社区内的农村流动妇女建立关系，基于生命历程理论和需求层次理论，采用小组、个案和社区的方法，促进社区内居民的社区融合发展，从而也促进了农村流动妇女的城市适应①。

3. 妇女社区就业服务

由于女性失业问题的加重，妇联系统的单纯性行政工作已经无法满足不同年龄不同层次妇女的多元化需求。另外社会工作在我国快速发展，而社会工作的理念正好弥补了妇联工作的不足，满足妇联组织新时期的发展需求，于是各级妇联组织开始与社会组织联手开展工作。运用社会工作的方法介入社区失业女性成为妇联组织降低女性失业率的重要方式。武汉市洪山区妇联积极响应群团组织改革，以社区市级示范“妇女之家”为阵地开展服务于妇女儿童的各种服务。具体而言，“妇女之家”运用社会工作的专业方法——成长小组的模式，以社区妇女实际需求为导向，运用增权理论提升失业妇女各方面能力，通过介入社区妇联工作，总结妇联工作的成绩与不足，补齐了妇联人员短板，从妇联、社区妇女之家、社工三方角度共同探讨社会工作如何介入社区失业女性能力建设，从就业技能、心理能力提升以及生活综合能力三个维度对社区失业妇女进行能力提升培训，从而降低社会女性失业率②。

4. 妇女社区健康服务

健康服务对社区妇女具有重要意义。目前，国家十分重视妇女公共卫生服务，实施了“两癌”筛查和预防工作，免费婚检宣传和新婚保健

① 高燕．生命历程视角下农村流动妇女城市适应的社会工作实务研究［D］．咸阳：西北农林科技大学，2018.

② 李奥莉．成长小组介入社区失业女性能力建设研究——以武汉市 F 社区妇女之家为例［D］．武汉：华中科技大学，2019.

指导，孕产妇健康管理，妇女保健项目信息管理等政策。社区卫生服务在提升妇女健康水平方面作出了一定的贡献。除了常规的健康检查和健康服务，社区健康教育也具有重要意义。相关研究选择社区卫生服务中心收治的120例妇女作为研究对象，按照硬币法将其划分为对照组和观察组，每组各有60例。采用一般性健康教育的方式对对照组妇女予以健康教育，采用综合性健康教育的方式对观察组妇女予以健康教育，对两组妇女的健康教育效果进行分析和比较。研究表明：观察组妇女的主观意识、日常行为和健康常识三项评分均明显高于对照组妇女。因此，在社区妇女保健工作中对其进行综合性健康教育具有重要的作用，能够有效提升妇女的常识水平以及保健意识。

综合社区健康教育方法。首先，制作专门的妇女保健手册，发放给观察组妇女。定期组织和开展健康知识讲座，并且邀请相关专家在讲座中进行健康知识和疾病预防方面知识的讲解，内容主要包括女性经期、妊娠期、产期、哺乳期以及更年期等特殊时期的健康保健内容。其次，建立专门的健康教育咨询小组，对妇女在健康方面存在的疑惑或者问题进行认真解答，使其能够更多地掌握妇科疾病知识，积极进行各种体检和疾病筛查。再次，建立妇女健康管理档案。在妇女健康管理档案中要对其基本信息进行详细记载，并且记录其疾病危险因素和疾病史；搭建和设置供医护人员和妇女交流沟通的平台与渠道，使妇女能够更加方便地咨询各种健康问题。最后，提供特殊服务。一旦妇女在疾病筛查或者体检中疑似有肿瘤迹象，就要督促其做进一步检查，并且要进行必要的随访工作。医护人员要及时了解和掌握围产期孕产妇的相关信息，并且指导其去医院进行定期产检，将优生优育和住院分娩的重要作用告知孕产妇①。

5. 妇女社区教育服务

妇女社区教育能够提升妇女的综合素质，进而提高妇女及其家庭的

---

① 黄文玲．健康教育在社区妇女保健中的干预效果研究［J］．中外女性健康研究，2020（2）．

福利水平。目前，我国大部分妇女社区教育工作以基本的妇联工作为指导，无法满足妇女的多样化的社区教育服务需求。“妇女之家”开展的常规性妇女社区教育服务以政策宣传、文体娱乐服务为主，一些妇联组织则购买了社会工作机构服务，使用专业社会工作方法提高妇女社区教育服务的专业性。例如，社会工作方法在母亲素质教育服务中得到了应用。社会工作者首先调查了妈妈们的教育需求。如图 7-1 所示，0~6 岁儿童母亲最需要育儿知识，其次是自身素质提升、与家人关系处理的方法、与社工建立长期的联系以及社会支持网络的需求。

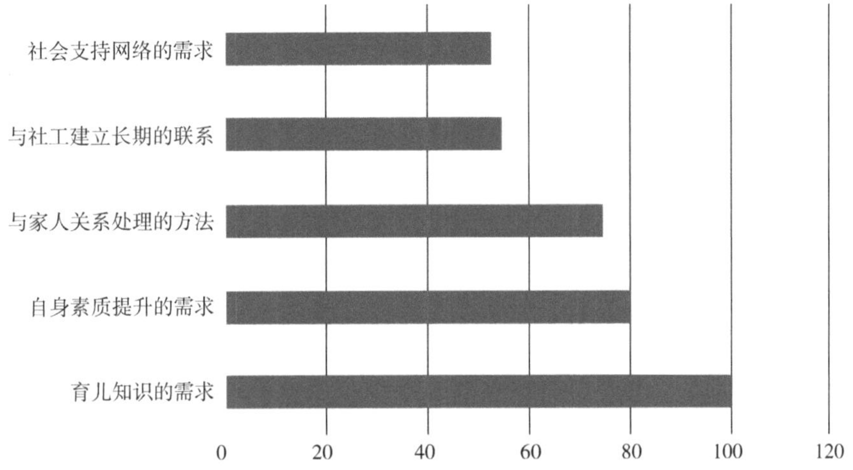

图 7-1　社区 0~6 岁儿童母亲教育需求（%）

H 市 D 区妇联发起的“儿童母亲素质教育工程”项目运用专业的社会工作价值、理论和方法，对幼儿妈妈开展了一系列的社会工作服务，包括针对有特殊需要的母亲进行个案社会工作介入、组建了成员高度参与的以互动、体验和实践指导为主要形式的妈妈成长小组与互助小组等。社工定期服务，围绕幼儿发展的特定主题、聚焦生活事件，引导妈妈们交流感受和经验，群策群力、互相协助、彼此鼓励和支持，共同解决育儿困扰。同时，社会工作者从专业角度分析指导，提供个性化的学习指导和咨询答疑，帮助妈妈们深度觉察亲子关系及其影响，形成开放、内省、积极投入的教育态度，提升自我觉察与情绪管理能力，促进妈妈们的行动学习、合作学习，切实提升了母亲的素质和能力，为构建和谐、智慧、幸福的家庭教育环境奠定了基础①。

6. 妇女社区矫正服务

妇女也是社区矫正服务的重要对象。目前，我国社区矫正服务正在从以司法部门为主向司法部门、专业社会工作者、社区等多方参与的方向迈进。社会工作者的介入能有效提升矫正妇女的社区矫正服务效果。例如，江西省瑞安市将社会工作方法运用到失足妇女的矫正工作中。社会工作者首先调查了妇女失足的主要原因，明确其需求，其面临的生活难、医疗难、就业难等问题逐步得到有效缓解。此外，社会工作者还使用了心理治疗模式、“ABC 情绪理论”、人际需要理论等理论模式，有效解决失足妇女的矫正问题和生活需求②。

7. 妇女社区保护

全国妇联和国家统计局发布的第三期中国妇女社会地位调查主要数据报告显示，我国有 24.7%的妇女遭受过不同形式的家庭暴力，其中，个人明确表示曾遭受过家庭暴力的占 5.5%。③ 家庭暴力具有很大的危害：首先，降低女性的幸福指数。其次，导致婚姻破裂，社会功能弱化。最后，诱发犯罪，危害社会稳定。

社会工作在反家暴中能够使用的工作方法包括个案、小组和社区三种。其中，个案工作模式内容包括：第一，社会工作者需要与受虐妇女建立信任关系。第二，社会工作者需要了解夫妻双方存在的问题。第三，社会工作者需要为案主与她的丈夫创造条件并尽可能地产生有效交流。第四，社会工作者协助夫妻双方进行反家暴法的学习，让施暴的丈夫认识到家庭暴力的危害，同时可以帮助案主学习与掌握反家暴的方式与方法。

小组工作模式内容包括：其目的是通过建立妇女社会支持网络，减

① 李涵．社会工作方法在母亲素质教育中的应用——以 H 市 D 区妇联“0~6 岁儿童母亲素质教育工程”为例［J］．知与行，2018（6）．

② 薛晓丽．失足妇女的社区矫正模式探索——以瑞安市 T 区为例［D］．福州：福州大学，2017.

③ 华春雨，李菲．统计显示我国 24.7%的女性遭受过不同形式家庭暴力［EB/OL］．（2011-10-21）［2023-04-14］．http：//www. gov. cn/jrzg/2011-10/21/content_ 1975297. htm.

少成员自卑感和孤独感，从而提升性别意识，促进自省、自信和自我认同。

社区工作模式内容包括：社区中的社会工作者要对所在社区的家暴情况进行走访调查，做到心中有数，同时还应具备灵活处理家庭暴力的能力。社会工作者可以带头整合各种社会资源，充分挖掘社区志愿者，在社区内形成共同反对家庭暴力的良好氛围。一方面，扭转大众的错误观念，减少他们对家暴的冷漠意识。另一方面，当受虐妇女遭遇家庭暴力时，邻里亲友第一时间给予他们应得的支持，帮助他们宽慰心灵、缓解压力、走出困境。社会工作者具体提供的服务包括：心理辅导、身体检查、生活技能培训、基本生活保障等①。

第三节　妇女社区福利治理未来发展

我国社区妇女服务呈现出以困难妇女为主的特征，针对普通妇女的普惠型的福利服务比较缺失。困难群体妇女服务主要包括社区妇女救助和就业服务、社区妇女矫正工作、社区妇女保护、社区妇女融入服务等。面向所有社区服务的普惠型的福利服务主要包括社区妇女健康服务、文化和教育服务。未来，无论是普惠型的社区妇女服务水平还是困难群体妇女服务的专业化都有待提升。

一、以妇联组织为主导，鼓励多方积极参与

基层妇联组织是实施妇女社会政策和社区妇女服务的主导力量。但面对日益多元化和复杂化的妇女社区服务需求及妇女保护任务，未来应构建以妇联组织为主导、专业社会组织及社区组织积极发挥作用的整合式社区服务体系。社会工作组织应在提高困难群体妇女服务方面发挥重要作用，提高社区矫正服务水平，更好保护困难群体切身利益。积极开展临时避难、心理咨询、就业援助、生活帮扶等服务。同时，基层妇联

① 李万发，周小钰．防治家庭暴力的家庭社会工作介入策略——以针对妇女家庭暴力现象为例［J］．科教导刊（中旬刊），2019（2）．

组织应做好妇女需求调研，为社会组织提供服务搭建桥梁，在完成妇女管理任务之外，尽力提升社区妇女需要的福利服务。社区居委会也应当为社会组织提供必要的支持。

二、提高工作者的专业水平和服务理念

为了提高社区妇女服务水平，应当提高妇联工作人员的专业素质和能力，通过定期培训、考核和奖励机制，加强福利服务人员的职业修养和技能水平，提高妇女福利服务的质量和满意度。同时，还要加强街道社工站建设，提高专业社会服务组织介入社区妇女服务的程度，做好社区妇女委员会和街道社工站与专业社会组织的服务对接工作。通过专业人才队伍建设和专业服务体系搭建，提升社区妇女服务的理念和能力。

三、从妇女的需求出发，重视社区妇女的参与

应当加强社区福利服务的创新和探索，使服务更加贴近妇女的需求。党的十八届三中全会以来，我国加快了社区治理改革的步伐。社区治理改革重视党委领导、政府负责、社会组织、社会工作、社区、社区志愿者以及社会慈善资源积极参与的联动治理。在这样的治理体系中，社区居民以及社区志愿组织的作用十分重要。因此，社区妇女服务的提供也应当重视妇女力量的发挥。一方面，在选择提供哪些社区服务时应充分调查妇女尤其是困难群体妇女的需求；另一方面，在服务提供过程中，强调社区妇女的参与和能力建设。

第八章　流动人口社区福利治理

第一节　流动人口社会福利政策体系

一、流动人口社会政策内涵

流动人口是指离开户籍所在地的县、市或者市辖区，以工作、生活为目的异地居住的人，一般意义上是指人们因就业求学、退休、婚姻等原因而离开原居住地到另一地居住的人员。流动人口根据流动性可以分为常住流动人口和短期流动人口，常住流动人口一般指在该地区居住较长的一段时间（如5年），短期流动人口指离开常住地半年以上的人口。目前流动人口的行政管理以公安部门为主，主要抓流动人口的治安问题。劳动和社会保障、卫生、教育、计划生育等部门分别管理流动人口的不同方面。

流动人口社会政策是一个国家及权威部门为解决流动人口问题所制定的一系列法律、法规等社会性行动。流动人口社会政策包括普通的流动人口社会政策以及流浪人口社会政策。

二、不同时期的流动人口政策

（一）1949—1977年：政治性流动及控制阶段

新中国成立初期，国家的首要任务是实现政权更替、恢复经济发展，而人口流动管理思路和政策体系尚未成型。随着我国第一个五年计划的实施，政府部门明确提出重工业优先发展的战略构想，并派生出一系列政策：1953年的粮食统购统销制度、1957年的城市人口疏散下放政策以及自1958年《中华人民共和国户口登记条例》正式实施以后逐步形成的以户籍制度为依托的人口流动控制制度等。1958—1965年，受到“大跃进”运动的影响，这一时期的人口流动以乡城迁移为主，1961年之后也有大量城市人口离城返乡。受“文化大革命”以及户籍制度的影响，1966—1977年的人口迁移处于低潮期。

（二）1978—1983年：严格控制阶段

1980年，国务院发布了《进一步做好城镇劳动就业工作的通知》。通知提出对农村剩余劳动力，要采取发展社队企业和城乡联办企业等方法加以吸收，并逐步建设新城镇；控制农业人口盲目流入大中城市；压缩清退来自农村的计划外用工；确需从农村招工的，要从严管制，需经省（自治区、直辖市）人民政府批准。

1981年，国务院发布了《关于广开门路，搞活经济，解决城镇就业问题的若干决定》，提出重点解决城镇待业人员就业问题，对农村多余劳动力通过发展多种经营和兴办社队企业，就地适当安置，不使其涌入城镇。对农村人口、劳动力迁进城镇，应当按照政策从严掌控。农村人口迁入城镇的要严格履行审批手续，公安、粮食、劳动等部门要分工合作把好关。要严格控制使用农村劳动力，继续清退来自农村的计划外用工。

1981年12月，国务院发布的《关于严格控制农村劳动力进城务工和农业人口转为非农业人口的通知》提出，严格控制从农村招工；认真清理企业、事业单位使用的农村劳动力；加强户口和粮食关系管理。1982年，国务院在充分吸取新中国关于流浪乞讨人员控制与管理经验的基础上，出台《城市流浪乞讨人员收容遣送办法》，正式确立了收容遣送制度。

（三）1984—1988年：允许流动阶段，政策较为开放

1984—1988年，国家的流动人口政策更加宽松。例如，中共中央发布《关于1984年农村经济工作的通知》，允许务工、经商、办服务业的农民自理口粮到集镇落户。1984年，国务院发布了《关于农民进入集镇落户问题的通知》，凡申请到集镇务工、经商、办服务业的农民和家属，

在集镇有固定住所，有经营能力，或在乡镇企业单位长期务工的，公安部门应准予落常住户口，及时办理入户手续，发给《自理口粮户口簿》，统计为非农业户口。1985 年 1 月，中共中央、国务院发布了《关于进一步活跃农村经济的十项政策》，允许农民进城开店设坊，兴办服务业，提供各种劳务，城市要在用地和服务设施方面提供便利条件。1986 年 7 月，国务院发布的《关于民用企业招用工人的暂行规定》以及 1988 年劳动部等部门发布的《关于加强贫困地区劳动力资源开发工作的通知》，开始鼓励农村地区尤其是贫困地区劳动力流入城市，促进经济发展。

（四）1989—2002 年：控制人口盲目流动阶段

20 世纪 90 年代后，流动人口数量快速增长。在这个阶段，人口流动政策有一定程度的放宽，但程度十分有限，且主要由中央政府自上而下推动，地方政府对于支持人口流动的积极性不高。这一时期的政策有 1989 年发布的《关于严格控制农民外出的紧急通知》《关于进一步做好控制民工盲目外流的通知》。1990 年发布的《关于进一步做好劳动就业工作的通知》，对进城务工的农村劳动力实行有效控制和有效管理，建立临时务工许可证和就业等级制度。1994 年颁布的《关于农村劳动力跨省就业流动的暂行规定》首次规范了流动证卡管理制度。1995 年中央 16 部门在厦门召开的会议确定了“因势利导，宏观控制，加强管理，兴利除弊”的流动人口指导思想。

1995 年，中共中央、国务院发布的《关于加强流动人口管理工作的意见》，提出农村剩余劳动力要就近就地转移，实行统一的流动人口就业证和暂住证制度。1997 年，国务院《关于小城镇户籍管理制度改革试点方案》提出，在小城镇允许办理常住户口，要一视同仁，不得收取增容费。1998 年，国务院办公厅发布《关于做好国有企业下岗职工基本生活保障和再就业工作的通知》，提出要继续鼓励和引导农村剩余劳动力就地就近转移，合理调控进城务工的规模。同年，中共中央、国务院发布的《关于农业和农村工作若干重大问题的决定》提出，要适应城镇和发达地区的客观需要，引导农村劳动力合理有序流动。我国流动人口规模自

1990 年的 2140 万增加到 2000 年的 1.21 亿①。

（五）2003—2012 年：公平理念的提出及贯彻阶段

进入 21 世纪，我国流动人口数量持续增加。2010 年，中国流动人口总量高达 2.21 亿。同时，流动人口问题也日益显现，公平对待流动人口的理念在这一时期被提出并加以贯彻，相关政策发生了一系列重要的变化。2003 年，《国务院办公厅关于做好农民进城务工就业管理和服务工作的通知》提出，取消对农民进城务工就业的不合理限制，切实解决拖欠和克扣农民工工资问题，改善农民工生产生活条件，做好农民工培训工作。2006 年，国务院出台第一个关于农民工问题的系统性文件《关于解决农民工问题的若干意见》，提出"公平对待、一视同仁"的基本原则。2012 年 5 月，国务院印发《国家基本公共服务体系"十二五"规划》，流动人口享受均等化的基本公共服务有了制度保障。

（六）党的十八大以来：全面推进市民化阶段

党的十八大报告提出"加快改革户籍制度，有序推进农业转移人口市民化，努力实现城镇基本公共服务常住人口全覆盖"。2014 年 3 月，中共中央、国务院印发《国家新型城镇化规划（2014—2020 年）》，将有序推进农民工市民化摆在城镇化建设的首要位置。随后国务院印发《关于进一步做好为农民工服务工作的意见》，明确提出了"农民工市民化的目标"，提出到 2020 年，要引导约 1 亿人在中西部地区就近城镇化，努力实现 1 亿左右农业转移人口和其他常住人口在城镇落户等涉及农民工权益保护的问题。同年，国务院发布了《关于进一步推进户籍制度改革的意见》，解决流动人口问题的政策框架越发清晰。

2015 年以来，我国流动人口总量逐渐减少，城镇化发展进入调整期。2017 年，党的十九大报告进一步强调破除阻碍人口流动的壁垒，促进市民化的发展，特别要求"破除妨碍劳动力、人才社会性流动的体制机制

---

① 国家统计局，1982 年、1990 年、2000 年和 2010 年《中国人口普查资料》（分别于 1985 年、1993 年、2002 年和 2012 年发布）；1987 年、1995 年、2005 年和 2015 年《全国 1%人口抽样调查资料》（分别于 1988 年、1997 年、2007 年和 2016 年发布）。

弊端，使人人都有通过辛勤劳动实现自身发展的机会”。自 2020 年开始，我国流动人口数量迅速回升，规模达到 3.76 亿。《2022 年新型城镇化和城乡融合发展重点任务》再次提到，促进有能力在城镇稳定就业生活的常住人口有序实现市民化。未来我国城市布局将进一步优化，城乡基本公共服务逐步均衡发展，乡村振兴战略的实施也使部分农民返乡就业，但我国人口流动率增加仍是大的发展趋势。

三、我国流动人口社会政策现状

（一）流动人口户籍制度改革

1958 年颁布的《中华人民共和国户口登记条例》，标志着城乡户籍制度正式形成，这项制度依据先赋性因素把居民分成“农业人口”与“非农业人口”两种户籍类型，限制了人口的自由迁移流动，也形成了与户籍相关的不同的社会保障制度。2014 年，《国务院关于进一步推进户籍制度改革的意见》取消了农业户口与非农业户口性质区分和由此衍生的蓝印户口等户口类型，统一登记为居民户口，体现户籍制度的人口登记管理功能。该意见虽然突出户籍制度的人口登记管理功能，但户籍制度的社会福利和社会权利功能并未随之消失，而是通过实施居住证制度来承接这一功能，也就是 2016 年 1 月 1 日实施的《居住证暂行条例》。[①] 这些户籍制度的革新，导向目标明确，为加速农业转移人口市民化，尤其是居住在城市半年以上的流动人口较快融入城市社会奠定制度性基础，为顺利实现新型城镇化战略任务提供了基础条件。

《中国流动人口发展报告 2017》指出，2016 年我国流动人口规模为 2.45 亿，比上年末减少了 171 万人。这是中国流动人口总量连续第二年下降，主要是户籍制度改革使部分流动人口在流入地落户转化为新市民。基本公共服务是指建立在一定社会共识基础上，由政府主导提供的，与经济社会发展水平和阶段相适应，旨在保障全体公民生存和发展基本需

① 李晓壮．中国流动人口社会融合实践模式及政策分析［J］．国家行政学院学报，2017（4）．

求的公共服务。一般包括保障基本民生需求的教育、就业、社会保障、医疗卫生、计划生育、住房保障、文化体育等领域的公共服务。

（二）就业和权益保护政策

流动人口就业和权益保护政策主要涉及农民工的反就业歧视、劳动报酬权益保障、就业创业技能培训等。相关政策法规主要有《国务院关于解决农民工问题的若干意见》（2006年）、《国务院办公厅关于进一步做好农民工培训工作的指导意见》（2010年）等。2014年，《国务院关于进一步做好为农民工服务工作的意见》提出，完善和落实促进农民工就业创业的政策，实施农民工职业技能提升计划，加快发展农村新成长劳动力职业教育。在劳动权益保障方面，着力维护农民工的劳动保障权益，规范农民工的劳动用工管理，落实农民工参加城镇社会保障覆盖面，实施“全民参保登记计划”。

（三）社会保障政策

2009年，我国农民工参加工伤保险比例为30.0%，医疗保险（商业医疗保险除外）比例为48.7%，养老保险22.7%、失业保险6.5%、生育保险3.2%和住房公积金2.6%，有39.0%的流动人口没有参加任何形式的社会保险。虽然中国已经建立起以住房公积金制度、经济适用房制度和廉租房制度为主要内容的住房保障体系，但是现行的住房保障体系只关注了城市中户籍居民的住房问题，而忽视了现代社会发展的人口流动性所带来的住房保障问题。此外，流动人口在城镇缺乏社会救助方面的支持，很难享受到最低生活保障。

2014年，《国务院关于进一步做好为农民工服务工作的意见》明确指出，要扩大农民工参加城镇社会保险覆盖面，依法将与用人单位建立稳定劳动关系的农民工纳入城镇职工基本养老保险和基本医疗保险，研究完善灵活就业农民工参加基本养老保险政策，灵活就业农民工可以参加当地城镇居民基本医疗保险。完善社会保险关系转移接续政策。努力实现用人单位的农民工全部参加工伤保险，着力解决未参保用人单位的农民工工伤保险待遇保障问题。推动农民工与城镇职工平等参加失业保险、生育保险并平等享受待遇。

（四）医疗卫生和计划生育服务

医疗卫生和计划生育服务对流动人口具有重要意义。我国大部分地区的流动人口能够享受基本公共医疗服务。同时，流动人口可以参加工作所在城市的城镇职工医疗保险或居民医疗保险以及生育保险。2014 年，国家卫生计生委下发《关于开展提高流动人口家庭发展能力促进流动人口社会融合示范试点工作的通知》，确定大连市等 15 个城市为开展提高流动人口家庭发展能力、促进流动人口社会融合的示范试点城市，2016 年新增拉萨等 7 个示范试点城市。试点工作的重点是推动疫苗接种以及社区体检服务。2016 年，《流动人口健康教育和促进行动计划》发布并在全国范围内实施，以流动人口基本公共卫生计生服务均等化重点联系城市为重点地区，以新生代农民工、流动育龄妇女和流动学龄儿童为重点人群。该行动计划目标分 4 个方面：一是到 2020 年，基本建立起卫生计生部门牵头、多部门合作，学校、职场和社区等场所教育并重，各方共同参与的流动人口健康教育工作机制；二是提高流动人口服务对象对基本公共卫生服务项目的知晓率；三是提高流动人口健康素养水平；四是建设一批流动人口健康促进企业、学校和家庭。

（五）教育政策和公共文化政策

流动人口教育政策是衡量流动人口社会融入水平的重要指标。我国流动人口教育政策在各地呈现出较大差异。例如，北京市义务教育阶段可以接受流动人口子女在京就读，但不能参加高考，中考也只能考取职业高中。无锡、西安等城市义务教育阶段的就读政策相对较为宽松。目前，除了北京市和上海市，其他地区基本放开了或者有条件放开了流动人口子女参加高考的限制。

就流动儿童接受义务教育的情况来看，全国流动儿童义务教育状况普遍改善。2015 年绝大多数义务教育学龄阶段流动儿童都有机会在校读书，小学和初中学龄流动儿童的在校率分别达到 94.4%和 96.3%。就流动儿童接受高中教育的情况来看，高中学龄流动儿童在校比例不断上升。

高中学龄流动儿童的在校比例在 2000 年和 2005 年时相对较低，分别为 48.8%和 49.5%，2005—2010 年进步较大，增加了约 28 个百分点，2010 年达到 77.4%，2015 年继续上升至 84.9%。这反映了我国流动儿童高中教育普及程度的提升。

浙江省慈溪市流动人口子女（儿童、少年户籍在慈溪市外）在慈溪市义务教育阶段学校就读小学一年级、初中一年级，其父母必须在慈溪市内居住，具有《浙江省居住证》（IC 卡式），小学新生入学年龄满 6 周岁。《浙江省居住证》（IC 卡式）申领条件：流动人口在慈溪行政区域范围内（不含杭州湾新区、庵东镇）连续居住并在居住地申报居住登记半年以上并符合下列三个条件之一：一是有合法稳定就业；二是有合法稳定住所；三是连续就读满 1 年及以上。

在公共文化政策方面，目前我国城市公共文化政策在对待流动人口与户籍人口方面差别不明显，流动人口可以公平享受城市公共图书馆、博物馆等文化基础设施和服务，但由于信息闭塞的原因，流动人口接受的社区文化服务相对较少。

（六）流浪乞讨人员救助管理政策

大部分流浪乞讨人员为流动人口。2020 年 3 月，民政部会同中央政法委等 11 部门印发《关于开展生活无着的流浪乞讨人员救助管理服务质量大提升专项行动的通知》，要求在关键环节上建机制、压责任、提质量、优服务。救助管理工作借助信息化手段推进全链条监管，救助服务寻亲成效大幅提升，长期滞留人员安置工作取得突破，实现“高周转率、低滞留率”良性运转。[①] 2020 年 8 月，中共中央办公厅、国务院办公厅印发《关于改革完善社会救助制度的意见》，提出强化地方党委和政府属地管理责任，压实各级民政部门、救助管理机构和托养机构责任，切实保障流浪乞讨人员人身安全和基本生活。完善源头治理和回归稳固机制，做好长期滞留人员落户安置工作，为符合条件人员落实社会保障政策。

---

① 王金华．坚持开拓创新引领新时代社会事务工作高质量发展［N］．中国社会报，2022-01-11（1）．

积极为走失、务工不着、家庭暴力受害人等离家在外的临时遇困人员提供救助。

据民政部统计，2021 年，中国共有流浪乞讨人员救助管理机构 1838 个，床位数 9.4 万张；全年救助流浪乞讨人员 73.9 万人次，[①] 比 2010 年下降了近百万。2020 年中国有 100 万走失人次，相较于 2016 年的 394 万人次显著减少[②]。

2019 年之后，流浪儿童救助管理与普通流浪乞讨人员的救助管理工作分别归民政部儿童福利司与社会事务司管理。根据《城市生活无着的流浪乞讨人员救助管理办法》及其实施细则、《关于进一步加强城市街头流浪乞讨人员救助管理和流浪未成年人解救保护工作的通知》、《生活无着的流浪乞讨人员救助管理机构工作规程》、《关于开展生活无着的流浪乞讨人员救助管理服务质量大提升专项行动的通知》等重要政策和专项行动方案，可以将中国的救助管理政策分为以下几个环节。

1. 预防与监测

救助管理的预防与监测工作是指民政部门、救助管理中心与基层社区以及社会各界合作开展的，针对有可能成为流浪乞讨人员的早期救助和监测工作。具体到救助管理制度，流出地救助管理机构要建立返乡人员信息台账，对已经返家的，要组织人员或委托当地村（居）民委员会了解其家庭状况，对存在生产、生活及基本医疗保障方面困难的，要将详细情况报送乡镇（街道）及相关部门，乡镇（街道）及相关部门要按照职责落实有关政策予以帮扶，避免其再次陷入困境，反复流浪。各级民政部门指导救助管理机构建立易流浪走失人员信息库，并将花名册通报给乡镇（街道），由乡镇（街道）组织人员通过实地走访、电话询问等方式进行回访，发现反复流浪乞讨的情况要及时反馈民政部门，原则上回访频率不低于每两月一次，回访期不少于一年。县级民政部门要与

---

① 民政部 .2021 年民政事业发展统计公报［EB/OL］.（2022-08-26）［2022-12-01］. https：//www. mca. gov. cn/article/sj/tjgb/.

② 中国日报中文网 .《中国走失人口白皮书》发布，2020 年全国走失人次达 100 万［EB/OL］.（2021-02-26）［2022-12-08］. http：//tech. chinadaily. com. cn/a/202102/26/WS60386587a3101e7ce9741248. html？from = singlemessage.

扶贫办开展信息共享，对建档立卡贫困户中有流浪乞讨经历的予以重点关注和帮扶。

流入地救助管理部门要认真梳理可能存在的薄弱环节和隐患之处，密切关注严寒天气变化，提高主动救助意识，加强部门协调配合，利用城市网格化、数字化管理平台，制定常态化、制度化街面巡查制度，建立覆盖全面、协同到位、服务及时的救助管理网络，跟踪监测重点对象和区域。

2. 发现与报告

全国各级救助管理部门广泛动员社区居委会、社会组织、志愿者和热心群众积极参与救助服务；发动环卫职工、公交出租司机、夜间安保人员提供流浪乞讨人员求助线索；探索建立民间信息员队伍，采取激励措施，鼓励其做好报告、引导和应急服务；有条件的地方，在流浪乞讨人员、外来务工人员集中活动区域增设临时救助点、流动救助车。重点强化乡镇（街道）救助管理工作责任，发挥村（居）委会作用；通过政府购买社会组织服务方式，开展外展服务，主动发现流浪乞讨者、缺乏有效家庭监护的留守和困境儿童，同时积极发现和报告走失、务工不着、家庭暴力受害人等离家在外的临时遇困人员。公安机关发现流浪乞讨人员告知或护送其向救助管理机构求助。救助管理机构实行 24 小时接待服务，开通 24 小时救助热线。热线号码应当向社会公开并在当地 114 查询台登记。救助管理工作领导协调机构要明确未成年人、老年人、精神障碍患者等特殊救助对象转介处置程序。例如，对发现的街面流浪乞讨儿童应采取保护措施并立即拨打 110 予以排查和救助。

3. 站内与站外救助

救助管理机构工作人员开展 24 小时救助和不间断街面巡查，还对包括务工不着、讨薪无果、寻亲不遇、被盗被抢、遭受家暴、街头醉酒人员等各类困境人员提供针对性应急救助，大大超出了法律明确规定的工作职责范畴。其救助可分为站内救助和站外救助。

（1）求助接待与安检登记。救助管理机构应当对来站求助人员的身体状况和精神状况进行初步检视。求助人员应当按照救助管理机构要求，接受安全检查。救助站应当告知流浪乞讨人员救助对象的范围和实施救助的内容，询问与求助需求有关的情况，并对其指纹、电子照片等个人情况予以登记并核实。因年老、年幼、残疾等原因无法提供个人情况的，救助站应当先提供救助，再查明情况。救助管理机构应当在其入站后24小时内通过广播、电视、报纸、全国救助管理信息系统、全国救助寻亲网站等适当形式发布寻亲公告，并在其入站后7个工作日内报请公安机关采集DNA数据。公安机关应当在收到报告后一个月内免费采集、录入全国打拐DNA信息库，并将比对结果反馈救助管理机构。

对符合条件的流浪乞讨人员，救助站会清点、保存其随身物品并及时安排救助，对不符合条件的说明情况后劝退。救助站发现受助人员故意提供虚假个人情况的，应当终止救助。来站接受救助的人员成分复杂，有在逃犯、刑满释放人员、吸毒人员和各类传染病患者，因此，救助站通常设立隔离观察室和安保室，遇到特殊情况需要及时报请公安机关调查、甄别。

（2）生活和教育辅导服务。救助站为受助人员提供能够满足基本健康和安全需要的食物和住处；组织受助者参加有益于身心健康的文体活动和教育辅导等活动；可以视情为受助人员提供心理辅导、行为矫治等服务。救助管理机构可以将专业的教育辅导及心理矫治等服务转交专业社会组织开展。

（3）寻亲服务。受助人员有疑似走失、被遗弃或被拐卖情形的，救助管理机构应当及时向公安机关报案。受助人员因年老、年幼、残疾等原因不能提供个人信息的，救助管理机构应当及时报请公安机关协助核查求助人员身份，并在其入站后24小时内以适当形式发布寻亲公告。

（4）医疗服务。有条件的救助管理机构可以依法内设医务室或与专业医疗机构合作开展医疗服务。受助人员在站内突发急病的，救助站应当及时送医疗机构治疗。受助人员在站内患传染病或者为疑似传染病病人的，救助站应当送当地具有传染病收治条件的医疗机构治疗，并向当地疾病预防控制机构报告，采取必要的消毒隔离措施。

（5）未成年人教育服务。救助管理机构应当为受助未成年人提供关爱性服务和保护性措施，及时与受助未成年人沟通，了解其思想状况和遇困原因；经常组织受助未成年人参加有益于身心健康的文体活动、公益活动和社会实践活动，帮助受助未成年人树立正确的价值观、人生观；受助未成年人存在心理和行为偏差的，救助管理机构应当进行有针对性的心理辅导和行为矫治；对于重复流浪或经评估发现不宜返回家庭的受助未成年人，救助管理机构可以延长救助期限。救助管理机构应当区分受助未成年人年龄、文化程度、身体、精神状况和智力发展水平、滞留时间等不同情况，协助提供义务教育、替代教育、教育矫治、职业技能培训等服务。

（6）离站服务。能够自行离站的受助者填写“自行离站声明书”，经救助管理站完成相应登记后自行离站。不满 16 周岁的未成年人、行动不便的残疾人和其他特殊困难受助人员（以下简称“特殊困难受助人员”）由其亲属接领返回。救助管理机构应清点交接寄存物品，完成《在站服务及离站登记表》，办理交接手续。

（7）站外救助。为有效减少“强行讨要”“职业乞讨”等不文明现象，公安机关、城市管理部门和其他有关行政机关按照职责分工开展街面巡查和综合治理行动。民政部门要加强街头救助，做好劝诫工作、加强主动救助，对不愿到救助管理机构接受救助的流浪乞讨人员和其他街头生活无着人员，持续做好极端天气下“寒冬送温暖”“夏季送清凉”等专项救助工作。因救助管理机构设施设备不足、无法提供站内照料服务的，各地可根据滞留人员的年龄、智力、心理、生理状况，实施站外分类托养。各地可通过政府购买服务方式，委托符合条件的公办、民办福利机构或其他社会组织，为滞留人员提供生活照料等具体服务。

4. 滞留人员救助寻亲

救助站根据受助人员的情况实施不超过 10 天的救助服务。救助期限超过 10 天的人员一般是难以确定身份的走失人员等特殊困难救助对象。民政部门及托管机构要协同公安部门，通过 DNA 比对等方式甄别滞留人员身份。对滞留超过 1 个月的受助人员，救助管理机构要根据寻亲进展情况对其在全国救助寻亲网、“头条寻人”等平台的寻亲信息进行更新完善。对超过3个月仍无法查明身份信息的滞留人员，要报请同级人民政府纳入特困人员供养，落实社会救助政策，协助其办理社会保险，并转移至当地政府设立的福利院、养老院、敬老院、精神病院等公办福利机构供养。滞留未成年人则指定具备条件的未成年人救助保护机构照料、社会福利机构代养或家庭寄养，并依托社会工作服务机构、公益慈善组织、法律服务机构和志愿者等社会力量，为受助未成年人提供心理辅导、行为矫治、文化教育、技能培训、就业帮扶等服务。

5. 返乡与安置

返乡与安置属于离站服务。对于能够自行返回的外地受助者，救助站对其进行教育后安排离站，并将后续监测和安置工作转交流出地政府。对残疾人、未成年人及其他行动不便的人，救助站应当通知其亲属或者所在单位接回；亲属或者所在单位拒不接回的，由流入地人民政府民政部门或省级人民政府民政部门通知流出地人民政府民政部门接回，送其亲属或者所在单位。流出地救助管理机构应当对受助未成年人的家庭监护情况进行调查评估：对确无监护能力的，由救助管理机构协助监护人及时委托其他人员代为监护；对拒不履行监护责任、经反复教育不改的，由救助管理机构向人民法院提出申请撤销其监护人资格，依法另行指定监护人。对于走失无户籍人员，各地公安机关要严格依照《国务院办公厅关于解决无户口人员登记户口问题的意见》有关要求，为其依法登记户口，进而确保其社保等权益。有条件的地区有序推进持有居住证的务工人员等在居住地申办社会救助。截至2019年12月底，全国共安置22471人次，其中落实户口安置13899人[①]。

---

① 中国新闻网，民政部．2019年全国共救助流浪乞讨人员102.6万人次［EB/OL］．(2020-01-19)［2022-12-08］．https：//news. sina. com. cn/o/2020-01-19/doc-iihnzhha3415529. shtml.

第二节　流动人口社区福利的必要性与现状

一、流动人口社区服务的必要性

（一）流动人口社会政策在社区的执行

1. 居住证的办理

流动人口登记制度是我国长期以来对流动人口进行管理，维持城市安全的重要制度。流动人口登记工作主要由公安部门负责，社区居委会协助办理。国务院2016年制定的《居住证暂行条例》规定：公民离开常住户口所在地，到其他城市居住半年以上，符合有合法稳定就业、合法稳定住所、连续就读条件之一的，可以申领居住证。居住证是持证人在居住地居住、作为常住人口享受基本公共服务和便利、申请登记常住户口的证明。居民委员会、村民委员会、用人单位、就读学校以及房屋出租人应当协助做好居住证的申领受理、发放等工作。申领居住证，应当向居住地公安派出所或者受公安机关委托的社区服务机构提交本人居民身份证、本人相片以及居住地住址、就业、就读等证明材料。

2. 公共卫生和计划生育服务

政府有关部门应当为居住证持有人提供义务教育、基本公共就业服务、基本公共卫生和计划生育服务、公共文化体育服务、法律援助和其他法律服务以及国家规定的其他基本公共服务。其中，基本公共卫生服务和计划生育服务是基本的服务内容。流动人口户籍所在地和流入地的村民委员会、社区居民委员会应当协助乡镇人民政府或者街道办事处做好流动人口计划生育工作。在公共卫生服务方面，办理了居住证的流动人口可以与户籍居民享受同等水平的基本公共卫生服务，包括0~6岁儿童健康检查以及疫苗接种、孕产妇健康管理、健康素质提升等服务。

3. 义务教育服务办理

处于义务教育阶段的流动儿童符合一定条件的可以在流入地接受义

务教育。300 万以下人口城市则可以直接办理落户进而接受教育。以北京市为例，非京籍义务教育阶段儿童家长需要提供“五证”，即在京务工就业证明、在京实际住所居住证明、全家户口簿、暂住证、户籍所在地乡镇人民政府（街道办事处）出具的在当地没有监护条件的证明。其中，在京实际居住证明需要社区居委会协助办理。

4. 就业援助及社会救助

我国大部分地区的社区就业服务以户籍地失业人口为服务对象，但也有一些外来务工人员较为集中的地区为流动人口提供就业援助服务。例如，厦门市为流动人口办“外来务工人员夜校”，提升流动人口就业技能；开通农民工诉讼“绿色通道”，开展农民工“讨薪维权”法律援助专项行动。在社会救助方面，明确持有居住证（暂住证）并实际居住满一年的流动人口，因灾导致基本生活暂时出现严重困难的家庭或个人，依申请给予救助。在文化融合方面，鼓励辖区流动人口参与社区活动，增进邻里感情。

（二）流动人口社区服务具有重要意义

在“中国流动人口社会融合评估”城市排序中，重庆、成都分列 1、3 位，名列前茅。厦门市流动人口社会融合工作取得很大成效，尤其是公共服务融合排名第一。在教育方面，对统筹派位就读流动人口子女学费全免，2015 年非本市户籍随迁子女参加中考占比 41%。在就业方面，办好“外来务工人员夜校”，提升流动人口就业技能；开通农民工诉讼“绿色通道”，开展农民工“讨薪维权”法律援助专项行动。在社会保障方面，推行流动人口医保异地结算制度，目前已与 9 个省内市，6 个跨省市实现即时异地结算。在卫生计生方面，依托社区卫生服务中心免费为流动人口建立健康档案，并将流动人口纳入公共卫生服务体系，服务目标人群覆盖率达到 85%。在社会救助方面，明确持有居住证（暂住证）并实际居住满一年的流动人口，因灾导致基本生活暂时出现严重困难的家庭或个人，依申请给予救助。在文化融合方面，鼓励辖区流动人口参与社区活动，增进邻里感情。上述服务均与社区具有一定的关联度。

二、流动人口社区福利服务现状

（一）流动儿童社区服务

我国针对流动儿童提供了多种类型的社区服务。一种是由社会工作机构提供的针对困难家庭流动儿童的社区服务，具体包括短期照护与课业辅导、书籍借阅，培养流动儿童良好习惯和健全人格，促进流动儿童文化融入，提高流动儿童家庭教育水平等。例如，济南市实施了“小候鸟”流动儿童社会融入项目。基爱“小候鸟”流动儿童社会融合项目是济南市基爱社会工作服务中心与山东大学哲学与社会发展学院志愿服务部合作的项目，旨在通过社区与高校的配合，从社会融合的视角加强流动儿童及其家庭的社区支持，改善个体与环境的多元互动，促进流动儿童与家庭有尊严地生活，减少社会排斥，促进社会融合①。

（二）流动妇女社区服务

流动妇女面临教育水平、收入水平以及就业层次偏低的问题，同时也缺乏照顾家庭的时间，且存在依法维权意识、社会保险意识、学习意识不强，城市融入不足等问题。因此，流动妇女社区福利服务除了上述计划生育服务政策之外，主要集中在就业服务、法律和健康知识教育、子女照料、社区融入等方面。例如，北京市开展的“保姆 E 家亲”流动妇女社区服务项目通过提升流动妇女的技能，搭建沟通桥梁，为流动妇女提供了就业机会，解决了儿童照料问题，提高了生活技能，增强了其社区归属感和群体凝聚力。该项目包括“爱心超市”和“小小乐园”两个分项目。

“爱心超市”项目能够为社区居民提供廉价的生活用品，“小小乐园”项目能够为社区儿童提供活动的场所。项目组成员包括社区工作者及自愿参加的社区妇女，但具体的实施者是流动妇女志愿者。街道为项目租借了活动场地并提供装修资金。周边单位为项目组募捐衣服。居委

---

① 山东大学哲学与社会发展学院学生会．服务社区：“小候鸟”流动儿童社会融入项目［EB/OL］.（2018-11-26）［2022-12-12］．https：//www.sohu.com/a/277992729_799106.

会发动辖区小学为爱心超市项目募捐衣物。“小小乐园”是一个活动空间，在这里，流动家庭的孩子可以得到照看，受到了社区孩子们的欢迎，也为社区妇女们提供了一个交流场所，她们在这里互动、沟通，在陌生的城市建立一定的情感联系。在基金会的资助下，社区项目组设立了书报角，项目组共购买了近百本适合儿童和社区居民阅读的图书，还订阅了报纸。流动妇女们为社区居民们扦裤边、换拉锁，收费只有市场价的一半左右。项目促进了新老居民间的相互了解。①

（三）流动人口社区融入服务

社区融入服务是一个比较笼统的概念。社区融入程度受到流动人口社会政策及流入地社区治理水平、流动人口各项社区服务水平的影响。例如，成都市促进流动人口社会融合在社区层面主要采取以下几种做法。

第一，根据持有居住证年限不同确定本市外来常住人口享受选举权和被选举权，参与村（居）自治。第二，以社区基础设施建设为重点，高品质打造流动人口社会融合工作平台。第三，全面推行流动人口社区网格化管理服务，建立网格管理档案。第四，实行“一站式便民服务”，为流动人口提供方便、及时、快捷的全方位服务。第五，开展以街道办事处为单位的流动人口社会融合载体实验，青羊等区（市）县各选择 1~2 个街道办事处，从流动人口应享尽享惠民政策入手，推动流动人口的社会融合。

三、流动人口社区服务存在的问题

（一）流动人口缺乏社区成员意识

流动人口存在的问题成因包括非制度性的因素。例如，流动人口的年龄、性别、流入时间、受教育水平、经济收入、职业等自身条件以及与城市居民的社会距离等。

1. 流动人口居住地方的社区环境通常较差且安全系数较低，公共设施等也匮乏，各地不同的方言和生活方式、风俗习惯等的差异也导致了

① 李文静．社会工作与城市社区治理［M］．北京：社会科学文献出版社，2022.

社区的人际关系淡漠，交往互动较少，许多流动人口的交往对象仅限于同乡和亲友，因此流动人口对社区和城市的归属感很低。

2. 社区在流动人口服务管理过程中，缺少双向合作，未能充分调动流动人口自我管理、自我服务、自我教育的积极性，流动人口缺乏参与意识和参与动机，他们大多游离在权利意识和福利服务的边缘。

（二）社区职能不清晰、服务形式单一

1. 涉及流动人口管理的机构众多，各部门在流动人口管理与服务方面的职权不清晰，公共资源未能充分得到共享，导致重复建设、资源浪费。

2. 社区在管理过程中对流动人口的管理方式一般都比较简单粗暴，政治性强于人情和温情，缺乏对流动人口生活质量的关心、管理不到位、信息沟通不畅，对流动人口的需求了解不多，直接面对流动人口的服务更少。

（三）流动人口城市化的制度缺位

1. 当前人口流动缺乏合法性的制度认同；缓慢的户籍制度改革；就业制度的歧视性规定仍存在。

2. 现行社会公共服务制度下，流动人口在大多数情况下不能享受与户籍人口平等的基本公共服务；人口居住证使用和含金量较低。

3. 财政资金保障机制不健全。流入地政府在公共财政预算方面没有安排，流出地政府的财政支出也很少考虑到农民工群体的公共服务诉求。

（四）流动人口社区福利服务不足

在就业服务方面，职业培训力度不够、针对性的技能培训较少。流动人口子女义务教育虽然得到一定的保障，但还是有别于本地户籍子女，流动人口子女在流入地的升学政策也有待研究。妇女儿童保健，尤其是妇女保健停留在原始基于计划生育政策所带的免费项目。绝大部分地区通过户籍制度将流动人口排斥在城市最低生活保障体系之外，社会救助基本处于萌芽状态。

第三节　流动人口社区福利治理未来发展

一、流动人口社区福利治理的目标

流动人口数量庞大、流动性强，因此若流动人口福利缺失问题长期得不到妥善解决，不仅会阻碍其在城市的工作和生活，而且会影响我国经济社会的发展甚至社会的和谐稳定。福利保障在缩小贫富差距、化解社会矛盾、创造并维护社会公平、实现共享发展成果等方面，具有无可替代的作用，健全和完善流动人口福利不仅是对他们合法权利的有效保护，还能体现以人为本的新发展理念和对社会公平正义的核心价值追求，兼顾社会与经济效益。

二、流动人口社区福利服务治理策略

以人为本作为基本准则，将流动人口的需求作为服务的第一信号，使管理更加人性化、精细化，让流动人口权益与尊严受到保障。“管字当头”转变为“服务至上”。树立公共参与的理念，做到多方共同治理。重视培育流动人口的成员意识，加大对流动人口进行法律知识的宣传普及，并鼓励流动人口积极主动地建立自己的组织。发挥政府的作用，通过创新居住证制度，实现流动人口福利供给。

充分调动社会团体、社会组织、流动人口自治组织的积极性，提高社会组织的协同作用，达到一种优势互补的状态。

第九章　就业社会政策与社区就业服务治理

第一节　就业社会政策体系

一、社区就业概念与街居经济概况

（一）就业

就业是指一定年龄阶段内的人所从事的为获取报酬或为赚取利润所进行的活动。具体而言，（1）一定年龄是指16~60岁；（2）规定期间内，从事有报酬或收入职业的人；（3）有固定职业及暂时停工的人（病、假、旷工、天气影响、设备故障等）；（4）雇主或独立经营人员和协助工作时间超1/3以上的家属。

（二）就业社会政策

就业社会政策可以定义为：以国家或政府为主体，在特定经济社会条件下实行的以优化劳动力素质、规范劳动力市场、开展就业救助、消除就业歧视为主要内容，旨在促进劳动力资源合理配置、实现就业公平、满足社会经济发展以及劳动者个人需要，促进社会融合和社会公正的政策。其主要包括以下基本内容。

第一，根据社会经济发展趋势改善劳动力供给的政策。劳动力资源的生产具有周期长、不确定性强和外部性的特点，因此需要政府根据社会经济发展需求，采取措施优化劳动力结构、提升劳动力素质。这方面的政策主要包括改善劳动力质量、提高人力资本、优化劳动力结构的政策等。

第二，提供公共就业服务、优化劳动力市场效力的政策。劳动力市场是劳动力要素买卖双方从事交易活动的场所和空间，其通过劳动力使用权的转让与购买来实现劳动力在各种社会用途之间的分配。公共就业服务一方面通过就业服务机构帮助劳动者获得就业岗位和提升就业能力，另一方面帮助用人单位寻找到合格劳动力，它可以通过提高劳动力市场信息的透明性有效提高劳动力市场运作的效益，还可以通过其本身的公平性和均等性，有效弥补劳动力市场分割的负面影响①。这方面的政策主要有：建设公共就业服务平台的政策；收集、分析与发布各种就业信息、开展就业咨询、职业介绍、用工指导的政策；根据经济社会发展需求设计并开展职业技能培训的政策；协同管理失业保险、开展失业救济的政策，等等。

第三，开展就业救济、保护就业脆弱群体的政策。每个社会都有一定数量在竞争性劳动力市场中处于相对劣势地位的劳动者。开展就业救济，有助于降低这部分社会成员的失业率、维持经济健康增长。这方面的政策主要包括失业保险政策、对竞争力相对弱的成员给予救助的就业救助政策、鼓励雇主雇用就业困难人员的税收减免政策等。

第四，改善就业环境、促进就业公平的政策。社会公平体现了人类共同的价值追求，是衡量社会进步的重要尺度，更是社会政策的核心价值。② 就业公平是社会公平的重要维度，也是就业社会政策追求的关键目标。受生理特点、传统观念、社会制度、劳动力市场分割等诸多因素的影响，女性、残疾人、农民工等许多群体都遭遇了不公平对待。因此，促进就业领域公平的政策成为就业社会政策的核心内容。

二、中国就业社会政策发展历程

（一）新中国成立初至 20 世纪 70 年代末

计划经济体制下实施的是统包统配的就业社会政策。这一时期的就

① 陈建刚．完善我国就业公共服务体系的几点建议［J］．中国行政管理，2005（5）：109.

② 李迎生．中国社会政策改革创新的价值基础——社会公平与社会政策［J］．社会科学，2019（3）：76-88.

业政策呈现以下特征。

1. 以户籍制度为基础（农村人进城务工需要务工证），实行城乡分割的二元就业制度，城市和农村的就业高度隔离并严格限制农民进城就业。

2. 以指令为基石（下报指标，上派人）。在劳动力资源匹配上，以指令性计划为基石，国家制订统一的指令性计划对城镇劳动力进行调节，以行政手段配置人力资源；用工制度以国家固定为主体。企事业单位没有用人自主权，既不能辞退职工，又不能让职工自由流动；就业者没有择业自由权，强调服从分配。

3. 低工资、高福利。由于实行“充分就业，消灭失业”的政策，安排就业的劳动力数量远远超过当时社会的需求，结果只能实行“高就业、低工资”政策，即降低城镇就业者平均收入，同时为从业者提供包括住房、教育、医疗、养老、子女照料等一系列的排他性福利。

4. 在就业保护和促进就业公平领域进行初步探索。针对新中国成立初期的失业问题，我国政府制定了暂时性的失业救济政策，并在 1951 年颁布《中华人民共和国劳动保险条例》，规定城镇企业职工可以在因工负伤、残疾、死亡等方面享有保险待遇，在就业保护、促进就业公平方面进行初步尝试。

1950 年 6 月，政务院批准了《救济失业工人暂行办法》以及统包统配的劳动就业制度。这一制度的作用：有利于社会秩序的稳定和经济的迅速恢复与发展。弊端：人浮于事。主要表现为劳动供给与劳动需求主体的选择权被剥夺；绝对的职业安全感扼杀了人们的劳动积极性；就业、保险、福利三位一体的传统就业保障制度强化了国民的正统就业观念，结果使得政府背上了沉重的包袱。

1950 年颁布的《救济失业工人暂行办法》规定的救济方式为：救济失业工人，应以以工代赈为主，同时采取生产自救、转业训练、帮助回乡生产及发放救济金等办法。

救济金来源：凡举办失业工人救济的城市中，所有国营、私营的工厂、作坊、商店的行政方面或资方，均须按月缴纳所付实际工资总额的百分之一。上述各种企业及码头运输等事业的在业工人和职员，亦应按月缴纳所得实际工资的百分之一，作为救济失业工人基金；中央人民政府与地方人民政府拨给的救济基金；各界自愿捐助的救济金。

救济对象：原则上暂以原在各国营、私营的工商企业与码头运输事业中工作的工人和职员以及从事文化、艺术、教育事业的工作人员；在新中国成立以后失业，现在尚无工作或其他收入者为限。在新中国成立以前失业的职工，如有特殊困难请求救济者，须经各地失业工人救济委员会的批准。

以工代赈的工程范围，首先为国家需要举办的工程，以及有益于市政建设的事业，如浚河、修堤、植树、修理码头、修理下水道、修建马路、修建公园等。以工代赈的工资，一般均应采取计件制，在工资标准未确定前，每人每日发给当地主要食粮三市斤至五市斤，作为临时工资，但至迟须在开工半月内规定计件工资的标准。无法计件的工资，每日以三市斤至六市斤粮食为标准。技术人员与管理人员的工资，由工赈科拟定提交失业工人救济委员会通过后决定之。

生产自救应以举办农场及手工业工厂、作坊为主，并以不损害当地现有的工商业为原则。每个举办生产自救事业的计划，经失业工人救济处审查批准后，得提请失业工人救济委员会从救济基金中酌量拨给一定数量的补助资金。凡由乡村到城市不久或目前在乡村中有亲属可以回乡的失业工人，应由工会根据自愿原则，组织并鼓励他们回乡生产。由失业工人救济处发给本人及其家属所必需的旅费外，并酌量发给救济金作为生产资金的补助。

有工龄一年半以上，尚未参加以工代赈、生产自救的工作者，得按本办法第三十五条之规定，领取救济金。失业工人的救济金，按下列标准发给之：失业工人每月发给当地主要食粮四十五市斤至九十市斤，由工会基层组织根据每个失业工人的具体情况评定，提交失业工人救济处审核决定之；失业学徒每月发给食粮三十市斤；半失业的工人，所得工资低于失业工人所领的救济金额而无法维持生活者，得按实际情况酌量予以临时救济。

（二）1978—1992年：计划与市场相结合的就业制度

1. 时代背景

知青返城待就业多；城市大批待就业人员。

2. 土地承包责任制的推行，计划经济体制下，农村就业制度的松动。

1980年8月，中共中央和国务院召开全国劳动就业工作会议，提出解决当前就业问题的方针，即“在国家统筹规划和指导下，实行劳动部门介绍就业、自愿组织起来就业和自谋职业相结合”的方针（简称为“三结合”就业方针）。“劳动部门介绍就业”是指国营和大集体企业、事业单位按国家计划指标招工；“自愿组织起来就业”是指群众自愿组织各种集体经济单位实现就业；“自谋职业”是指个体劳动者从事个体商业和服务业。1981年10月，中共中央、国务院又发出《关于广开门路，搞活经济，解决城镇就业问题的若干规定》，肯定了“三结合”就业方针的政策精神，强调要把解决就业问题和调整所有制结构、产业结构密切结合起来。

1978年以来近三年安置了2000多万人就业。已有10个省、自治区、直辖市把1979年以前的待业人员基本上安置完毕，并有一些城市和县镇基本上解决了待业人员的就业问题。

1984年我国开始在部分国有企业中试行合同制，要求新进企业的员工必须签订为期5年的合同。1986年，国务院公布了改革劳动制度的四项暂行规定：《国营企业实行劳动合同制暂行规定》《国营企业招用工人暂行规定》《国营企业辞退违纪职工暂行规定》《国营企业职工待业保险暂行规定》，明确了国有企业实行劳动合同制以及企业用人主体的地位，打破了职工能进不能出的限制，使劳动力有了一定的流动性。随着劳动用工制度的缓慢变革，到1990年国有企业职工中已经有18%是合同制职工①。四项规定中的《国营企业职工待业保险暂行规定》的覆盖面虽然非

① 胡鞍钢，程永宏．中国就业制度演变［J］．经济研究参考，2003（51）：2-19+25.

常有限，且保障水平低、基金来源单一①，但是其代表着我国失业保险制度的正式建立。

废止“子女顶替”制度。“子女顶替”制度实行多年，弊病甚多，必须废止。被录用的，由当地劳动部门办理录用手续，公安、粮食部门办理户、粮关系转移手续，退休工人本人的户、粮关系同时迁回农村；未被录用的，仍应留在农村劳动。“内招”职工子女的办法也必须废止。对被辞退的职工应当发给辞退证明书。被辞退的职工可以持辞退证明书到本人户口所在地的劳动部门办理待业登记。

被辞退的职工在待业期间的管理和待业救济金、医疗补助费的发放，按照《国营企业职工待业保险暂行规定》办理。主要对象：国营企业的待业职工，指宣告破产的企业的职工；濒临破产的企业法定整顿期间被精减的职工；企业终止、解除劳动合同的工人；企业辞退的职工。职工待业保险基金来源于企业按照其全部职工标准工资总额的1%缴纳的待业保险基金，存入银行后所得的利息及地方财政补贴。由省、自治区、直辖市统筹使用，用于开支职工待业期间的待业救济金、医疗费、死亡丧葬补助费、抚恤费、救济费、离休和退休金、转业训练费及生产自救费等。待业职工和职工待业保险基金的管理机构是当地行政主管部门所属的劳动服务公司。

（三）1993—2012年：市场化取向、积极就业社会政策的确立

1992年10月，党的十四大作出了关于建立社会主义市场经济体制的决定，十四届三中全会正式提出了培育和发展“劳动力市场”的目标。从1993年起，劳动部不再下达职工人数、工资总额和技工学校招生等计划指标，并开始以劳动力市场作为劳动力资源配置的基础手段，提出逐步建立“国家宏观调控，城乡协调发展，企业自主用人，个人自主择业，

---

① 仅限于国有企业法定整顿期间被精减的职员、宣告破产的企业职员、企业终止与解除劳动关系的职员、企业辞退的职员四类人。1991年我国城镇登记的失业人数352万，待业保险参保受益率只有2.8%，受益人数仅有10万人；1990年我国的人均消费支出是1279元，平均每月是107元，而待业保险金是53元，替代率只有25%~40%。宋晓梧．中国社会保障制度70年演变及展望［J］．中国劳动，2019（10）：5-15.

市场调节供求，社会提供服务”的新就业政策。为扩大就业，1998 年 6 月，中共中央、国务院在《关于切实做好国有企业下岗职工基本生活保障和再就业工作的通知》中提出“劳动者自主择业、市场调节就业、政府促进就业”的新时期就业方针。这一时期就业政策变化的特点：就业方式本质转变（国家到个人）；户籍制度对就业约束变弱；灵活就业方式逐渐兴起。

1993 年发布的《国有企业职工待业保险规定》提出，企业按照全部职工工资总额的 0.6%缴纳待业保险费。企业缴纳的待业保险费总额最多不得超过企业职工工资总额的 1%。该规定提出，待业保险工作应当与职业介绍、就业训练和生产自救等就业服务工作紧密结合，统筹安排。待业职工待业前在企业连续工作 1 年以上不足 5 年的，领取待业救济金的期限最长为 12 个月；待业职工待业前在企业连续工作 5 年以上的，领取待业救济金的期限最长为 24 个月。待业救济金的发放标准为相当于当地民政部门规定的社会救济金额的 120%～150%。

1995 年国家启动了“再就业工程”。利用各种服务机构为失业人员提供职业信息，在失业人员与用人单位之间牵线搭桥；组织职业指导，开展转业训练，提高失业人员再就业的能力；通过给予优惠政策，鼓励、支持失业人员和企业富余职工组织起来就业或自谋职业；支持社会各方面力量兴办劳动就业服务企业和生产自救基地，用于安置失业职工和下岗职工；鼓励用人单位雇用失业职工和企业下岗职工。

促进再就业政策包括：再就业指导和培训、开发社区就业岗位、再就业扶持、鼓励自谋职业自主创业、鼓励灵活就业、鼓励服务型企业吸纳下岗失业人员、国有企业主辅分离安置本企业富余人员。配套措施主要有：社会保险补贴、再就业岗位补贴、税收优惠、小额担保贷款、个人经营收费优惠、职业介绍和培训补贴、再就业优惠证等。

建立再就业服务中心：再就业服务中心负责为企业下岗职工发放基本生活费和代下岗职工缴纳养老、医疗、失业等社会保险费用，组织下岗职工参加职业指导和再就业培训，引导和帮助他们实现再就业。进入再就业服务中心的两类人：实行劳动合同制以前参加工作的国有企业正式职工出于企业原因下岗、仍与企业保持劳动关系并且未找到其他工作的；实行劳动合同制以后参加工作、合同期满而下岗的。为我国近千万下岗职工的再就业及下岗职工基本生活保障作出了贡献的各地“再就业服务中心”在2005年基本关闭，随之取代的将以“下岗职工基本生活保障制度向失业保险制度并轨”来确保下岗职工的切身利益。

1999年《失业保险条例》的发布标志着我国失业保险制度逐步走向完善。该条例提出，失业职工能够享受的待遇包括失业保险金，领取失业保险金期间的医疗补助金，领取失业保险金期间死亡的失业人员的丧葬补助金和其供养的配偶、直系亲属的抚恤金，领取失业保险金期间接受职业培训、职业介绍的补贴，国务院规定或者批准的与失业保险有关的其他费用。

2002年9月，全国再就业工作会议召开，发出了《中共中央　国务院关于进一步做好下岗失业人员再就业工作的通知》，首次提出积极就业概念。2005年底，国务院下发了《关于进一步加强就业再就业工作的通知》和《关于大力发展职业教育的决定》，预示着积极就业政策基本成熟。

2006年3月，《国务院关于解决农民工问题的若干意见》发布，将农村劳动力培训纳入国家发展战略。2006年，中组部、教育部等14部门联合发布了《关于切实做好2006年普通高等学校毕业生就业工作的通知》，把大学生就业纳入了劳动力市场体系的宏观调控中。2008年《中华人民共和国就业促进法》标志着中国就业和再就业合法化和制度化的开始。至此，我国完全确立了以“国家促进就业、市场调节就业和劳动者自主择业”为指导方针、面向国企下岗职工—城镇新增劳动力—农民工—高校毕业生“四位一体”的积极就业社会政策体系。2011年，《促进就业规划》标志着中央开始统筹经济结构和就业结构之间的关系，强调以产业带就业、以就业带创业，进而拓展就业空间。

最后，这一时期发布的《最低工资规定》（2004年）、《中华人民共和国劳动合同法》（2008年）、《中华人民共和国社会保险法》（2010年）、《残疾人就业条例》（2007年）等法规和政策，逐步强化对劳动力市场的监管力度，提高对劳动者权益的保护程度以及对特殊群体的就业保护。

（四）2012 年以来：充分就业、高质量就业的更加积极的就业政策

就业政策向实现更高质量和更充分就业的新目标迈进，就业工作处于六大民生工程首位。2012 年，党的十八大首次明确提出“劳动者自主就业、市场调节就业、政府促进就业和鼓励创业”的新时代就业方针。在此基础上，2015 年国务院颁布《关于进一步做好新形势下就业创业工作的意见》，提出强化公共就业服务体系、加强职业培训和创业培训、建立失业保险与就业的联动机制等具体措施。2017 年《国务院关于做好当前和今后一段时期就业创业工作的意见》提出，支持新就业模式的发展，以创业促就业，关注重点群体的就业创业工作，做好教育、培训、就业和创业服务。2018 年《人力资源市场暂行条例》进一步规范了人力资源培育市场、人力资源服务机构、人力资源市场秩序。2018 年《国务院关于推行终身职业技能培训制度的意见》从体制机制创新、基础能力培养等方面，构建劳动者终身的职业技能培训系统。

党的十九大进一步提出“坚持就业优先战略和积极就业政策，实现更高质量和更充分就业”。2021 年《中华人民共和国国民经济和社会发展第十四个五年规划和二〇三五年远景目标纲要》则把“健全有利于更充分更高质量就业的促进机制，扩大就业容量，提升就业质量”作为下一阶段就业工作的目标，并再次提出采取“健全覆盖城乡的就业公共服务体系、全面提升劳动者就业创业能力”等方法增强劳动力市场的包容性、促进充分就业和提高就业质量。

三、中国就业社会政策现状

（一）建立“三条保障线”制度

1998 年以来，中国政府建立了以国有企业下岗职工基本生活保障、失业保险和城市居民最低生活保障为内容的“三条保障线”制度。下岗职工可领取最长时间为三年的基本生活费。三年期满已参加失业保险并

足额缴费的失业人员，可按规定领取最长期限两年的失业保险金。城市居民家庭人均收入低于当地最低生活保障标准的失业人员，可按规定享受城市居民最低生活保障标准。通过建立“三条保障线”，将下岗失业人员的生活保障、社会保障和再就业紧密联系起来，解决了失业人员的基本生存问题。这一制度的执行，尤其是城市居民最低生活保障制度的执行是由社区具体操作的。

失业保险是指国家通过立法强制实行的，由社会集中建立基金，对因失业而暂时中断生活来源的劳动者提供物质帮助，进而保障失业人员失业期间的基本生活，促进其再就业的制度。在我国，失业人员在满足非因本人意愿中断就业；已办理失业登记，并有求职要求；按照规定参加失业保险，所在单位和本人已按照规定履行缴费义务满 1 年三个条件后，方可享受失业保险待遇，待遇内容主要涉及以下几个方面：

第一，按月领取的失业保险金，即失业保险经办机构按照规定支付给符合条件的失业人员的基本生活费用。

第二，领取失业保险金期间的医疗补助金，即支付给失业人员领取失业保险金期间发生的医疗费用的补助。

第三，失业人员在领取失业保险金期间死亡的丧葬补助金和其供养的配偶、直系亲属的抚恤金。

第四，为失业人员在领取失业保险金期间开展职业培训、介绍的机构或接受职业培训、介绍的本人给予补偿，帮助其再就业。

（二）社区就业政策

1999 年 3 月，国家税务总局颁布《关于下岗职工从事社区居民服务业享受有关税收优惠政策问题的通知》，对于从事社区居民服务业的下岗职工都有机会享受到最长期限为 3 年的税收（包括营业税、个人所得税、城市维护建设税和教育费附加）优惠。

2001 年 4 月，劳动和社会保障部办公厅发出了《关于确定社区就业工作重点联系城市的通知》，确定 100 个城市作为全国社区就业工作重点联系城市，要求定期通报各重点联系城市的工作进展情况，及时总结推广重点联系城市取得的经验，开展社区就业工作研修等活动。

2001年5月，由劳动与社会保障部与国家税务总局等九大部门出台了《关于推动社区就业工作的若干意见》，指出把社区就业工作摆在社区建设的重要位置，紧密结合产业结构调整和城市社区建设的发展进程，以城市社区为依托，以市场需求为导向，按照产业化的发展方向，大力开发社区就业岗位，促进下岗职工和失业人员再就业。

2003年8月，国家税务总局、劳动和社会保障部又联合发布了《关于落实劳动就业服务企业中的加工型企业和街道社区具有加工性质的小型企业实体再就业税收政策具体实施意见的通知》。具体落实对劳动密集型企业（尤其是街道社区企业）的优惠政策，主要目的是解决困难群体的就业问题。

社区在解决困难群体就业问题中具有重要的地位和作用，因为以社区为基础的社区服务业和第三产业的就业岗位相对而言比较符合这一群体的素质状况，是社区对困难群体就业的一种最直接、最有效，也是最符合他们需要的支持方式。

（三）再就业援助政策

再就业援助政策充分利用城市社区网络资源，不仅利用社区的资源优势加强用人单位和劳动力信息的采集，利用社区的沟通桥梁作用，而且为了开展职业技能培训，提高困难群体就业技能和素质，各级政府按照就近、就地、实用的原则，依托社区和社会资源，设立职业技能培训基地。

2002年，中共中央、国务院《关于进一步做好下岗失业人员再就业工作文件的通知》在深入实施以“促就业、接保险、保生活”为主题的再就业援助行动的基础上，依托乡镇（街道）和社区的社会保障事务所（以下简称“社保所”），建立就业困难人员再就业援助制度，充分发挥各类就业服务机构的作用，全方位、多层次、经常性地提供基本生活保障、岗位推荐、职业指导、职业技能培训、政策咨询、就业优惠政策办理、就业托底安置以及其他劳动和社会保障事务代理等各项援助措施，帮助就业特困人员尽快实现再就业。

所谓就业“托底”安置，是指政府投资开发公益性岗位，特别是在社区开发公益性岗位，社保所可根据本人意愿安排社区公益性就业，政府给予社会保险补贴和岗位补贴。

政府小额贷款政策：资金问题是社区就业生存和发展面临的一大难题。2002 年的再就业工作会议以后，以促进再就业为目的的小额贷款政策得到了明确，并在全国开始实施。根据这一政策，凡年龄在 60 岁以内，身体健康、诚实信用、具备一定劳动技能的下岗失业人员，以自谋职业、自主创业或合伙经营起来的就业活动，其自筹资金（主要指开办经费和流动资金）不足部分，在具备贷款条件的前提下，可以持有劳动和社会保障部门核发的失业证向所在社区、街道申请小额担保贷款。小额贷款政策是为了打破创业资金欠缺而推出的，在扶持下岗失业人员再就业和大中专院校毕业生创业方面具有重要的作用。

再就业培训政策：为了帮助失业人员转变就业观念，掌握必要的职业技能，增强就业能力，劳动和社会保障部于 1998 年 9 月下发的《关于进一步加强就业服务大力促进下岗职工再就业的通知》中明确提出：对进入再就业服务中心的下岗职工，要至少进行一次职业指导，提供三次就业信息或职业介绍，要对每个参加技能培训的下岗职工提供一次免费（部分免费）的培训机会。

第二节　社区就业服务发展现状

一、社区就业服务的重要性

我国就业社会政策总体而言较为笼统，梳理我国积极就业社会政策的主要内容，可将这一政策概括为四项政策体系，分别是优化劳动力供给的政策体系、就业公共服务政策体系、促进就业公平公正政策体系、开展就业救济政策体系，其核心内容分别是：开展贯穿职业生涯全过程的终身职业技能培训；建设促进劳动力市场透明性、公正、规范的就业公共服务体系；通过实施最低工资标准制度、劳动合同和消除劳动力市场歧视的政策，为劳动者提供劳动保护、促进就业公平；通过失业保险、就业救助等措施，对重点人群提供就业扶持。我国就业社会政策与社区福利或者说与失业者最直接相关的是就业救济政策体系，其核心内容是通过失业保险、就业救助等措施，对重点人群提供就业服务。

在我国就业体系中，社区就业对困难群体而言具有显著的优势，此外，社区比较接近人们的生活，是失业人群较为信任的对象，因此，社区就业服务是社区福利的重要组成部分。

二、中国社区就业服务现状

根据2007年《中华人民共和国促进就业法》的规定，各级人民政府建立健全就业与再就业援助制度，将就业援助与解决就业困难人员的生产生活结合起来，采取税费减免、贷款贴息、社会保险补贴、岗位补贴等办法，通过公益性岗位安置等途径，对就业困难人员实行优先扶持和重点帮助。

政府投资开发的公益性岗位，应当优先安排符合岗位要求的就业困难人员。被安排在公益性岗位工作的，按照国家规定给予岗位补贴。

对于“零就业家庭”，法律规定，法定劳动年龄内的家庭成员均处于失业状况的城市居民家庭，可以向住所地街道、社区公共就业服务机构申请就业援助。街道、社区公共就业服务机构经确认属实的，应当为该家庭中至少一人提供适当的就业岗位。

社区承担的职责如下。

第一，登记失业，全面了解社区的失业状况；协助认定和办理就业援助和失业保险。

第二，社区作为职业中介，推进就业。中介作用主要体现在为下岗失业人员提供就业信息、就业咨询和推荐就业的功能。

第三，组建劳动服务公司，开发和提供社区就业岗位。

第四，社区还要对其下属用工单位违法用工行为进行监督、检查并促进整改，保证就业人员的合法权利。

应当注意的是，本书所指的社区是区域性概念，不仅仅指社区居委会所辖范围，还泛指城市街道所辖区域。

案例一：帮扶援助就业

社区工作人员不等不靠、主动作为，逐户走访困难人员家庭了解情况，搜集筛选岗位信息，为困难人员提供求职登记、职业指导等服务。

社区工作人员在一次走访中了解到，二道河委的一个家庭生活十分困难，儿子患有严重的腰突病干不了活，女儿打零工收入微薄，外孙女上高中，家里非常困难。随后的几天里，工作人员按照老人女儿的基本情况和就业意愿，搜集筛选用工信息，又带她参加了市里组织的“就业援助月”活动。最后，在一家企业给老太太的女儿找到了一份固定的工作。

案例二：贴息贷款扶持创业

下岗职工张女士想开店却没有本钱，因缺少资金一筹莫展。社区积极协调通化市再就业小额贷款服务中心，帮她申请到 8 万元的贴息贷款，盘下了一个十字绣小店，现在生意非常红火。

高校毕业生许向明有创办英语学校的想法，在社区工作人员的帮助下，开办了“博雅特外语学校”，并享受了减免税费的优惠政策。学校创办后，累计培训学生 2000 人，安置大学生就业 60 多人，最近还建立了 5 个分校区。许向明的成功为大学生自主创业树立了榜样，也增强了社区内很多大学生自主创业的信心。

案例三：技能培训带动就业

近年来，社区根据失业人员的不同就业意愿，积极协调有关部门为失业人员提供美容美发、面点厨师、月嫂、针灸按摩等免费培训课程，使失业人员实现“零投入”就业。

——通化市东昌区船营社区就业和社会保障服务站工作纪实

第三节　社区就业服务未来发展

一、结合社区实际开发社区岗位

社区就业岗位是提升社区就业服务水平的重要方式之一。社区就业是困难群体就业的重要途径，因此，应当结合社区居民的需要开发社区岗位。例如，目前比较稀缺的是居家养老、便民理发、送餐等家政服务岗位；开发社区停车管理、社区秩序维护等岗位；结合公共设施维护、交通维护、都市美容等公益性岗位；开发社区便民超市、维修站、饮水站等适合困难群体的就业岗位；等等。此外，还应针对不同的困难群体特征开发合适的就业岗位。对“两劳”人员，聘请心理咨询师开展专项指导和“一对一”帮扶措施，鼓励他们重新就业。对残疾人员，组织参加盲人按摩、计算机录入、平面设计、编织等技能培训班帮助灵活就业。对“零就业”家庭成员，着力推进社区就业爱心帮扶项目，通过预警机制、公益性岗位预留措施实现托底安置就业。

第一，开发家政服务项目。当前社区居民对家政服务需求量大，特别是老年人陪护方面，相比于青壮年，老年人更加需要关心和照顾。家政服务的开发在满足人们生活需求的同时，还可以提供更多的就业岗位，并且又具有盈利性质，可以推行产业化发展。

第二，岗位的开发要符合可持续发展。根据当前市场需求，开发足够的社区就业岗位，这些岗位不但要适应现在的市场需求，更应该适应市场今后发展的需求。

第三，积极探索新领域的岗位开发。大胆尝试不同领域的岗位开发，为社区就业提供更多的就业岗位。

第四，为传统文化传承提供岗位。在我国缺乏对非物质文化遗产的保护，很多职业逐渐消失。社区就业服务机构可以在保护传统文化上寻找新的岗位，不但解决了就业问题，还保护了文化的传承。

二、建立电子平台，疏通信息传递渠道

社区就业与传统就业模式有很大的区别，受中国传统就业思维的影响，社区就业并不被所有人接受。很多人对其还存有认知上的缺陷，对社区就业服务部门也缺乏必要的了解。这就要求社区就业服务部门加大宣传力度，优化宣传模式，丰富宣传内容。

在宣传模式上，社区服务部门要意识到工作的重心是服务人民，可以采用上门探访等形式，更好地为社区居民服务。在宣传内容上，应该用简洁易懂的方式，向居民介绍有关社区就业的扶持政策、法律法规。平时的政务工作要做到透明化，让更多的人了解社区就业，增加居民对社区就业服务机构的信任度，以便于工作的开展和政策的落实。政府要构建一个完整的信息交流平台，方便企业、居民、政府、社区相互交流。该信息平台除了提供求职信息外，还应该对社区就业服务的相关政策和法律法规进行宣传。要开通交流频道，将基层居民实际情况、政策落实整理反馈到上级部门。要开通维权平台，保护人民的利益不受侵害。要构建阳光政务平台，将日常政务公布在平台上，让群众了解社区就业机构最新的动态。这些平台应该做到与实际情况同步更新，保障网络通畅。

三、引入专业化人才，提高管理水平

要构建一支优秀的团队，专业化人才是不可或缺的。对于社区就业服务机构内部来说，工作人员大多是民政部从别的部门抽调的或者其本身就是下岗职工。能力素质有限、良莠不齐的状况不利于社区就业服务机构制度化规范管理。而社区就业服务系统的制度化规范化管理是必然的，因此引入相关专业化管理人才就显得尤为重要。另外，人们对社区服务的要求越来越高，教育的普及提高了全民的整体素质，人们在自身素质和生活水平提高的同时，对社区服务质量的要求也越来越高。相关专业人才的引入，不仅可以提高社区就业服务机构的整体素质，而且可以开设更高水平的再就业培训，以应对现代社会日益增长的物质文化需求，真正提高下岗人员的求职能力。

四、提高政策支持力度，丰富社区就业服务手段

（一）加大和放宽资金的支持力度

对于现在的社区就业服务，开发的岗位多是公益性岗位，这些岗位本身不具有盈利性质。那么这些公益性服务岗位就必须依靠政府进行扶持。综合各地区政府扶持政策，我国政府应该重点扶持公益性服务岗位。这些岗位如保洁、保安等，都是无法盈利并且在生活中又不可缺少的，这些岗位的资金应该由政府及相关部门解决。对于非公益性就业岗位，政府应该提供税收优惠政策为主，简化手续，根据具体情况给以相应的扶持。我国对于原下岗职工的优惠政策明显要高于其他求职困难群体，相互之间的不平衡，不利于和谐社会的发展，优惠政策的范围应该适量扩大到失业和特困人员，形成完善的就业扶持体系。

（二）促进社区就业服务机构与驻区企业合作

驻区企业是社区发展的根本，社区就业服务机构应该与驻区企业合作，共同推进社区就业事业。驻区企业可以向社区服务机构购买公共服务，形成互利共赢的局面。同时社区就业服务机构应该促进与驻区企业之间的沟通，以获取更多的就业资源。从社区居民的心理角度来看，他们对驻区企业是非常信任的，特别是对大型企事业单位更存在依赖感。社区就业服务机构完全可以与驻区企业合作，给予部分权利，在借助这些企业来解决就业问题的同时，还促进了企业与社区之间的沟通。既节约资源，又能提高工作效率。

（三）建立社区就业服务基金

社区就业是一种很灵活的就业模式，是解决失业问题、缓解就业压力的重要途径。但是，现在的社区就业模式由于受地域性影响，对外来人员缺乏管理，而外来人员本身缺乏交流和社区部门的关注，并且缺乏必要的保障，因此更需要资金的扶持，可以建立社区就业服务基金，具体保障到个人。基金随人走，人去哪里，资金就划去哪里，一方面可以为社区提供资金，另一方面也解决了外来人员缺乏管理和帮助的问题。

（四）推进社区就业服务产业化发展

社区就业服务产业化是城市发展的必然趋势。一方面其可以为社区就业服务提供资金来源，另一方面可以满足人们日益增长的物质文化需求。政府应该引导社区就业服务产业的发展，建立适应当前社会需求，并且具有竞争力的社区就业服务产业。让这些产业企业化，以提供更多的就业资源和资金。

政府应该把社区就业服务产业作为一种新型的产业。长期发展，不能仅仅将其看作一种解决就业问题的应急手段。应该根据市场的实际情况，建立不同的公共服务企业，形成一个完善的社区服务网络，为社会提供全方位高素质的社区服务。

（五）设立竞争式社区服务项目

在西方发达国家，政府往往会设立社区服务项目，将服务项目外包给民间组织，采用公开招标的形式，引入竞争机制，透明化招标过程，提高资金的利用率。这点值得我们借鉴，一方面可以避免资源的浪费，提高资金的利用率；另一方面可以推动民间组织的发展，为社会提供更多的就业资源。

第十章　社区救助服务治理

第一节　社会救助政策体系

一、社会救助概况

社会救助，是国家通过国民收入的再分配，对因自然灾害或其他经济、社会原因而无法维持最低生活水平的社会成员给予救助，以保障其最低生活水平的制度。按照较为普遍的看法，社会救助是解决群众生活困难最古老的措施，也是现代社会保障体系中最基本的项目。

进入 21 世纪后，我国逐步建立和完善了多项社会救助制度，除最低生活保障制度之外，还建立和完善了特困人员供养、受灾人员救助、医疗救助、教育救助、住房救助、就业救助、流浪乞讨人员救助、临时救助等多方面政策。

社会救助关系到和谐社会建设的成效，在社会主义现代化建设中，社会救助也是必不可少的重要组成部分。按照救助手段，社会救助包括现金救助、实物救助、服务救助、以工代赈。按照救助的实际内容，社会救助包括生活救助、医疗救助、教育救助、法律援助、失业救助、住房救助、灾害救助以及综合性的扶贫开发等。按照救助的时间，社会救助包括定期救助和临时救助。

二、我国社会救助政策发展历程

（一）改革开放之前的城市社会救助政策

新中国成立以后的最初几年，我国城市贫困问题十分严重。当时的贫困原因有两个方面：一是资本家的剥削而导致的城市原有工人阶级的贫困，二是自然灾害及旧社会遗留下来的难民、灾民、散兵游勇、失业者、无依无靠者等城市贫困者。1950 年 4 月，中央人民政府组织召开中国人民救济代表会议，确定了“在政府领导下，以人民自救自助为基础开展人民大众的救济福利事业”的基本救济原则。1953 年 7 月，内务部增设救济司，主管农村救灾和社会救济事务。① 在前一阶段的贫困问题解决以后，城市中无依无靠的孤、老、残、幼群体以及在城市社会主义改造过程中形成的新的低收入者构成了新的城市贫困者。

1957 年，“三大改造”完成后，社会救助模式从紧急性救济转向经常性救济，城乡救济开始呈现二元结构特征。在计划经济时期，由于经济体制的僵化、指导思想的失误等因素，我国经济发展缓慢，城乡居民的收入和生活水平长期得不到改善，城市居民的实际生活状况总体上也一直处于比较低的水平。但由于当时在城市中实行了充分就业、基本生活保障等政策，城市居民的平均收入和生活水平高于农村，并且城市居民的收入和实际生活水平也比较平等，因此当时的城市贫困问题不太突出。社会救助在国家社会保障体系中主要发挥拾遗补阙的作用。“文化大革命”期间，党和国家的各项工作受到严重冲击，各项救助工作处于混乱停滞状态。

（二）1978—2013 年的城市社会救助政策

1978 年，民政部正式恢复成立，农村社会救助司主管农村社会救济工作，城市社会福利司主管城市社会救济工作。随着经济制度转型，城市中部分企业出现了经济效益滑坡以及破产的现象，因此导致一部分企业职工的失业、下岗或收入不足，进而导致部分家庭陷入贫困，另外，城市社会福利制度的社会化导致低收入者的生活更加艰难。1993 年，上海市民政局、财政局等部门下发了《关于本市城镇居民最低生活保障线的通知》。该通知的下发标志着我国社会救济制度改革拉开了序幕。1997

① 刘喜堂. 建国 60 年来我国社会救助发展历程与制度变迁［J］. 华中师范大学学报（人文社会科学版），2010（4）.

年，《国务院关于在全国建立城市居民最低生活保障制度的通知》标志着城市低保制度的建立。1999 年颁布的《城市居民最低生活保障条例》标志着我国城市低保制度正式走上法制化轨道。2007 年，国务院印发《关于在全国建立农村最低生活保障制度的通知》，农村低保进入全面实施的阶段。

（三）2014 年以来的城市社会救助政策

2014 年，国务院发布了《社会救助暂行办法》，为社会救助事业提供了法律依据。《社会救助暂行办法》的主要贡献有四点：一是构建了社会救助制度体系；二是加强了社会救助的统筹协调；三是促进了社会救助城乡统筹发展；四是强化了社会救助家庭经济状况查询核对机制。城市救助制度属于城市反贫困社会政策的一部分，需要与其他反贫困政策统筹设计。2019 年 3 月 2 日，根据《国务院关于修改部分行政法规的决定》进行了小范围修改。

归纳各国经验，既有反贫困的主要途径有：一是为贫困者提供就业机会；二是为贫困者提供基本保障；三是为贫困者提供各种社会服务。我国城市反贫困行动体系也包括了上述途径，其中的社会救助系列包括最低生活保障制度、医疗救助制度、住房救助制度、教育救助制度、法律援助制度等，以及鼓励社区、社会工作机构和其他社会组织及个人参与提供补充性社会救助和服务；慈善事业系列，政府鼓励发展慈善事业，鼓励社会捐赠，通过各种方式筹集民间资金，补充社会救助和社会福利项目，其中重点是帮助贫困者和各类特殊困难群体；全社会扶贫帮困行动，广泛动员志愿者参加服务，扶贫到户①。

在针对流浪乞讨人员的临时救助方面，2003—2008 年，我国救助管理制度出台并逐步规范。2003 年 6 月 18 日，国务院审议并原则通过了《城市生活无着的流浪乞讨人员救助管理办法》。办法自 2003 年 8 月 1 日起实施，原《城市流浪乞讨人员收容遣送办法》同时废止。办法规定，县级以上城市人民政府应当根据需要设立流浪乞讨人员救助站。救助的

---

① 关信平．社会政策概论［M］．北京：高等教育出版社，2021：242.

对象是指因自身无力解决食宿，无亲友投靠，又不享受城市最低生活保障或者农村五保供养，正在城市流浪乞讨度日的人员。从2004年开始，中国救助管理制度逐步细化，各项工作日益规范。2004年，《民政部 财政部关于做好城市生活无着的流浪乞讨人员中特殊困难救助对象跨省返乡工作的通知》发布；2005年，民政部建立全国救助管理信息系统；2006年，民政部、公安部、卫生部等部门发布了《关于进一步做好城市流浪乞讨人员中危重病人、精神病人救治工作的指导意见》；同年，民政部发布了《救助管理机构基本规范》和《流浪未成年人救助保护机构基本规范》。这些政策进一步凸显了街头强制救助、机构救助与安置、“家庭融合”目标、“类家庭”救助模式等特征。

2009—2019年，我国救助管理制度更加系统和专业。具体来看，强调对流浪乞讨人员的救助和街头治理，做好街头管理和打击解救工作，开展流浪乞讨精神病人、危重病人的救治工作，特别是流浪未成年人的解救和救助保护工作，减少流浪乞讨犯罪行为和流浪乞讨现象，保护未成年人和精神障碍患者。民政部门利用指纹识别技术建立数字档案，配合公安机关做好未成年人的采血工作等，经DNA检验后录入全国打拐DNA数据库。据统计，全国流浪未成年人救助量2013年为18.4万人次，2014年降至15.8万人次，2016年上半年降至约4万人次[①]。

此外，这一时期救助管理政策更加系统化，救助范围扩大。民政部、教育部等10部门联合印发的《关于进一步健全农村留守儿童和困境儿童关爱服务体系的意见》，第一次明确了未成年人救助保护机构开始承担区域内困境儿童和留守儿童关爱服务牵头工作。2015年9月，民政部、全国妇联印发《关于做好家庭暴力受害人庇护救助工作的指导意见》提出，将常住人口及流动人口中的家庭暴力受害人全部纳入庇护救助范围。

最后，这一时期的救助管理机构规范和技术提升，救助方法更加专业。《民政部关于开展救助管理机构等级评定工作的通知》（2011年）、

---

① 民政部．“流浪孩子回校园”专项行动开展三年64483名流浪未成年人返校复学[EB/OL]．(2016-05-31)[2022-12-01]．http://www.gov.cn/xinwen/2016-05/31/content_5078401.htm.

《生活无着的流浪乞讨人员救助管理机构工作规程》(2014年)、《生活无着的流浪乞讨人员救助档案管理办法》(2014年)、《流浪乞讨人员机构托养工作指南》(2015年)等文件逐步发布。同年,《民政部 公安部关于加强生活无着流浪乞讨人员身份查询和照料安置工作的意见》发布,提出要建立流浪乞讨人员身份快速查询机制、寻亲服务机制和滞留人员身份查询长效机制,帮助其及时回归家庭。2016年,由民政部开发的全国救助寻亲网正式上线。同年7月,民政部与“头条寻人”探索开展“互联网+救助寻亲”合作,精准、高效帮助受助人员与家人团聚。2018年10月,民政部在全国100个救助管理机构启动试点并于2020年在全国实施人脸识别工作。

三、社会救助政策现状

根据《社会救助暂行办法》,我国社会救助政策有两个层级的政策板块结构:包括最低生活保障制度、特困人员供养制度的基本生活保障制度和包括住房救助、就业救助、医疗救助、教育救助等的专项救助制度。

(一)基本生活保障制度

1. 最低生活保障制度

国家对共同生活的家庭成员人均收入低于当地最低生活保障标准,且符合当地最低生活保障家庭财产状况规定的家庭,给予最低生活保障。最低生活保障标准,由省、自治区、直辖市或者设区的市级人民政府按照当地居民生活必需的费用确定、公布,并根据当地经济社会发展水平和物价变动情况适时调整。最低生活保障家庭收入状况、财产状况的认定办法,由省、自治区、直辖市或者设区的市级人民政府按照国家有关规定制定。

2. 特困人员供养制度

国家对无劳动能力、无生活来源,且无法定赡养、抚养、扶养义务人,或者其法定赡养、抚养、扶养义务人无赡养、抚养、扶养能力的老年人、残疾人以及未满16周岁的未成年人,给予特困人员供养。其基本内容有：（1）提供基本生活条件；（2）对生活不能自理的给予照料；（3）提供疾病治疗；（4）办理丧葬事宜。特困人员供养标准，由省、自治区、直辖市或者设区的市级人民政府确定、公布。特困人员供养应当与城乡居民基本养老保险、基本医疗保障、最低生活保障、孤儿基本生活保障等制度相衔接。

（二）专项救助制度

1. 受灾人员救助

国家建立健全自然灾害救助制度，对基本生活受到自然灾害严重影响的人员，提供生活救助。自然灾害救助实行属地管理，分级负责。具体工作包括设立自然灾害救助物资储备库；根据情况紧急疏散、转移、安置受灾人员，及时为受灾人员提供必要的食品、饮用水、衣被、取暖、临时住所、医疗防疫等应急救助；评估、核定并发布自然灾害损失情况；对住房损毁严重的受灾人员进行过渡性安置；核实本行政区域内居民住房恢复重建补助对象，并给予资金、物资等救助；为遇到生活困难的受灾人员提供基本生活救助。

2. 医疗救助

针对对象：最低生活保障家庭成员；特困供养人员；县级以上人民政府规定的其他特殊困难人员。救助方式：对救助对象参加居民基本医疗保险的个人缴费部分，给予补贴；对救助对象经基本医疗保险、大病保险和其他补充医疗保险支付后，个人及其家庭难以承担的符合规定的基本医疗自付费用，给予补助。医疗救助标准，由县级以上人民政府按照经济社会发展水平和医疗救助资金情况确定、公布。疾病应急救助制度应当与其他医疗保障制度相衔接。

3. 教育救助

国家对在义务教育阶段就学的最低生活保障家庭成员、特困供养人员，给予教育救助。对在高中教育（含中等职业教育）、普通高等教育阶段就学的最低生活保障家庭成员、特困供养人员，以及不能入学接受义务教育的残疾儿童，根据实际情况给予适当教育救助。

教育救助根据不同教育阶段需求，采取减免相关费用、发放助学金、给予生活补助、安排勤工助学等方式实施，保障教育救助对象的基本学习、生活需求。教育救助标准，由省、自治区、直辖市人民政府根据经济社会发展水平和教育救助对象的基本学习、生活需求确定、公布。申请教育救助，应当按照国家有关规定向就读学校提出，按规定程序审核、确认后，由学校按照国家有关规定实施。

4. 住房救助

国家对符合规定标准的住房困难的最低生活保障家庭、分散供养的特困人员，给予住房救助。住房救助通过配租公共租赁住房、发放住房租赁补贴、农村危房改造等方式实施。城市家庭申请住房救助的，应当经由街道办事处住房保障部门提出，经街道办事处民政部门审核家庭收入、财产状况和住房保障部门审核家庭住房状况并公示后，对符合申请条件的申请人优先给予保障。

5. 就业救助

国家对最低生活保障家庭中有劳动能力并处于失业状态的成员，通过贷款贴息、社会保险补贴、岗位补贴、培训补贴、费用减免、公益性岗位安置等办法，给予就业救助。最低生活保障家庭有劳动能力的成员均处于失业状态的，应确保该家庭至少有一人就业。吸纳就业救助对象的用人单位，按照国家有关规定享受社会保险补贴、税收优惠、小额担保贷款等就业扶持政策。

6. 临时救助

国家对火灾、交通事故等意外事件，家庭成员突发重大疾病等原因导致基本生活暂时出现严重困难的家庭，或者因生活必需支出突然增加超出家庭承受能力，导致基本生活暂时出现严重困难的最低生活保障家庭，以及遭遇其他特殊困难的家庭，给予临时救助。国家对生活无着的流浪、乞讨人员提供临时食宿、急病救治、协助返回等救助。2020 年之后，我国救助管理制度进入机制整合阶段。2020 年 3 月，民政部会同中央政法委等 11 部门印发《关于开展生活无着的流浪乞讨人员救助管理服务质量大提升专项行动的通知》，要求在关键环节上建机制、压责任、提质量、优服务。救助管理工作借助信息化手段推进全链条监管，救助服务寻亲成效大幅提升，长期滞留人员安置工作取得突破，实现“高周转率、低滞留率”良性运转。①

7. 法律援助

法律援助是社会救助政策的创新，是综合服务与资金的福利提供。国务院《诉讼费用交纳办法》中将诉讼费用缓交、减交和免交称为司法救助。我国于2003年颁布实施了《法律援助条例》，对法律援助的有关事项作出了规定。救助形式包括以下几个方面。

（1）减、缓、免交诉讼费。

这是司法救助的最基本方式。人民法院对经济确有困难的当事人给予诉讼费上的减、缓、免，使得经济有困难的当事人也能打得起官司。

（2）民事、行政案件中指定诉讼代理人的做法。在符合司法救助的条件下，可为当事人提供法律知识的司法救助，使其无论在“物质”上还是“精神”上都不再匮乏。

（3）在决定胜诉与否的重要决定因素——证据——的取得方面，在符合条件的前提下法院依职权调取证据也是可以纳入司法救助的方式。

（4）法官在诉讼中释明指导。释明是法官在审理案件时的一项重要义务，也是一项重要的民事救助形式。

（5）人民法院建议公安机关调查取证的方式。这是针对受害人为困难群体的刑事自诉案件而言的。法律上应当赋予人民法院有权建议公安机关为困难群体的刑事自诉案件调查取证。

8. 社会力量救助

国家鼓励单位和个人等社会力量通过捐赠、设立帮扶项目、创办服务机构、提供志愿服务等方式，参与社会救助。社会力量参与社会救助，按照国家有关规定享受财政补贴、税收优惠、费用减免等政策。

---

① 王金华．坚持开拓创新引领新时代社会事务工作高质量发展［N］．中国社会报，2022-01-11（1）．

四、社会救助政策在社区的执行

从《社会救助暂行办法》来看，城市居民申请最低生活保障及特困人员供养时，可以向街道办事处提出书面申请，家庭成员申请有困难的，可以委托居民委员会代为提出申请。城市居民申请医疗救助的，应当向街道办事处提出，经审核、公示后，由医疗保障部门审批。城市居民申请就业救助的，应当向住所地街道、社区公共就业服务机构提出，公共就业服务机构核实后予以登记，并免费提供就业岗位信息、职业介绍、职业指导等就业服务。被救助者申请临时救助的，应当向街道办事处提出，由民政部门审批。情况紧急的，可以按照规定简化审批手续。由此可见，诸多社会救助事项均需要通过社区居委会或街道办事处办理，社会政策在社区的执行情况很大程度上决定着民生事业的成效。在城市地区，居民的收入较为透明，最低生活保障、特困人员供养制度的执行难度不大。医疗救助、临时救助及住房救助等资金或实物类的救助也比较好开展。相对而言，就业救助和临时救助工作对基层社区有更高的专业性要求。

第二节　社区社会救助服务的必要性与现状

一、发展社区救助服务的必要性

社区社会救助由社区和救助两个词组成。社区既揭示了其行为活动的范围、途径和实施的主体，又暗含着其行为的受益群体——居于特定社区的全体成员；救助规定了其行为的内在价值观念和操作准则。具体地说，社区社会救助是以社区为主体和载体，通过多渠道筹集资金，为社区成员提供救助服务，在社区成员享受法定基本保障、单位补充保障后，基本生活仍然发生困难时给予的保障。依托社区建立救助，并不是说要由社区代替传统社会救助制度中政府所承担的社会救助职责，而是要发挥社区人们生活聚居区的特点，发动社区内的一切资源，并尽可能地吸引社会资源，解决社区内居民生活问题。

社区救助的特点。第一，救助服务范围的地域性。这种地域性体现在两个方面：一是社区社会救助的对象限于居住在本社区的居民，二是指社区社会救助的内容和形式会受到社区资源、居民结构特征和传统文化等要素的影响。第二，救助方式的服务性。随着社会经济的发展，受助者需要的不仅仅是物质性的帮助，而且需要生活照料和精神关怀，需要多样化的服务，社区社会救助的方式满足居民的各种需求。因为社区社会救助的一个主要任务是“通过提供社会性救助服务，使每个居民都达到生活自由、生活自立”。第三，救助主体的多元化。社区社会救助的主体是多元的，包括政府、非营利组织、企事业单位、居民自治组织、居民等。第四，社区社会救助资源的多样化。社区社会救助资源的来源不受社区这一地域限制，要依靠社会的一切力量，既包括政府资金投入，也包括社区内单位的资金资助和资源的共享，更主要的是依靠社区居民的主动参与、志愿者的互助活动、非营利机构的公益性经营活动和救助企业的产业活动等。总之，社会救助政策的目标比较宏观，目标群体较为广泛，同类群体的个体间无差别。社区社会救助以解决社区困难群体的各类生活问题、提高其生活质量为目标，以社区为载体，注重救助的服务性、个体性和发展性，凸显社会工作的专业性。

发展社区救助服务是我国社会结构转型的客观要求。传统的以物质救助为主的社会救助制度已不适应新形势的要求，迫切需要改革与完善。社区救助既包括社会救助政策在社区的具体实施，也包括创新性的专业化的社区救助服务。由社区承担社会救助功能的成本最低、效率最高；居民从社区途径获得政府救助也最为方便。同时，社区救助服务有助于维系社区的观念习俗和道德伦理。在新的历史时期和市场化的条件下，慈悲与仁爱的中国道德文化有了新的发展，充分重视社区地域性的救助服务对于提升社区社会资本以及各类组织群体共同参与社区治理起到了一定的推动作用。

二、社区救助服务现状

当前社区救助服务的主体开始多元化，包括政府、社会组织、企业、社区和家庭。

第一，政府处于社区救助服务的主要地位。政府救助资金的来源是政府财政，因此合理划分各级政府的责任，建立合理的财政分担机制，为贫困家庭提供稳定而充足的财政支持，是社会救助有效运行的基本保障。政府通过研究社会救助的相关制度性设计，来统筹及监督救助体系中的多元主体及其供给。即政府作为主导方、“掌舵者”，要鼓励、支持和引导各方的慈善与救助行为，尽可能地使贫困群体享受到最大限度的救助。政府能够通过倡导、财政补贴等方式，鼓励和协助其他社会力量开展救助活动，并在救助体系中成为协调各主体间关系的“润滑剂”。

第二，社会组织提供专业服务。社会组织、慈善机构等，提供专业化的特色服务，通过筹措资金、法律援助、政策咨询、就业培训等活动，整合社会资源，为救助对象提供资源和支持。

第三，社区发挥平台作用。社区组织在贫困群体与其他救助主体之间起着“中介”的作用。政府、慈善组织、企业在进行政府救助、慈善募捐、企业捐款等各项救助活动时，通常会寻求社区组织的协助。因此，可以在社区组织中建立公共服务网络，利用社区掌握的求助信息和救助信息，将救助主体与贫困家庭和群体联结起来，形成长效互动救助机制，以提高救助效率。

第四，企业等慈善力量的作用。越来越多的企业通过设立基金会等方式捐赠资金、提供物资，以参与社会救助活动。很多企业也在其所在地区开展助学支教、卫生保健、扶危济困等活动，在解决贫困方面发挥了不可忽视的作用。

第五，家庭的作用。家庭总是承担着物质救助，特别是现金救助的功能。在此基础之上，其他社会救助组织对贫困家庭开展免费的照护技能培训、发放一定补贴，或是为家庭提供短期的免费照护，等等，都是可以促进家庭在救助体系中更好发挥作用的有效手段。

上海市的社区救助顾问

上海着力建设“以最低生活保障、特困人员供养为基础，支出型贫困家庭生活救助、受灾人员救助和临时救助为补充，医疗救助、教育救助、住房救助、就业救助等专项救助相配套，社会力量充分参与的‘9+1’的现代社会救助体系”，针对困难群众的各类救助政策的保障力度不断提升。为进一步把困难群众的民生底线兜住兜牢，上海市民政局推行了两项重要举措，一是在长宁区成功试点的基础上，在全市所有区全面实施“社区救助顾问”制度，帮助困难群众及时知晓救助政策、熟悉救助政策，从而享受到救助政策；二是鼓励各区通过“一网统管”的民生大数据平台，主动发现、主动救助“沉默的极少数困难群众”。

家住长宁区虹桥街道的小黄（化名）因家庭关系紧张，曾经一度出现精神分裂休学在家。幸好虹桥街道“社区救助顾问”队伍及时伸出援手，制订了一套适合小黄需求的帮扶方案，让花季少女重拾信心，回归社会。

《关于实施“社区救助顾问”工作的指导意见》中强调，“社区救助顾问”制度必须坚持以“政府+专业机构+顾问”为服务主体，以“整合+链接+陪伴”为核心，实现对困难家庭的陪伴式、长效式、全程式救助帮扶，做到以更优的供给满足困难群众需求，以更好的资源服务困难群众，为困难群众提供更多的发展机遇和脱离困境的可能。指导意见还强调，“社区救助顾问”要通过政策引导服务，帮助救助对象更加详细、全面地了解政府的救助政策；通过资源链接服务，帮助救助对象链接生活、就学、就业、医疗等方面的政府资源与社会资源；通过心理疏导服务，帮助救助对象建立积极乐观正面的生活态度；通过能力提升服务，帮助救助对象及其家庭转变思想观念；通过社会融入服务，帮助救助对象更好地适应社区和社会环境。

北新泾街道共有20多名社区救助顾问，由社区救助顾问、居委救助顾问及相关居委干部组成。作为上海唯一的全国社区救助综合改革试点，长宁区将进一步推动社区救助顾问标准化建设、规范化推进、创新化深入。①

三、社区救助服务存在的问题

（一）社区主动性发挥不够

社会救助工作仅停留在政策执行方面，社区对于贫困居民救助基本都是基于国家政策，在民政部门或社会福利机构规定和支持下执行落实的救助工作。多数的贫困群体救助还缺少从社区居民生活出发，主动帮助社区贫困居民排忧解难。

（二）缺少有效分工合作，救助工作受限

在对贫困群体实施救助中，社区内各部门之间局限于机械分工，完全在自己职责范围之内孤立地开展工作，社区救助的不同工作环节缺乏有效结合和部门之间的交流合作，使得救助范围狭窄，救助工作进展缓慢。

（三）政策掌握不灵活，边缘性困难群体“帮助难”

国家和地方政府对申请最低生活保障和低保边缘户的资格均有明确的规定。但是，有些家庭因为其中的个别条件不符合，而无法获得救济，而他们的生活确实很困苦。面对这种情况，社区往往束手无策，无法帮助这些被排除在低保户和低保边缘户以外的贫困群体，在贫困救助中就会出现帮扶不够的现象。

（四）救助方式比较单一

在针对贫困群体的社区救助中，通常关注的是贫困群体的生活救助和物质帮助，而忽略了心理抚慰和精神慰藉。社区工作者与困难群体缺乏有效沟通理解，有时会给社区救助工作的开展造成障碍。

---

① https：//view. inews. qq. com/k/20210330A01NI400？ web_ channel=wap&openApp=false.

第三节　社会救助服务未来发展

一、国外社会救助制度

（一）美国的社会救助政策

1. 美国社会救助制度产生的背景

美国社会救助的真正发展是在“消灭贫困”的社会背景下开始的。20 世纪 60 年代，以争取黑人解放和民主权利为目的的社会运动，逐渐延伸到残障人士、老人、妇女等社会弱者的权利保障领域。当时，引起争取公民权运动的主要社会动因是种族歧视以及由于歧视带来的贫困问题。

1964 年开始实施的《经济机会法》中规定，社区需要开展以下公益事业：（1）职业培训，提供就业机会；（2）健全社区文化教育机构，推行社区职业教育；（3）保护儿童；（4）企业援助；（5）社区救助服务；等等。此法推行后，以社区为基点展开的扶贫和防贫活动进入了全盛发展时期。为了争取到联邦政府的补助金，各个自治体都成立了社区委员会并积极吸引贫困阶层的参与。

2. 美国社会救助制度的目的

解决居民生活中出现的经济贫困、生活贫困和精神贫困等问题；培育和建设以互助为基础的社区社会组织。两者之间是互为目的、互为手段、相辅相成的关系。与此同时，还强调实现目的不是唯一的追求，实践的过程和实践的方法也是目的之一。

3. 美国主要的社会救助项目

（1）AFDC（对有子女家庭补助计划），英文全称“Aid to Families with Dependent Children”。该项目向贫困儿童家庭提供现金补助，通常救助到 18 岁。不同的州资助标准是不同的，给付标准由各州根据受益人的家庭收入和救助标准决定。

（2）SSI（补充保障收入），英文全称“Supplemental Security

Income”。由联邦政府出资管理的公共救助项目，向低收入或无收入的65岁以上老人、盲人、伤残者提供现金帮助。

（3）医疗救助。该项目是根据1965年社会保障法设立的，以穷人和伤残者为对象的医疗救助项目，向低收入老人、盲人、残疾人、孕妇和多子女家庭提供医疗资助。

（4）食品券计划。由联邦政府和地方政府向无收入和低收入的老人、残疾人、失业者、合法移民发放的一种仅限于购买食品的票券。目的是要确保贫困者能够获得基本的食物需求，以解决贫困阶层的基本生活。

（5）住宅救助。这是联邦政府为解决低收入阶层住房短缺和居住条件低下的问题而建立的救助计划。

（6）其他救助项目。例如“一般救助”“紧急公共救助”“贫困家庭子女教育救助”等救助项目。

4. 美国社会救助政策的特征

首先，美国的救助模式是自由主义。这种模式只针对在市场经济竞争中被边缘化的弱势群体，提供最基本的公共救助和民间的相互救助。因而，在自由主义救助国家，民间非营利组织比较发达，构成社区救助供给体系的主要支撑力量。

其次，政府间接指导。政府在社区救助运作上采取的是间接指导方式。它通过半官半民的社区委员会组织与民间达成了一种契约和合作关系，政府的基本原则是提供最低限度的公共救助。

最后，救助体系庞大且社区救助比例较高。美国的社会救助项目比较多，包括医疗救助、补充营养救助、贫困家庭临时救助、补充保障收入、住房救助等。同时，美国的社区救助比重高于大多数经合组织国家，在美国的社会救助中占有重要地位。

（二）瑞典的社会救助政策

瑞典于1957年颁布了社会福利和社会救助法，认为人们拥有生存权，国家对社会成员负有保障基本生活的权利。社会救助法提供帮助的对象主要是儿童和妇女，并且主要是生活救济。1969年，瑞典开始实行房租补贴制度，并扩大了救助范围。领取养老金的退休人员和享受残疾人抚恤金、遗孀抚恤金人员和低收入家庭经过审查都可以得到政府提供的各种补助。瑞典社会救济支出增加，导致公共支出的膨胀。政府决定降低单身领取社会救助的标准，并把救济分为短期救济和长期救济，接受短期救济的时间不超过3个月，短期和长期分别实行不同的救济标准。1982年，社会服务法代替社会救济法，新的服务法包括现金补贴和老年、学前儿童和残疾人关怀等形式的救济和补助。

瑞典的社会救助按救助对象分，包括老年人补贴、残疾人补贴、伤残人员家属补贴、儿童健康补助、失业津贴等内容；按救助项目分，包括住房补贴和社会补贴。住房补贴是为了让那些处于工作年龄、有19岁以下子女的困难家庭有足够的住房面积而设立的一种救助措施发放标准，支付数量均与家庭收入、子女数量及住房规模有关。社会补贴是向收入低于生活最低标准的人提供的。1985年，瑞典国家健康福利委员会为社会援助建立了一个指导性指标，这个标准每年会随着消费价格指数的变化进行调整。包括对每日标准生活费用的补贴、对常规性但非标准费用的补贴（医疗、旅行、幼儿看护等）、对非常规但必须开支的补贴（紧急情况下的开支）。

（三）日本的“社区货币”——社区救助的新尝试

“社区货币”，是日本公共管理机构运用“社区机制”解决棘手社会问题的一项成功的试验，2002年2月24日，“社区货币”系统在日本神奈川县的大和市开始启动。

产生的背景：日本经济衰退，失业率增高，社保体系几近崩溃，而社区资源却空空如也。短时间内参加此项计划的失业者达到600多人。它开始是为职业中断者或失业者提供的社区式救济，后来逐步发展为对日本经济衰退的一项社区对策。

具体运行：一些街角商店的小老板认为“在自己的社区创造自己的小型价值流通循环”是一个好办法。他们提倡商品价格的10%可以用购物奖励的“代用券”支付。社会福利组织在此基础上设计了一个方案，即通过社区组织与街区内的20多个商业点签约，完善社区“代用券”，使它成为真正可以合法流动的“货币”，来促进社区救助。他们把这种“社区货币”统一起来，称作“R”，即圆的半径，用以象征“社区半径”。

社区失业人员可以通过参与社区公益劳动，或是大街小巷清洁废物垃圾的“大扫除”活动获得它。每个参加者工作一小时获得500个“R”。社区公益项目，包括社区照顾、环境保护、儿童辅导以及助残扶老等一系列社区服务都在内。根据相应的协议，“社区货币”可以在加入协议的街边商店、咖啡馆和饭店付账。

借鉴意义：“社区货币”是日本“社区文化”的产物，日本人的社区意识根深蒂固，各地的“时内会”“商店街合同组合”“地域振兴委员会”等社区组织比比皆是。“社区货币”容易凝聚认同感，促进市民们像乡村小社会那样互相照顾，互相提携。从实践经验看，“社区货币”对改进我国低保制度中下岗职工的社区救助有着积极的意义。因为“社区货币”不是“白给钱”，而是通过有组织的社区公益劳动为他们提供生活保障。对受助者来说，不是通过救济而是通过自己的劳动获得“社区货币”，也有利于受助者心理上的平衡。

二、社区救助治理的目标及策略

（一）社区救助治理的目标

我国社区社会救助服务治理的目标是针对社区救助对象，通过整合来自政府、社会服务组织、企业、基金会等慈善力量以及社区志愿服务力量等各种社会救助资源，制订个性化的救助方案，将被救助对象进行详细划分，将物质救助与服务性救助相结合，达到社会福利资源的有效分配、被救助对象基本生活需求得到满足，并尽力使其能靠自身能力摆脱生活困境的目标。

（二）社区救助服务治理策略

1. 建立以社区为中心的横向救助体系

当前，我国已经搭建了相对全面的社会救助制度，但各项救助制度之间的横向联系不足，未来应该以社区为中心，政府有关部门、民政机构、相关社会团体等各个组织相互协调，形成一个横向的社区救助体系，通过各部门之间互相合作，在最大的范围内帮助城市贫困群体。同时，社区救助服务还应因地制宜，结合本地区实际，针对不同贫困群体的需求，开展不同的救助工作，更好地改善社区贫困群体的生活状况。

2. 形成社区救助与自我救助相结合的模式

帮助贫困家庭解决生活困难等现实问题的同时，应该引导贫困家庭转变生活观念，唤醒其自助自立意识，帮助他们提升自我生存能力，从根本上解决受困的处境，避免返贫现象的发生。

3. 建立社会救助与相关优惠政策并行的长效救助制度

社区作为沟通宏观政策体系与微观服务体系的中观平台，既要有效执行既有的社会救助政策，又要依据社区的实际救助需求开发合理的服务项目，并通过社会政策倡导的方式将普遍性的救助服务转化为新的政策。为了提升社会救助治理的成效，可以建立“政府—社区—居民”三级贫困救助管理与操作机制，调动居民主动参与并配以就业保障、医疗救助、心理辅导等相关救助政策。

4. 建设以专业社会工作者为骨干的社区救助队伍

为了提高未来社会救助治理的成效，人才是非常重要的因素。社会工作者能够运用专业的助人理念、理论、方法和技巧对有需要群体实施专业的社区救助。专业化的社会工作者能及时总结实践经验，提高救助实效，形成稳定有效的社区救助工作机制。

第十一章　医疗社会政策与社区医疗服务

第一节　医疗卫生社会政策体系

一、医疗社会政策概念

关于什么是医疗社会政策，目前学界没有一个明确的界定。关信平、王思斌指出，医疗卫生政策是指政府和社会通过配置医疗卫生资源，以预防疾病和促进、保护或恢复国民健康为目标而采取的一系列规定和行动的总称，医疗卫生政策的内容包括公共卫生政策，即从社会整体出发制定的为预防传染病和改善公共卫生环境的医疗政策；医疗卫生服务政策，即医疗组织的建立、医疗资源的合理配置等；医疗保障政策，包括社会医疗保险、商业医疗保险、补充医疗保险和医疗救助。顾昕提出医疗政策不同于卫生政策，卫生政策的外延要更宽。医疗仅涉及与看病治病有关的事务，卫生涉及很多并不治病但同维护人民健康水平密切相关的事务，其中包括公共卫生。

医疗社会政策有广义和狭义之分。从广义来讲，医疗社会政策是政府为提升国民健康水平、保障国民健康权利，通过立法和政府行政干预的手段所采取的一系列政策、行动准则和规则的总称，包括公共卫生政策、医疗服务政策以及医疗保障、健康教育与健康促进以及疾病预防等。从狭义来讲，医疗社会政策包括以下三个部分：以应对残弱人群及无医疗能力者的医疗救助；针对一般人群的应对一般疾病风险的社会医疗保险；以提高健康福利水平的补充医疗保险。[①] 本书从狭义角度界定医疗社会政策。

二、医疗社会政策发展历程

（一）计划经济时期至改革开放

在计划经济时期，以企业为主要责任的劳保医疗和以财政为主要责任的公费医疗组成了城市的医疗保障体系；在农村，农民自发探索的合作医疗在我国首创了集体与个人合作分担医疗费用的形式，表现为小范围内的集体保障。

劳保医疗：劳保医疗是对城市企业职工（产业工人）医疗费用予以保障的制度。1951 年颁布的《中华人民共和国劳动保险条例》对企业职工所享有的劳动保险进行了具体规定，劳保医疗作为劳动保险的组成部分得以建立。劳动保险的各项费用全部由实行劳动保险的企业或资方负担，属于职工福利基金，在职工的工资总额中进行提取，列入企业成本，个人不需要负担。在工人与职员患病时，其所需的诊疗费、普通药费、手术费、住院费等医疗费用均由劳保医疗承担，具体范围和数额根据是否因工负伤、工资工龄等因素有所区别。同时，劳保医疗还覆盖了职工亲属，即规定工人与职员供养的直系亲属患病时，手术费及普通药费由企业或资方负担 1/2。

公费医疗：公费医疗的覆盖对象主要是国家机关、事业单位的工作人员，革命残废军人，高校学生，等等。1952 年颁布的《中央人民政府政务院关于全国各级人民政府、党派、团体及所属事业单位的国家工作人员实行公费医疗预防的指示》和《国家工作人员公费医疗预防实施办法》以及 1953 年发布的《卫生部关于公费医疗的几项规定》对公费医疗的实施进行了具体规定，标志着公费医疗制度的建立。公费医疗起初覆盖全国各级人民政府、党派、工青妇等团体、各种工作队，以及文化、教育、卫生、经济建设等事业单位的国家工作人员和革命残废军人，后

---

① 李迎生．当代中国社会政策［M］．上海：复旦大学出版社，2012：133.

来也覆盖到外国专家、国家机关的退休人员等群体。公费医疗所需经费由国家财政拨款负担，国家确定每人每年享受医疗待遇的预算定额，由财政统一拨给各级卫生主管部门统筹统支。公费医疗保障对象的门诊、住院所需的诊疗费、手术费、住院费，门诊或住院中经医师处方的药费均统一由医药费拨付。

（二）改革开放至2008年的医疗社会政策

改革开放后，为适应社会主义市场经济体制改革，提高医疗保障制度运行的可持续性，以多方责任分担为特征的社会化的城镇职工基本医疗保险制度在各地展开探索，最终于20世纪末在全国范围内建立。与探索和建立城镇职工基本医疗保险相并行的是农村合作医疗的衰落和城镇居民医疗保障的缺失。在城镇职工基本医疗保险建立之后，我国医疗保险逐步开始了全民化的进程，新型农村合作医疗与城镇居民基本医疗保险的相继诞生初步确立了我国社会医疗保险的制度框架。

1998年12月，国务院发布《关于建立城镇职工基本医疗保险制度的决定》，正式提出在全国范围内进行城镇职工医疗保险制度改革。2003年1月，国务院办公厅转发卫生部等部门《关于建立新型农村合作医疗制度意见的通知》，正式提出全国范围内建立新型农村合作医疗制度。2007年，国务院发布《关于开展城镇居民基本医疗保险试点的指导意见》，提出试点覆盖全体非从业居民的城镇居民基本医疗保险。

（三）2009年至今

2009年3月，《中共中央 国务院关于深化医药卫生体制改革的意见》的发布开始了新一轮医药卫生体制改革的进程，在建设覆盖城乡居民的公共卫生服务体系、医疗服务体系、医疗保障体系、药品供应保障体系，形成四位一体的基本医疗卫生制度的宏观架构下，全民医保制度也得到了新的发展和完善。

在保障对象上，全民医保从制度全覆盖到人群全覆盖，真正建成了全民医疗保险体系。2007年城镇居民医疗保险的建立标志着我国在制度框架上实现了对国民的医疗保险制度全覆盖。随着实践中城镇居民医保试点的深化，对灵活就业人员、低保对象等群体参保的政策出台和落实，到 2011 年我国初步实现了全民医保，即对国民的医疗保险人群全覆盖。

在制度架构上，构建起城乡一体化的模式。以 2016 年 1 月国务院发布《关于整合城乡居民基本医疗保险制度的意见》为标志，正式在全国范围内统一部署和启动城镇居民基本医疗保险和新型农村合作医疗制度的合并工作，建立统一的城乡居民基本医疗保险，覆盖除职工基本医疗保险应参保人员以外的其他所有城乡居民，以统一覆盖范围、统一筹资政策、统一保障待遇、统一医保目录、统一定点管理、统一基金管理的“六统一”为整合原则。

2020 年 3 月，中共中央、国务院发出《关于深化医疗保障制度改革的意见》。意见提出，到 2030 年，全面建成以基本医疗保险为主体，医疗救助为托底，补充医疗保险、商业健康保险、慈善捐赠、医疗互助共同发展的医疗保障制度体系。

三、医疗社会政策现状

（一）城镇职工医疗保险制度

1998 年，国务院发布《关于建立城镇职工基本医疗保险制度的决定》，正式提出在全国范围内进行城镇职工医疗保险制度改革。医疗保险制度改革的主要任务是建立适应社会主义市场经济体制，根据财政、企业和个人的承受能力，保障职工基本医疗需求的社会医疗保险制度。城镇所有用人单位，包括企业（国有企业、集体企业、外商投资企业、私营企业等）、机关、事业单位、社会团体、民办非企业单位及其职工，都要参加基本医疗保险。乡镇企业及其职工、城镇个体经济组织业主及其从业人员是否参加基本医疗保险，由各省、自治区、直辖市人民政府决定。

（二）城镇居民医疗保险制度

为实现基本建立覆盖城乡全体居民的医疗保障体系的目标，国务院决定，从 2007 年起开展城镇居民基本医疗保险试点。2016 年，国务院印发《关于整合城乡居民基本医疗保险制度的意见》，要求推进城镇居民医保和新农合制度整合，逐步在全国范围内建立起统一的城乡居民医保制度。

（三）城市医疗救助制度

从2005年开始，用两年时间在各省、自治区、直辖市部分县（市、区）进行试点，之后再用2~3年时间在全国建立起管理制度化、操作规范化的城市医疗救助制度。2009年，将城乡医疗救助制度纳入国家基本医疗保障体系。制度覆盖的对象包括：城市居民最低生活保障对象（以下简称“城市低保对象”）中未参加城镇职工基本医疗保险人员；城市低保对象中已参加城镇职工基本医疗保险但个人负担仍然较重的人员；家庭月人均收入高于本地城市低保标准但低于本地区最低工资标准，且未参加城镇职工基本医疗保险，因病造成家庭生活特别困难的人员。

1. 起付线：起付线由个人全年实际负担的大病（具体病种由各试点县、市、区确定）医疗费和常见病住院费组成。救助对象不同类人员的起付线有差异。

2. 救助比例：按起付线以上部分的适当比例支付。

3. 救助额度：对大病患者及常见病患者的救助额度会有差异，例如，安徽省的大病患者全年救助原则上不超过8000~10000元；对常见病患者全年救助原则上不超过2000~3000元。[①]

基本医疗费用减免：一般由救助对象凭城市居民最低生活保障金领取证和有关凭证到救助定点医疗机构和社区卫生服务中心就医，免收挂号费和诊查费，按规定比例减免除药费以外的其他费用。救助定点医疗机构按照制定的医疗救助服务标准，为救助对象提供医疗服务。

（四）工伤保险制度

1951年2月26日，劳动部颁布了《劳动保险条例》，确立了中国的工伤保险制度。1996年劳动部根据劳动法的有关规定发布了《企业职工

---

① 安徽省人民政府办公厅转发省民政厅等部门关于建立城市医疗救助制度试点工作实施意见的通知［EB/OL］. https：//www. ah. gov. cn/szf/zfgb/8134581. html.

工伤保险试行办法》（劳部发〔1996〕266号）。2003年4月27日，国务院颁布了《工伤保险条例》，自2004年1月1日起施行。2010年12月12日，国务院颁发586号令，对《工伤保险条例》若干条目进行了修改，并自2011年1月1日起施行。

无论工伤事故的责任归于用人单位还是职工个人或第三者，用人单位均应承担保险责任。工伤保险作为社会福利，其保障内容比商业意外保险要丰富。除了在工作时的意外伤害，也包括职业病的报销、急性病猝死保险金、丧葬补助（工伤身故）。

（五）补充医疗保险

补充医疗保险是相对于基本医疗保险而言的，包括企业补充医疗保险、商业医疗保险、社会互助和社区医疗保险等多种形式，是基本医疗保险的有力补充，也是多层次医疗保障体系的重要组成部分。商业医疗保险是医疗保障体系的组成部分，单位和个人自愿参加。国家鼓励用人单位和个人参加商业医疗保险。商业医疗保险是指由保险公司经营的，营利性的医疗保障。消费者依一定数额交纳保险金，遇到重大疾病时，可以从保险公司获得一定数额的医疗费用。企业补充医疗保险是企业为本单位职工建立的补充医疗保险。例如，2001年，《北京市企业补充医疗保险暂行办法》明确了参加北京市基本医疗保险的企业可以为本单位职工和退休人员（外商投资企业限于中方职工）建立补充医疗保险，同时对补充医疗保险费的提取和支付等有关问题作了具体规定。该办法旨在贯彻落实《北京市基本医疗保险规定》，保证医疗保险制度平稳过渡。

第二节　社区医疗服务现状

一、医疗社会政策在社区的执行

（一）城镇居民医疗保险政策的办理

居民医疗保险的办理需要得到社区的支持和配合。居住在辖区内的居民，不属于城镇职工基本医疗保险覆盖范围内的居民均可参加城镇居民医疗保险。

参保登记流程：1. 首次参保登记，携带身份证、户口簿首页及本人页的原件及复印件，到现居住地或户籍所在地的社区申请参保；2. 审核填表：工作人员对参保人员所提供证件进行审核，确认无误后，参保人员填写《曲靖市城镇居民基本医疗保险参保申请登记表》；3. 相关证件及表格经工作人员审核通过，并录入计算机；4. 缴费：参保人员按上级相关文件缴纳医保费，并另外每人缴纳22元制医保卡费用；5. 居民到参保的社区领取医保卡。[①]

——云南省曲靖市

（二）医疗救助政策申请

1. 属一级、二级重度残疾人员的，需提供残联核发的《中华人民共和国残疾人证》和残联核发的残疾等级证明的原件及复印件；2. 属低保家庭的，提供民政部门核发的《城市居民最低生活保障证》原件及复印件；3. 属低收入家庭60周岁以上的老年人，需提供所在单位的有效书面证明。

二、社区医疗服务

社区医疗服务是我国医疗体制改革的主要部分，也是社区医疗建设的重要组成部分。社区医疗是指以社区为服务范围，以社区居民的健康为中心，对社区居民慢性病、常见病、多发病进行健康教育和管理，提供急救、现场抢救、家庭出诊等服务，满足社区居民的疾病预防、健康保健、康复医疗、计划生育等一体化的公共卫生基本医疗服务。它可以通过有效、经济、方便、综合、连续的基层社区医疗服务解决居民的医疗服务需求。与传统的医院医疗服务不同的是，社区医疗服务机构是开在社区里面，为社区内所有居民服务的医疗机构，它的医疗服务是综合

① 城镇居民医保怎么办理？［EB/OL］．（2021－10－20）［2022－12－12］．https：//wenda.so.com/q/1638840339214900.

性的、全方位的，包括疾病的诊疗、健康人群的医疗体检、卫生防疫知识的宣传等。因此，大力发展社区医疗，是现阶段我国卫生工作发展的重点方向之一。

（一）社区医疗的发展历程

1997 年，中共中央、国务院《关于卫生改革与发展的决定》指出了“改革城市卫生服务体系，积极发展社区卫生服务，逐步形成功能合理、方便群众的卫生服务网络”的重要决定。1999 年，卫生部、国家发展计划委员会、教育部等《关于发展城市社区卫生服务的若干意见》明确了城市社区卫生服务的功能，即融预防、医疗、保健、康复、健康教育、计划生育技术服务的“六位一体”功能。

2000 年，《卫生部关于印发城市社区卫生服务机构设置原则等三个文件的通知》、2001 年《城市社区卫生服务基本工作内容（试行）》等文件对城市社区卫生服务的工作内容进行细化。明确要求建立健全社区卫生服务机构和综合医院、专科医院合理分工、相互协作的医疗卫生服务体系。

2006 年 5 月，国务院下发《关于加强和改进社区服务工作的意见》，对推进社区卫生和计划生育服务工作提出了要求，强调坚持政府主导、社会力量参与，建立健全社区卫生服务中心（站）为主体的社区卫生和计划生育服务网络，完善社区卫生服务运行机制，发挥社区卫生服务的健康保障功能，努力实现人人享有初级卫生保健的目标。

2009 年，中共中央、国务院《关于深化医药卫生体制改革的意见》指出全面加强公共卫生服务体系建设。要求加快建设社区卫生服务为主体的城市社区卫生服务网络，完善服务功能。2011 年下发的《国家基本公共卫生服务规范（2011 年版）》、2012 年《示范社区卫生服务中心参考指标体系》等文件，都是对“六位一体”的进一步细化说明。

2019 年，国家卫健委发布《社区医院基本标准（试行）》，在现有社区卫生服务中心和有条件的乡镇卫生院的基础上，医疗服务能力达到一定水平，加挂社区医院牌子。2 月，国家卫健委办公厅发布的《关于开展社区医院建设试点工作的通知》明确，在全国 20 个省份先行开展社区医院建设试点工作。

2020年，国家卫健委制定了《关于全面推进社区医院建设工作的通知》：省级卫生健康行政部门要合理规划社区医院建设的数量和任务目标，严格组织对社区医院进行评估。要求各地完善社区医院建设的保障措施，强化对社区医院建设的过程管理，并注重社区医院建设与“优质服务基层行”和城市医联体、县域医共体工作的协调配合，形成提升基层医疗卫生服务能力的合力。

（二）社区医疗服务的内容

1. 社区医疗卫生

社区医疗遵循“预防为主，防治结合”的卫生方针，合理运用院内、院外各种服务形式，以常见病、多发病、疾病恢复期及诊断明确的慢性病为主，满足基本医疗需求，开展综合、连续的诊疗工作。

对诊断明确的慢性病患者提供诊查和治疗服务，其中也包括一些晚期不治之症的支持或姑息疗法，对老年慢性病患者运用慢性病监控网络进行随访和连续的诊查治疗。对于受条件限制难以进一步救治的病例，按卫生行政部门的“转院规定”及时转院。社区护理则强调全面拓展“家庭护理”服务形式，开展慢性病、心理、母婴、临终护理和护理咨询指导等专项护理服务内容，以医疗临床护理为主开展整体护理。

2. 社区预防

社区预防主要包括传染病预防与控制以及慢性病防治两个方面的内容。其中的传染病预防与控制包括急性传染病预防与控制、免疫预防、结核病防治、寄生虫病防治、虫媒消毒、性病防治、艾滋病防治。慢性非传染性疾病管理主要包括高血压和肿瘤等高危人群的识别与监测，对高血压、肿瘤、糖尿病、慢阻肺和骨关节病等对居民健康危害最大的疾病开展分级管理，针对不良习惯而开展的社区健康教育，等等。

3. 社区康复

社区康复主要是针对心脑血管疾病或骨折引起的肢体功能障碍的康复治疗，以及对精神病患者、部分残疾人在专业机构指导下的康复治疗。

社区康复号召康复对象及其家属共同参加，开展群体、个体相结合的康复治疗和辅导。社区康复注重社区医疗康复网络的建立和健全，专业人员的培训和配置以及必要康复设备的设置。

4. 社区健康教育

社区健康教育内容非常广泛，形式灵活多样。其教育对象是全体社区成员，包括患者与非患者。社区卫生从业人员要根据社区卫生的特点开展有针对性的健康教育内容。

三、社区卫生服务现状

（一）医疗优惠减免服务

目前，我国绝大部分地区开展了社区卫生优惠减免服务。以无锡市为例，社区卫生服务机构在为社区居民提供基本医疗服务的过程中，开展10类形式多样的优惠减免服务。

1. 为居民免费建立健康档案，并提供健康咨询，定期为辖区居民开展健康教育讲座，居民可凭个人身份证查阅个人健康档案。

2. 特困、低保对象在社区卫生服务中心就诊实行“两免四减半”：免收普通门诊挂号费、普通门诊诊疗费；床位费、检查费、治疗费、手术费减免50%。居民凭民政部门核发的低保证、特困群众医疗救助审批表以及市总工会核发的《无锡市特困职工优惠证》享受。

3. 军人凭《中国人民解放军军官证》《中国人民解放军士兵证》在社区卫生服务中心就诊免收普通门诊挂号费和诊疗费。

4. 残疾人凭《中华人民共和国残疾人证》在社区卫生服务中心就诊免收普通门诊挂号费和诊疗费，免费享有康复训练服务，免费建立康复档案。

5. 为社区确诊精神病人免费建立精神病康复档案，并实施动态管理，对经市残联确认的贫困精神病人实施免费用药。

6. 免费为辖区育龄妇女提供避孕药具，为产后42天以内的产妇免费进行3次访视。

7. 为辖区0~7岁儿童免费提供免疫规划内11种疫苗接种服务（卡介苗、麻疹疫苗、无细胞百白破疫苗、乙肝疫苗、甲肝疫苗、乙脑疫苗、流脑疫苗、白破疫苗、A群流脑疫苗、A+C群流脑疫苗、麻腮风疫苗）。

8. 为辖区内60岁以上老人每三年免费体检一次。老年人凭个人身份证享受。

9. 从8月1日起，社区卫生服务中心药品实施优惠供应，按国家核定的零售价下降30%左右，实施明码标价。

10. 居民在社区卫生服务中心的CR（数字X光摄片）、彩超检查以及呼吸机治疗比三级医院减免50%收费，全自动血生化检查比三级医院减免30%收费。

11. 开办各种健康知识讲座。

12. 引入外来资源开展社区义诊服务。[①]

（二）慢性病和特殊疾病的社区管理

慢性病主要危险因素：不良的饮食和生活习惯（肥胖、吸烟、饮酒）和缺乏职业性体力活动和体育锻炼。以社区慢病管理为基础，加强慢病的综合防治，重视中老年慢病患者的心理治疗，并对居民饮食和生活习惯进行宣传教育。

艾滋病的社区管理：让患者在住院治疗待病情稳定出院后，仍可以得到正确的抗病毒治疗。由社区医生为患者制定个性化治疗措施，建立专门档案，根据实际情况，给予正确的用药指导，并监督患者用药。艾滋病社区管理的内容主要包括疫情报告和信息管理、病例社区管理、自愿咨询服务、健康教育和行为干预四个方面。其中，前两项针对艾滋阳性患者，后两项则针对大众和重点人群。

在艾滋病社区管理的服务群体中，应重点关爱艾滋儿童的心理健康和成长。艾滋病儿童属于困境儿童，党的十九大以来，国家进一步健全困境儿童权益的保障工作，全面建设一个以政府主导、部门负责、社会参与的儿童保护体系。

---

① 无锡市社区医疗的十大优惠政策［EB/OL］. https：//wenda. so. com/q/1535561561216537.

在慢性病和特殊疾病的社区卫生管理方面目前已经出现了一些先进案例。

案例一：社区医生上门医疗服务

北京市自2011年起推广家庭医生服务，按照服务协议，家庭医生对空巢、行动不便并有需求的老年人提供上门健康咨询和指导服务。然而由于相关的配套条例并不完善，在法律层面也处于模糊地带，不少家庭医生不敢轻易上门。

2016年7月，经国家卫计委审批，丰台区率先开展医生为老年人上门提供医疗服务试点。同月，丰台区右安门社区卫生服务中心成立了“医养结合科”，科长张辉等5名医生及5名护士也在日常门诊之余，承担起为右安门社区老人上门服务的工作。在丰台区试点居家养老上门服务的基础上，北京市将扩大居家上门服务试点。北京市还在东城区、朝阳区、海淀区也开展社区卫生服务机构为居家老人上门服务的试点工作，鼓励社区卫生服务机构为重病、失能、部分失能等行动不便或确有困难的老年人提供上门巡诊、家庭病床、居家康复护理等服务①。以右安门社区卫生服务中心为例，试点初期签约了20名老人，每次至少一名医生及一名护士共同上门，按照每位老人每周一次的服务频率，共有24位医护人员轮流参与该项工作。但申请的老人数量正在增加，张辉预计，今后每名医护每日的入户次数将达到至少3次，才能满足需求。

上门服务包含3种类型：“治疗型”，即诊断明确，需要在家里进行治疗的患者，比如输液治疗；“康复型”，比如脑血管疾病患者的康复；“舒缓照顾型”，在右安门社区签订上门服务协议的老人里，这类需求占到了90%。

“家庭病床能够节约人力和金钱成本。”很多身体不好的老人都选择住院康复，就算在社区住院，仅住院费就一天34元，家属还得寸步不

---

① 北京明年拟试点政策性长期护理险 东朝海丰四区开展社区医院为居家老人上门服务［EB/OL］．（2016-09-21）［2022-10-22］．http：//health. people. com. cn/n1/2016/0921/c398004-28729897. html.

离。而社区提供免费上门医疗服务无疑减轻了经济负担和家属照看压力。医生上门医疗服务免费，每次约半小时，政府补贴100元。按照治疗型、康复型、舒缓照顾型3种类型服务，每人每年2400元、2400元、4800元的标准，对家庭医生上门服务给予补贴。同时要求，治疗型和康复型患者每年不少于24次上门服务，舒缓照顾型患者每年不少于48次，即平均每周一次。为此，每年财政将投入800万元，平均算下来，每次入户服务医护人员可以有100元的补贴。

85岁的老人王志中（化名）患有前列腺癌，需要定期更换尿管。家住5楼且无电梯，老人行动非常不便。8月份，老人与右安门社区卫生服务中心签订了上门服务协议，每周张辉和周怀瑾都会按照约定的时间前往老人家里查看老人的情况。昨天按照老人家属提出的要求，他们请上了中医科的朱莉医生一同前去，为老人把脉问诊……

项目运行也面临许多困难。难题一：护士及康复型人才紧张。“现在人手的确紧张，尤其是护士和专科医生。”张辉介绍说，“申请老人在增加，月底会再签约一批，大概会达到30人。但是按照目前的人手情况，我们最多也就能承担40名老人的上门服务工作，每名医生护士每天入户3家，每天安排两组，加上3个服务站承担了9名老人的工作。”

难题二：为老人送药仍有瓶颈。“一个卧病在床的老人身边是不能离人的，开药就必须由另外的家属进行，其实还是占用了人力。”张辉说，“医护人员每周都要从医院到老人家中一趟，但却不能给老人带药，只能开了处方交由家属折回医院开药。”王志中老人的儿媳也提出了同样的看法：“我们家是我和姐姐辞职轮流照看老人，如果需要开药的时候，就必须两人都在，一个守在老人身边，一个去开药，姐姐家在房山，每次过来需要3个小时，买药也是个问题。”

难题三：存在医疗纠纷隐患。在医院等常规就医场所发生纠纷时，尚有第三方调解机构、录音录像等设备留存证据，离开医院进入家庭开展医疗服务，是否会增加医疗纠纷？走访中北青报记者发现，多数签约老人及家属对于上门服务的医护人员态度都很好。“试点期间我们签约数比较少，而且双方自愿免费签约，家属对于医生的这种上门服务还是持感激态度比较多。”

但这并不代表不存在纠纷隐患，张辉说：“随着签约数的增加，不能否认会有医疗纠纷的出现，我们也有一定的担心。”为此，丰台区提出，上门医疗服务所存在的医疗风险，将由丰台区成立的医疗纠纷调解委员会协调处理，或通过司法程序处理。

案例二：中国红十字基金会“天使阳光”先心病救助项目

“天使阳光基金”是中国红十字基金会（简称“中国红基会”）广泛动员社会力量，为救助贫困家庭的先天性心脏病（简称“先心病”）儿童而设立的专项公益基金，是中国红基会倡导实施的“红十字天使计划”的重要组成部分，并且得到中央专项彩票公益金“十二五”计划的支持。中国红基会组建由中国红基会、政府部门相关人员、医疗专家、捐方代表等组成的“天使阳光基金资助评审委员会”(终审权下移后改为专家指导委员会)，负责“天使阳光基金”的资助评审（指导）工作，并对资助工作进行技术监督，确保资助公正透明，管理科学。该项目在实际运行中虽然更多的是与医疗系统联络，但也与基层政府及社区有业务交集。

案例三：社区康复服务

社区康复服务亦称“基层康复”，以城市街道为基地，对残疾人提供的康复服务。任务是依靠本身的人力资源，建设一个由社区领导、社区团体、卫生人员、志愿人员、残疾人及其家属组成的基层康复系统。社区康复服务的工作内容是对残疾人进行普查和预防，开展家庭康复训练，帮助残疾人参加社会的政治、经济和文化活动，使分散在社区的残疾人得到基本的康复服务。有5个基本点。

（1）依靠本社区的人力资源；

（2）尽可能利用社区原有的卫生保健和民政工作网点；

（3）使用简化的适宜的技术，因地制宜，因陋就简，在社区和家庭条件下可以发挥作用；

(4) 以康复中心为后盾，帮助解决复杂的康复医疗、咨询、培训等问题；

(5) 在社区对残疾人进行身体的、精神的、教育的、职业的和社会生活等方面的康复训练，使残疾人就地得到全面康复，回归社会。社区康复是初级卫生保健的一个组成部分。

(三) 医务社会工作的社区部分

医务社会工作是指综合运用医务社会工作专业知识和方法，为有需要的个人、家庭机构和社区提供专业医务社会服务，帮助其舒缓、解决和预防医务社会问题，恢复和发展社会功能的职业活动。例如，艾滋病导致的社会心理问题中，最严重的是社会歧视和社会排斥。社工的介入点主要是加强居民的社会认知，消除歧视，维护病人权利；整合资源，进行心理辅导并开展高危人群的行为干预。

医务社会工作者往往会开展社区心理卫生辅导，促进社区医疗卫生设施建设，参与各种卫生行政法规的制订和修改，参与各项公共卫生教育训练计划的制订和实施，调查及评估社区居民的需要和卫生服务的功效，推行各项社区卫生保健工作，等等。

早在2020年，北京市有关部门就印发了《关于发展医务社会工作的实施意见》。该意见提出到2020年，北京市将在部分综合性医院和儿科、精神卫生、肿瘤、康复等专科医院以及社区卫生服务中心试点开展医务社会工作；到2022年，逐步在全市医疗卫生机构推进医务社会工作，医疗机构设立医务社会工作岗位，2025年实现全市医疗机构医务社会工作全覆盖。

截至2021年底，北京市共有89家医疗卫生机构开展了医务社会工作服务，其中三级医疗机构共52家，较之前增加了33家，医务社会工作者265人。另外，市卫生健康委遴选并培育了30个有创新、可复制、能推广的医务社工示范项目，为肿瘤、认知障碍、脑卒中、肾移植、辅助生殖、先心病等患者及家属提供心理疏导、社会救助、小组支持服务；在医养结合、慢病管理、院前急救志愿服务等方面，嵌入医务社工服务，提高市民健康获得感。卫生健康部门鼓励各单位通过招聘、转岗、购买服务等方式，扩充医务社工队伍。探索建立以政府为主导，多元主体、分层分类的医务社工培训体系，培养一批适合卫生健康系统需要的医务社工复合型人才。

四、社区医疗服务存在的问题

（一）社区公共卫生服务水平较低

目前，制约社区医疗机构发展的两大因素是资金短缺和设备设施不完善，其重要原因在于国家财政的投入过少。我国较多的社区医疗机构并非新建，而是在原来的社区诊所、街道医院的基础上进行重组改建而来；其刚刚重组改建时是需要大量资金来作为启动资金的，正式成立之后也需要大量资金用于添置医疗器械、设备。按照国家规定，同级财政部门应该补助社区医疗服务所需的资金，然而却没有统一规定同级财政应该补助的具体标准。由于全国各地经济、人口发展水平存在较大差异，各级政府对社区医疗事业重视程度有较大的差距，所以地方财政对社区医疗的资金投入差别也很大。由于资金缺乏，医疗设备、器械也不能配备到位，很多社区医疗服务机构尽管方便、干净，但很多检查项目无法开展，导致其诊疗水平无法提高，无法正常发挥其功能。

（二）社区医疗卫生服务设施和人才队伍落后

由于社区卫生服务机构工作条件简陋、待遇不高等，很难吸引水平高、职称高、学历高的医护人员，主要靠全科医师来完成“六位一体”的工作任务和职责。如果按照 1 名全科医师负责 5000 名社区居民的最低标准来计算，我国城市居民有 5 亿人，则在社区医疗机构中需要配置 10 万名全科医师。但是，据国家卫健委统计数据，目前在社区医疗机构中工作的全科医师只有 6000 余名，按照该比例，我国社区医疗服务机构中的全科医师仅能为 6%左右的城市居民服务；很多的社区医疗机构中的全科医师只有 2~3 名，甚至为数不少的社区医疗机构中全科医生的数量则为零。这种严重缺乏全科医师的现象，导致输出医疗服务质量差、难以吸引和留住患者，亦使社区医疗机构陷入了一种死循环。

(三)针对居民的福利服务不充分

社区医疗服务机构应该树立服务意识，直接向社区居民提供高效、良好、便捷的服务，要以居民的需求来指引自身的行为，为居民提供“健康教育、计划生育、保健、康复、医疗、预防”六位一体的综合性服务。但是，在具体实施过程中，社区医疗机构一般只开展常见病的诊疗或为社区小孩打打预防针等工作，应付性地开展健康教育、慢病管理等非常必要的服务；而社区医疗信息化建设却严重滞后，本应建立的社区居民系统，完整、科学的健康档案，也因资金短缺而未兑现，导致其他医疗机构无法在信息平台上实现资源共享。

第三节　社区医疗服务改革与发展

一、社区医疗福利服务的目标定位

社区医疗服务总体上属于公共服务的范畴，而社区医疗福利更关注社区居民的需求以及福利性的服务供给，尤其是针对困难群体的医疗服务供给。社区医疗服务治理涉及社区医疗服务的主体、内容以及传输机制等。从主体上看，社区医疗服务仅仅依靠政府是不够的，还需要纳入社会力量，可以由一些具有医学知识背景的社会组织或市场组织介入社区医疗服务。例如，目前占据社区卫生机构较多精力的家庭医生服务和慢病管理服务可以委托给专业的医疗公司或社会组织承担。在医疗服务内容方面，应当在加强基层医疗卫生系统专业性和便捷性的基础上，加强针对全体居民的福利性服务，提升针对困难人群的服务。而在社区医疗服务的传输机制方面，应当完善基层医疗卫生服务与大医院的转介机制以及社区医疗服务与养老服务的衔接机制。

二、社区医疗服务治理策略

（一）继续完善医疗体制改革，加大社区服务人才培养和支持力度

1. 国家要增加对社区医疗服务的投入

目前社区医疗服务机构存在诸多困难，政府要对之大力扶持，通过项目管理形式，按照各个社区居民数量、社区医疗机构开展的服务项目数量、医疗成本等预算经费，循序渐进地加大经费投入；要加大对社区医疗机构医护人员的人员经费及业务经费的补助，保证社区医疗机构良好运行；要制定政策措施，鼓励引导参保人员生小病、常见病、多发病的时候就近到社区医疗机构就诊；要加大对社区医疗机构药品销售补贴力度，解决社区医疗机构资金短缺问题。

2. 加快社区医疗机构全科医学人才培养

首先，要培养现有的医生，分批次送他们到全科医生培训基地去培训、学习，通过执业医师资格考试后，担负起全科医生服务职责。其次，要不断从外单位引进全科医生，或引进通过规范化培训的大学毕业生加入社区医疗机构全科医学人才队伍，从总量上和准入标准上满足需求。随着医疗集团出现，医疗资源实现了优化组合，大医院的专家教授到社区医疗机构对医生进行培训和现场指导，能快速地提高社区医生的整体医疗水平，为社区医疗机构打造一支高水平的全科医生队伍提供了重要条件。卫生行政部门应出台政策扶持和激励城市社区医疗服务，如职称晋升优先、绩效工资标准提高、培训机会增多等，提高社区医生积极性。医学人才在社区医疗机构受到重视和优待，才能实现其人生价值，从而使其更安心和稳定地留在社区医疗机构。

（二）使社区医疗服务主体更加多元

国家要积极推行以政府投入为主、多主体投入共存的多元社区医疗投入机制，鼓励企事业单位、社会力量、个体经济投资城市社区医疗机构。社区医疗机构要不断引进医护人员，提高医护水平，购置先进的医疗设备和检测仪器，使居民在社区就能得到更多的医疗就诊。有些民营、私营

医疗机构实力雄厚，完全能够承担社区医疗服务的职能，国家要适度开放，引入竞争机制，形成以政府为主导、多种力量参与、多元供给模式共存的社区医疗服务体系。

(三) 创新医疗服务提供模式

社区医疗服务应与居民的实际需求相匹配。例如，未来应加大社区医疗服务与养老服务及慢病管理服务的结合程度，更好解决社区养老问题，促进居民健康。再如，可以根据本社区居民特点实施多元和专业的服务。可以从以下几个方面入手。

1. 实行家庭医生责任制度

依据所辖社区内居民的身体状况和家庭数量，设立相应的社区医疗服务团队，包含全科医生、护士、保健人员。社区医疗服务团队主要向社区居民家庭提供上门出诊服务，包括体检、护理、疾病诊治以及慢性病的保健康复等指导服务。社区医疗机构可与居民签订服务协议，明确各自的责权利，规范城市社区医疗服务。通过家庭医生责任制度，可以为社区家庭成员提供广泛、安全、连续、便捷的基本医疗和公共卫生服务。虽然当前国家已经在大城市开展了家庭医生服务工作，但整体上进程较为缓慢，停留在信息登记环节，未来应进一步加强医生与居民的联系。

2. 建立社区居民健康档案

对每个居民建立档案，记载健康状况；对于有慢性疾病的居民，应定期复查随访；对于亚健康或健康的居民，要做好定期身体检查；每进行一次复查和检查，要在档案中及时记录。建立居民健康档案，便于社区医疗机构实时监测居民的身体状况，为下一步提供多样化的社区医疗服务提供参考。目前社区医生针对居民的健康管理服务尚未真正开展。

3. 宣讲医疗卫生保健知识

通过举办卫生知识讲座、散发传单、张贴海报等形式向城市社区居民宣传医疗卫生保健知识，提高居民自我保健意识，指导与组织居民参加适宜的健身运动。社区卫生机构可以与社区居委会以及社会服务组织合作，增加医疗卫生保健知识的宣传力度和效果。

（四）提升重点人群的服务层次

未来应进一步增加社区慢性病患者、残疾人等困难群体医疗服务的福利属性。例如，在做好居民健康档案的基础上，进一步加强慢病管理服务。在慢病管理服务中促进居民养成良好的生活习惯，成立疾病互助小组，利用社区社会资本来提高居民的健康水平。针对残疾人，应进一步增加在康复中心的康复服务以及入户指导服务。与民政部门协作针对低保户的卫生服务需求，逐步加大服务的优惠力度。同时，与妇联、共青团等部门合作开展针对儿童和青少年的健康服务。

第十二章　社区文化服务治理

第一节　公共文化政策概论

一、公共文化政策

公共文化政策是指与公共文化相关的法律、法规，各级政府的政策，以及中共历届代表大会报告和中国历届人大政府报告中涉及公共文化的部分。[①] 今天我国正在建设的“公共文化”，其核心的理念是“推进社会主义核心价值体系建设”，并使之“体现到精神文化产品创作生产传播各方面”[②]。良好的公共文化政策可以激发市场主体、社会组织、个人参与公共文化服务的积极性，对社会文化资源产生积极的促进作用。

公共文化服务体系是面向大众的公益性的文化服务体系。公共文化服务体系的建设应面向社会大众和基层，充分发挥公共财政的支撑作用。鼓励社会力量，建立适应社会主义市场经济的公共文化服务事业的混合主体。建立促进公共文化服务事业发展的法律政策支持体系和监管体制。

公共文化服务体系的建设主要包括两个方面。第一，建设公共文化服务网络。以大型公共文化设施为骨干，以社区和乡镇基层文化设施为基础，加强图书馆、博物馆、文化馆、美术馆、电台、电视台等公共文化基础设施建设。建设一批代表国家文化形象的重点文化设施，完善大

---

① 李景源，陈微．文化蓝皮书·中国公共文化服务发展报告（2009）［M］．北京：社会科学文献出版社，2009：31.

② 中共中央关于深化文化体制改革推动社会主义文化大发展大繁荣若干重大问题的决定［EB/OL］．（2011 - 10 - 25）［2022 - 10 - 22］．http：//www. gov. cn/jrzg/2011 - 10/25/content_1978123. htm.

中城市公共文化设施，在巩固现有图书馆、文化馆的基础上，基本实现乡镇有综合文化站，行政村有文化活动室，中西部等地广人稀地区配备流动文化服务车。第二，建设公共文化服务的各项工程。一是广播电视村村通工程。二是全国文化信息资源共享工程。三是社区和乡镇综合文化站工程。建设公共文化服务体系，对于建设和谐文化、构建社会主义和谐社会具有重要的意义。

二、公共文化政策发展历程

（一）公共文化政策萌芽期

新中国成立时，公共文化事业百废待兴。一方面，我国基本文化设施基础薄弱；另一方面，人民物质生活贫乏，很多地区尚未解决温饱问题，对基本生存条件的追求客观上阻碍了人们对文化精神生活的向往。1949 年，国家将之前存在的近千个民众教育馆改建为人民文化馆，在全国普及文化馆的建设。1953 年，文化部发布了关于《整顿和加强文化馆、站工作的指示》，首次明确了文化馆的性质和工作任务，指出国家文化馆、站应集行政管理、业务开展于一身，以识字教育、政治宣传、文艺活动及普及科学知识为主要职能。

1949 年 12 月 21 日，中央人民政府文化部、教育部颁布了《关于开展年节、春节群众宣传工作和文艺工作的指示》，号召文艺团体开展宣传文艺活动，丰富群众春节期间的文化生活。1955 年国家建立首批群众艺术馆作为群众文化艺术服务的试点单位。1954 年，中央人民政府文化部、中华全国总工会发布《关于加强厂矿、工地、企业中文化艺术工作的指示》，促进了工矿等企业文化事业发展。1956 年，毛泽东同志在中共中央政治局扩大会议的总结发言中提出文化、文艺发展的“百花齐放，百家争鸣”方针，为我国文化艺术的发展指明了方向。“双百”方针的提出调动了广大文艺工作者的积极性，在文化、科技各领域自由、蓬勃发展的背景下，我国公共文化事业建设也取得了很大进步，各地纷纷建起群众文化网、电影放映网、有线广播网和图书销售网。

（二）公共文化政策的停滞期

“文化大革命”的十年浩劫给我们的文化建设带来了深重的灾难，文化为阶级斗争服务的路线使文化建设走入了文化大批判、大破坏的死胡同。例如，全国县级以上公共图书馆在1965年达到1100所，而到1970年时仅剩下323所。1971年3月，全国出版工作座谈会在北京召开，这是“文化大革命”以来拯救公共文化建设的一次及时的会议，使我国公共文化资源逐步回归，公共文化资源的功能首次回归本位。在此之后，一度对外关闭的北京图书馆、山西图书馆、内蒙古图书馆等相继恢复开馆。①

（三）1978—2001年文化体制改革时期

以党的十一届三中全会为标志，中国文化事业发展进入了新的历史时期。公共文化建设取得了令人瞩目的成就。

20世纪70年代末80年代初，以营利为目的的文化活动开始兴起。文化事业单位多采取“以文补文”活动，如“建立图书室、摄影室、游艺室、地方戏团队、电影放映队等，进行有偿服务，所得利润用于改善职工生活以及进行扩大再生产”；② 各种书屋、录像厅、台球室等个体文化经营活动场所开始出现。从80年代中期开始，以“经营承包责任制”为主要形式的国有文化事业单位改革启动。

1985年，中共中央办公厅、国务院办公厅转发了文化部《关于艺术表演团体的改革意见》后，各地普遍进行了承包经营责任制等形式的艺术表演团体体制改革试验。1987年，文化部、财政部和国家工商局联合颁发了《文化事业单位开展有偿服务和经营活动的暂行办法》。这意味着在国家政策层面上，文化产业开始从事业单位中分离出来。1988年，《国务院批转文化部关于加快和深化艺术表演团体体制改革意见的通知》，提出“双轨制”：“需要国家扶持的少数代表国家和民族艺术水平的、或带有实验性的、或具有特殊的历史保留价值的、或少数民族地区的艺术表

---

① 李少惠，张红娟．建国以来我国公共文化政策的发展［J］．社会主义研究，2010（2）．

② 孙丹．新时期文化产业建设考察［J］．当代中国史研究，2003（1）．

演团体，可以实行全民所有制形式，由政府文化主管部门主办。大多数艺术表演团体，应当实行多种所有制形式，由社会主办”。在国家政策层面上，公益性的文化事业与经营性的文化产业分途发展的思路已经基本形成。

1993年，文化部印发《关于进一步加快和深化艺术表演团体体制改革的通知》，促进艺术表演团体的市场化改革。1998年，文化部设立了文化产业司。2000年，《中共中央关于制定国民经济和社会发展第十个五年计划的建议》发布，首次在中央正式文件中使用“文化产业”这一概念。

（四）2002—2011年文化事业的公益性回归

这一时期，国家公共文化设施网络日益健全，文化产品和服务内容更加丰富，重大文化公共工程逐步推进。2002年，党的十六大报告中首次将文化发展分为“文化事业”和“文化产业”两个方面。2004年，文化部等12部门发布《关于公益性文化设施向未成年人免费开放的实施意见》以及文化部、国家文物局发布《关于公共文化设施向未成年人等社会群体免费开放的通知》。

2005年，中共十六届五中全会《关于制定国民经济和社会发展第十一个五年规划的建议》醒目地出现了“加大政府对文化事业的投入，逐步形成覆盖全社会的比较完备的公共文化服务体系”的内容，首次提出“公共文化服务”的概念。同年，《国家“十一五”时期文化发展规划纲要》提出“以大型公共文化设施为骨干，以社区和乡镇基层文化设施为基础，优先安排关系人民群众切身文化利益的设施建设，加强图书馆、博物馆、文化馆、美术馆、电台、电视台、广播电视发射转播台（站）、互联网公共信息服务点等公共文化基础设施建设”。

2006年，全国人大十届四次会议上的《政府工作报告》提出：“深化文化体制改革，发展文化事业和文化产业。加强文化基础设施建设尤其是农村基础文化建设，完善公共文化服务体系。”2007年，全国人大十届五次会议《政府工作报告》具体提出“着眼于满足人民群众文化需求，保障人民文化权益，逐步建立覆盖全社会的公共文化服务体系”。2008年，文化部等4部门发布《关于全国博物馆、纪念馆免费开放的通知》，文化服务的公益性提升。2011年，中国共产党第十七届中央委员会第六次全体会议通过的《中共中央关于深化文化体制改革推动社会主义文化大发展大繁荣若干重大问题的决定》提出“大力发展公益性文化事业，保障人民基本文化权益”①。

(五) 2012年至今现代公共文化服务体系快速建设时期

2012年，文化部“社会文化司”正式更名为“公共文化司”。2013年，党的十八届三中全会提出构建现代公共文化服务体系的战略构想。2015年，《关于加快构建现代公共文化服务体系的意见》颁布，并制定了国家基本公共文化服务的统一指导标准。2017年，中华人民共和国公共文化服务保障法正式实施。至此，我国现代公共文化服务体系建构的战略规划逐渐完备，制度框架基本形成。

三、公共文化政策现状

2015年，中共中央办公厅、国务院办公厅印发《关于加快构建现代公共文化服务体系的意见》，提出“到2020年，基本建成覆盖城乡、便捷高效、保基本、促公平的现代公共文化服务体系”的目标。这一目标的具体内容包括“公共文化设施网络全面覆盖、互联互通，公共文化服务的内容和手段更加丰富，服务质量显著提升，公共文化管理、运行和保障机制进一步完善，政府、市场、社会共同参与公共文化服务体系建设的格局逐步形成，人民群众基本文化权益得到更好保障，基本公共文化服务均等化水平稳步提高”。

2015年10月，国务院办公厅印发《关于推进基层综合性文化服务中心建设的指导意见》，要求发挥基层综合性文化服务中心的终端平台优势，整合分布在不同部门、分散孤立、用途单一的基层公共文化资源，实现人、财、物统筹使用。2016年公布的《中华人民共和国公共文化服务保障法》要求基层综合性文化服务中心应加强资源整合，充分发挥统筹服务功能。上述法律政策表明，处于公共文化服务体系“最后一公里”

① 高迎刚．我国公共文化建设的历史回顾与现状分析［J］．艺术百家，2013，29（6）．

的社区已成为基层公共文化服务供给侧改革与机制创新的主阵地，优化供给结构、加强资源整合成为改革创新的重要突破口。2017 年 11 月，全国人大常委会审议通过《中华人民共和国公共图书馆法》，这是我国第一部针对具体公共文化服务机构的国家专门立法。

根据上述文件精神，结合社会政策的福利属性，当前的公共文化政策中涉及社会政策的部分包括以下内容。

（一）保障特殊群体的基本文化权益

将老年人、未成年人、残疾人、农民工、农村留守妇女儿童、生活困难群众作为公共文化服务的重点对象。积极开展面向老年人、未成年人的公益性文化艺术培训服务、展演和科技普及活动。开展学龄前儿童基础阅读促进工作和向中小学生推荐优秀出版物、影片、戏曲工作。指导互联网网站、互联网文化企业等开发制作有利于青少年身心健康的优秀作品。将中小学生定期参观博物馆、美术馆、纪念馆、科技馆纳入中小学教育教学活动计划。加强乡村学校少年宫建设。实施青少年体育活动促进计划。公共文化服务机构要为残疾人提供无障碍设施。实施盲文出版项目，开发视听读物，建设有声图书馆，鼓励和支持有条件的电视台增加手语节目或加配字幕。加大对残疾人文化艺术的扶持力度。加快将农民工文化建设纳入常住地公共文化服务体系，以公共文化机构、社区和用工企业为实施主体，满足农民工群体尤其是新生代农民工的基本文化需求。

（二）完善公共文化设施免费开放的保障机制

深入推进公共图书馆、博物馆、文化馆、纪念馆、美术馆等免费开放工作，逐步将民族博物馆、行业博物馆纳入免费开放范围。推动科技馆、工人文化宫、妇女儿童活动中心以及青少年校外活动场所免费提供基本公共文化服务项目。建立群众文化需求反馈机制，及时准确了解和掌握群众文化需求，制定公共文化服务提供目录，开展“菜单式”“订单式”服务。以行业联盟等形式，开展馆际合作，推进公共文化机构互联互通，开展文化服务“一卡通”、公共文化巡展巡讲巡演等服务，实现区域文化共建共享。加强基层广播电视播出机构服务能力建设。充分利用广播、电视、网络双向互动功能，为各级政府部门便民服务提供窗口和平台。

（三）创新基层公共文化管理机制

发挥城乡基层群众性自治组织的作用，推动开展公共文化服务参与式管理，推广居民、村民评议等行之有效的做法，健全民意表达和监督机制，引导城市社区居民和村民参与公共文化服务项目规划、建设、管理和监督，维护群众的文化选择权、参与权和自主权。调动驻村（社区）单位、企业和社会组织等多方面力量，统筹资源，共同参与基层文化的管理和服务，形成多元联动格局。扎实推进社区文化志愿服务。推进将公共文化服务纳入基层社区服务网格进行管理，培育城乡社区互助文化，营造社区和谐环境。

第二节　社区文化服务现状

一、社区公共文化服务现状

（一）社区公共文化服务概况

社区公共文化服务是指在政府主导下，由公共财政提供基本保障，着眼于保障和实现人民群众基本文化权益、满足人民群众基本文化需求，结合社区特点，面向社区人民群众提供的各种公益性文化服务。社区公共文化服务主要包括公共文化设施建设、各类公共文化活动的举办、相关公共信息的发布等。社区公共文化服务是社区公共服务的重要组成部分，可以活跃社区居民业余文化生活，满足社区居民基本精神文化需求，从而提高社区居民文化水平和文明素养，为社区营造和谐的环境氛围。作为城市公共文化服务的基础，社区公共文化服务的内容更加贴近群众实际生活和心理需求，因此能更好地满足社区居民多层次、多样化的文化需求，切实保障居民的文化权益。

社区公共文化服务的责任主体包括党委、政府和相应的文化行政部门。党委、政府是社区公共文化建设的决策者，负责制定文化发展政策，规划、建设公共文化资源以及对各类执行主体的服务绩效进行考核评估。区一级的文广局等文化行政部门负责执行国家的文化政策、执行政府文化发展规划，并负责对社区公共文化服务实施管理。

社区公共文化服务的执行主体是区县的文化馆、街镇的文化活动中心等文化事业单位。自新中国成立以来，建立了文化事业单位为社区居民提供文化服务，组织社区群众开展多种形式的文化活动。这些文化事业单位是社区公共文化服务的中坚力量，承载了大量的公共文化服务和管理的职能。企业、个人及非政府组织是社区公共文化服务的主要参与主体。比如，各类群众性文艺团体、各类文化基金会、非营利性的文化机构等。这一主体既能发挥政府供给的公益性，同时也具有较强的灵活性，避免了政府管理的不足，在文化基础设施建设以及某些文化产品的生产中具备更多的优势。在许多发达国家，非政府组织、企业和个人已经成为公共文化建设的重要力量。

良好的投资保障是确保社区公共文化服务有序发展的重要基础。社区公共文化服务所需要的资金包括政府的拨款、贴息贷款以及来自社会各界的融资、捐助、基金等。当前，政府投入是我国公共文化服务资金的最主要来源，社会融资、捐助、各类基金会的投入只占了极小一部分。公共文化对政府财政的过度依赖使得公共文化投入比重一度偏低、投入不均衡的问题在全国都比较普遍①。“十一五”前4年，全国文化事业费897.35亿元，年均增长21.6%，增幅高于“十五”时期5.4个百分点，高于改革开放以来最低的“七五”时期10.8个百分点。“十一五”成为改革开放以来文化事业费增长最快的一个时期②。2012年，文化部明确“十二五”期间财政文化投入重点，明确文化投入方向、完善投入保障机

① 文化部财务司．中国文化文物统计年鉴（2010）［M］．北京：国家图书馆出版社，2010.

② 中华人民共和国文化和旅游部．“十一五”以来我国文化事业费投入情况分析［EB/OL］．（2011-11-28）［2022-12-03］．https：//www.mct.gov.cn/whzx/bnsj/cws/201111/t20111128_827873.htm.

制。中央财政在“十二五”期间扩宽了文化投入来源渠道，创新财政投入方式，由政府财政直接拨款转为购买服务、项目补贴、以奖代补、基金制等多种方式。

自“十一五”开始，我国文化事业费呈现出向基层倾斜、向西部欠发达地区倾斜、向群众文化倾斜的特征。基层综合性文化服务中心应当加强资源整合，建立完善公共文化服务网络，充分发挥统筹服务功能，为公众提供书报阅读、影视观赏、戏曲表演、普法教育、艺术普及、科学普及、广播播送、互联网上网和群众性文化体育活动等公共文化服务，并根据其功能特点，因地制宜提供其他公共服务。

（二）社区文化服务的主要内容

1. 建设社区文化活动中心

2017 年正式实施的《中华人民共和国公共文化服务保障法》提出，“地方各级人民政府可以采取新建、改建、扩建、合建、租赁、利用现有公共设施等多种方式，加强乡镇（街道）、村（社区）基层综合性文化服务中心建设，推动基层有关公共设施的统一管理、综合利用，并保障其正常运行”。中共中央办公厅、国务院办公厅转发《民政部关于在全国推进城市社区建设的意见》明确指出，“繁荣社区文化，积极发展社区文化事业，加强思想文化阵地的建设，不断完善公益性群众文化设施”。2019 年，上海市 99%的基层居村综合文化活动室服务功能提升达标。“中心城区 10 分钟、郊区 15 分钟的公共文化服务圈”目标基本实现①。

2. 开发社区文化人才队伍

社区文化服务的人才队伍主要包括社区群文干部、社区文化服务员、各类社区文化活动团队、文艺骨干以及居住在社区的文化专业人士等。当前，越来越多的社区都加大了对文化“软件”资源的开发利用，通过引入专业文化团队，培育社区文化团队，加大挖掘社区文艺骨干、文化艺术人才，利用区域内的文化名人、专家学者等人文资源，建立起一支

① 李婷．创建公共文化体系 上海开足马力布局供给主体多元化［EB/OL］．（2019-08-01）［2022-01-05］．https：//sh. ihouse. ifeng. com/news/2019_ 08_ 01-52224857_ 0. shtml.

本土化、高素质的文化人才队伍。如：上海市静安区充分利用本区的文化名人，推出“文化名人工程”，丰富了社区公共文化服务的内容和形式，提升了服务的整体水平。

3. 培育居民的文化参与意识

当前，我国社区治理还处在发展阶段，社区居民的参与意识与参与能力有待进一步提高，社区文化参与是社区参与的重要内容。大力培养广大居民参与社区公共文化服务建设的自主性，提高群众自我组织、自我管理、自我服务的积极性，也是当前社区公共文化建设中的一项重要内容。作为社区公共文化服务的消费者、接受者和参与者，人们以个人或组织的形式，通过各种渠道参与文化建设。比如，自发组织的文化活动、以兴趣为纽带的文化团队、以志愿者身份参与文化服务和文化场所的管理、对社区文化的建设提出合理化建议等。

4. 开展丰富的文化服务活动

当前我国各地的城市社区文化形式多样、内容丰富。中共中央办公厅、国务院办公厅关于转发《〈民政部关于在全国推进城市社区建设的意见〉的通知》（中办发〔2000〕23 号）明确指出，“要充分利用街道文化站、社区服务活动室、社区广场等现有的文化活动设施，组织开展丰富多彩、健康有益的文化、体育、科普、教育、娱乐等活动，利用社区内的各种专栏、板报宣传社会主义精神文明，倡导科学文明健康的生活方式，加强对社区成员的社会主义教育、政治思想教育和科学文化教育，形成健康向上、文明和谐的社区文化氛围”。可见，社区文化服务具有政治宣传、教育、休闲娱乐、组织动员等多方面的功能。

（三）以文化建设促进社区治理的新探索——保定市美地社区

文化治理具有两个层面的含义，一个层面是指将社区文化建设作为治理的对象，通过党委领导、政府主导，社会组织、企业、社区组织以及居民的多方协同参与，利用现有的政策、设施、人才等资源，提高社区文化福利水平的过程；另一个层面是指将文化作为社区治理的手段。

例如，施雪华等[①]提出“社区文化治理”是在社区这个特定的区域范围内引入文化作为杠杆，引领社区各种主体在政治、经济、社会、文化等事务中进行多方自由、平等、合作与共享的一种社区发展新模式。将文化作为一种治理方式而不是治理对象来建构，保定美地社区是走在全国前列的。

保定市美地社区从社区文化治理的维度采取重塑发展社区文化产业、社区文化与互联网文化的融合、社区与高校的联合等措施，其治理特点是建设社区书院，将社区茶舍作为社区人议事论事的场所，重塑远亲不如近邻的邻里关系。以国学文化作为社区工作的理论基础，将文化作为社区居民的生活方式。

美地社区专门开展了优秀家教门风的评选活动，对社区居民家庭内部世代传承的优秀价值观进行评选。许多居民家庭中都有值得推广的优良家庭传统，比如孝敬老人、兄弟姐妹团结等。虽然每个家庭的具体情况都是不同的，但是正能量的家庭价值观是普适的。将居民家庭中有利于家庭和社会和谐的门风家训挑选出来，在社区范围内进行肯定与普及，使其影响力超越家庭小范围，在社会中发挥更大的能量，影响更多的人。该社区开展社区文化治理的路径包括以下几方面。

1. 重塑社区价值，以“获得感”带动居民参与社区文化治理

社区作为连接宏观国家与微观家庭的纽带，在价值培育上有自己独特的层面和意义。美地社区重视对社区价值的塑造。例如，美地社区专门开展了优秀家教门风的评选活动，对社区居民家庭内部世代传承的优秀价值观进行评选。此外，社区非常重视通过“获得感”来增加居民对社区文化的参与。社区从“仪式感”着手，比如举办升旗仪式，用庄严肃穆的氛围来感染居民的爱国热情；举办社区运动会，用运动进取的精神鼓舞人们奋进；举办社区诗书朗诵大会，用传统文化古典诗词的美学主义唤醒居民的传统美学感悟；等等。这些都是带有价值重塑的集体仪

① 施雪华，禄琼．我国社区文化治理的新探索——以保定美地社区为例［J］．理论探索，2017（3）：107-114.

式。重塑美好的社区价值，重视居民的参与，是居民在社区治理中得到获得感的心理基础。

2. *以文化为纽带，举办各种文化活动促进居民的社区参与*

（1）建设社区书院提供多元文化服务。美地社区以文化服务为载体，将文化服务与社区治理结合起来，为居民参与社区治理创造机会。社区以文化价值的感召力使民众体会到参与的成就感与获得感，比较有借鉴意义的是社区书院的居民参与式管理。美地社区打造的社区书院，是一个以传授中国传统文化为主的公益教育机构，课程包括国画、国学名著阅读等内容，授课范围包括了学前儿童和退休老人等群体。

美地社区书院本质上是引导文化现象的参与式共鸣，在管理模式上，美地社区书院采取优先从社区居民中选举任课教师的制度，由自己身边的人担任教师，这让社区书院具有了群众基础。担任社区书院的老师逐步发展为一项在居民心目中有荣誉感的事情，这样就带动了社区的国学文化热，自然而然形成良好的社区文化氛围。社区书院还衍生出了许多文化爱好小组，如戏曲爱好者、书法爱好者等，书院积极为他们搭建施展平台、邀请外界资源，尽力使居民的文化才能有所发挥并得到自我价值实现。不论是参与教学还是参与书院课程和文化活动，居民都会觉得自己是属于这个文化生态体系的一分子，自己不仅仅是受教的一方，还可以成为给予的一方，能够切身为社区文化建设作贡献，由此产生自身价值被认同的获得感。

（2）将社区茶舍作为社区人议事论事的场所。美地社区设立了社区茶舍，并创新性地将其作为社区人议事论事的场所。在社区茶舍谈论的，既可以是关系社区发展的大事，也可以是某个兴趣小组商量活动事宜的地方。社区居民习惯在商量事情的时候去社区茶舍点上一杯清茶，“茶馆的气氛更有利于人平静清醒地思考”，社区居民如是说。茶舍这样的文化空间让社区就事议事的效率和气氛都大大提升了。茶桌会议一定程度上就像西方的“圆桌会议”，创造了一个民主协商的环境，能够容纳多方利益主体共洽、理性协商。

3. 创新塑造传统文化的方式

“远亲不如近邻”是中国的传统文化，在人际关系碎片化的现代社会，邻里关系的重塑具有重要的意义。美地社区在重塑社区人际关系上迈出了“互联网+”的重要一步：社区搭建了社区服务的网上平台，将社区几项重要的公益服务都挂在网上，并创新性地在社区工作网站里施行虚拟货币制度。在社区服务网站上，虚拟货币起到了打通社会服务之间转换连通的通道，比如参与失独老人照顾可以一次性获得20个虚拟货币，而社区内为了照顾早放学没人照看的孩子而设立的“四点半”学堂，一次接管儿童也是需要20个虚拟货币，社区这种制度将有社区服务能力的和有社区服务需要的人们有效对接起来。这种机制虽然以供需交易为出发点，却能有效形成社区服务的正能量场域。

4. 借助国学文化开展社区工作

美地社区在将国学内涵引入社区工作的过程中，充分发掘中国文化体系与社会工作的共同点，在社区服务建设中加以运用，从文化本源上调动居民的内在积极性。美地社区以“仁义礼智信”作为社区义工的准则，为社工设计了充满中国风的工作服；以儒家经典《礼运·大同篇》作为社工之家的家庭歌曲：“大道之行也，天下为公，选贤与能，讲信修睦……”这种国学文化内涵的注入，从我国传统文化中找到了一种理想社会的根源，唤醒了大家的精神归宿，让社区工作更贴近它的本来内涵，而不是作为一种制度的舶来品，为社工组织带来了极大的活力，从内到外地唤醒了大家对于一个共同家园的热爱。

案例总结：美地社区在与高校合作的方面走在全国前列，与华北电力大学（保定）人文学院建立了合作关系，并且聘请了有丰富社会工作经验的老师主导社区治理工作。石兵营老师的团队有丰富的社区治理经验，在美地社区创新地开展了各种治理实践活动，他们以社会主义核心价值观为价值导向，以优秀的传统文化为文化底蕴和心理凝聚力，以先进的治理模式为载体，为美地社区的治理现代化开辟了全新的局面，也为全国社区治理提供了可贵的范例。美地社区从治理内涵上重视文化、从治理形式上依靠文化，探索出了传统优秀文化与现代治理理论相结合的治理路径，是文化治理现代化的成功典范。①

二、社区文化服务存在的问题

（一）社区公共文化服务的投入不足，文化服务不充分

自2006年以来，我国公共文化投入资金持续增长，方式也逐渐多样化。2015年，我国首次发布《国家基本公共文化服务指导标准（2015—2020年）》，提出三大类14项22条基本公共文化服务国家标准。2021年，我国又发布包括基本公共文化服务在内的《国家基本公共服务标准（2021年版）》，进一步明确了目前阶段我国基本公共文化服务覆盖的主要方面，以及相应的服务对象、服务内容、服务标准和支出责任②。总体而言，与人民群众的文化需求相比，政府财政及社会各界对基层公共文化服务投入的力度仍然不足。一些街道的社区文化中心基础设施落后，活动举办次数少、人群覆盖率低，许多居民甚至不了解社区文化服务中心及服务信息，也未享受过相关文化服务。许多地区的基层文化服务中心更多是以完成任务式的心态提供服务，还没有做到深入群众、结合群众需求主动推广服务。

（二）社区文化服务竞争机制不足，文化服务不够丰富

形成政府、市场、社会共同参与公共文化服务体系的格局，是现代公共文化服务体系的重要特征。党的十八大以来，我国公共文化服务体系建设在保持制度优势、强化政府责任的同时，积极探索社会化发展新路径。以引入竞争机制、吸引社会力量广泛参与为特色的政府购买公共文化服务普遍开展起来，到2019年底，全国各级政府使用公共财政资金购买公共文化服务的总支出近50亿元。基层公共文化设施社会化管理运营试点星火燎原，“十三五”期间全国有1.1万多家基层公共文化设施探索了社会化管理运营新机制，激发了社会力量活力，也创造了文化产业

① 施雪华，禄琼．我国社区文化治理的新探索——以保定美地社区为例［J］．理论探索，2017（3）：107-114.

② 李国新，李斯．现代公共文化服务体系实现跨越式发展［EB/OL］．（2022-10-13）［2022-12-03］．http：//www.china.com.cn/opinion2020/2022-10/13/content_78463588.shtml.

新的增长点。在社区公共文化服务的提供机制方面，上海市一直走在全国前列，但全国大部分地区的基层公共文化服务提供仍以政府为主，缺乏竞争机制，服务效率和质量有待提升。

（三）社区文化基础设施建设和利用不足

社区居民对文化参与环境不满的因素包括社区文化设施、场地和场馆的缺失、偏远、硬件落后等，对此，可以通过新建、改造和组合的方式整合资源，提高利用率。对于缺失的文化场馆和场地，可以通过新建的方式，完善社区公共文化空间的物理场地建设。对于利用率低的文化场馆和场地，可以通过改造的方式，转变原有的环境和职能，使其能满足居民文化生活的场所需求。组合零散的文化设施和场馆，不仅能够节约资源，还可以通过功能的重组，满足社区居民不同的文化需求。

（四）政府对社区文化服务的主导性较强，居民参与不足

党的十八大以来，以专业化和特色化为特征的文化志愿服务持续深入开展，奉献社会、完善自我的文化志愿服务精神为增强人民的精神力量增添了养料。到2019年底，全国文化志愿者达到265万人，在公共文化人民群众自我创造、自我表现、自我服务、自我教育中发挥了重要作用①。文体活动也是居民参与社区活动的最广泛的领域之一，但我们应当注意到，在城市社区中，我们只能看到少数的“活跃分子”，而大部分社区居民都生活在自己的圈层中，很少参与社区公共活动。社区居民作为社区的组成单元，如果他们缺乏对社区文化治理的参与积极性，对社区的认同不足，便会加剧社区关系的破裂，使得社区关系更加脆弱②。此外，社区所提供的公共文化服务内容陈旧，难以对多数中青年人群产生吸引力，难以充分发挥社区对公众精神文化培养的积极作用③。

---

① 李国新，李斯．现代公共文化服务体系实现跨越式发展［EB/OL］．(2022-10-13)［2022-12-03］．http：//www.china.com.cn/opinion2020/2022-10/13/content_78463588.shtml.

② 陈友华，夏梦凡．社区治理现代化：概念、问题与路径选择［J］．学习与探索，2020(6)：36-44.

③ 丁煦诗，刘士林．关于社区文化治理的几个问题［J］．山西大同大学学报（社会科学版），2020，34(6)：1-5.

（五）社区文化服务存在群体性差异，针对困难群体的文化服务不足

公共文化服务不是面向少数人的服务，而是面向全体居民的服务。因此，城市社区公共文化服务体系建设要以居民的文化需求为基础，构建适度普惠的文化服务体系，尤其要重视和加大对外来务工人员群体的文化服务力度，尽可能实现基本公共文化服务的均等化，让公共文化服务真正惠及全民。

第三节　社区文化服务未来发展

一、社区文化服务治理的目标

居民日益扩大的公共文化生活需求，以及城市公共文化建设体制改革的迫切性，都使得政府必须设计一套全新的基本文化制度，充分结合新时期社区文化现状，有效消除社区治理的矛盾和冲突。在推动社区治理时，政府应当发挥文化应有的治理作用，借助于文化的约束效力和感召力，将中国特色社会主义思想价值观渗透至社区文化中，打造具备中国特色的社区文化，展现中国精神[①]。这体现了将文化作为社区治理方式的目标。另外，社区文化治理还应重视基层公共文化服务的公益性特征，重视社区特征和居民文化服务需求，综合利用多元文化服务提供主体的力量，致力于满足居民的文化服务需求。社区文化治理要充分体现社区文化服务的政治性、公益性、多元性、专业性、地域性等特点。

① 颜玉凡，叶南客．新时代城市公共文化治理的宗旨和逻辑［J］．江苏行政学院学报，2019（6）：66-72.

二、社区文化服务治理策略

（一）提高国家对社区公共文化服务的投入力度

社区是一个地域性的概念，社区公共文化服务治理应当统筹国家的公共文化政策以及区域性的文化服务。未来应在经济发展的基础上提高文化事业经费在公共财政总支出的比例，尤其要提高文化站等文化公益事业机构的建设和日常运行经费。在既有基本公共文化服务范围内，应适当增加社区图书馆的数量，提升民众阅读服务的便捷性，提高居民阅读率。增加街道和社区的综合文化服务中心图书及报刊册数，提供借阅服务；开展文化艺术知识普及和培训等服务。同时，增加党群服务经费以及社区公益基金用于文化公益类项目的经费比例，结合群众需求，开展公益类文化服务项目。

（二）构建多元社区文化服务治理体系

社区文化服务治理要把政府、企业、非政府组织及社区居民的力量结合起来，依据居民的文化服务需求，与经济发展水平相适应，以适度普惠的福利模式为标准，构建党委领导、政府主导、企业和非政府组织协同、居民积极参与的文化服务治理格局。一方面，党和政府要根据当地经济发展水平及公共服务总体规划制定社区文化服务治理的标准和相关政策，并做好监督和管理。文化服务类社会组织及企业可以积极承接政府购买文化服务项目，为社区居民提供优质、高效的文化服务。另一方面，政府要加大培育公众的参与意识和自治精神，引导公众在享受文化服务的同时，积极参与公共文化发展规划制定、活动组织和绩效评估等各个环节；引导公众通过组建社团等形式，有组织地进入公共文化服务领域，提升公众参与和享有公共文化服务的能力。

（三）重视社区特点和居民文化服务需求

不同区域、不同文化背景的人群对公共文化服务的需求肯定会有所不同。传统小区和新建小区，动迁小区和普通商品房小区，老年人集中的小区、年轻白领集中的小区和外来务工人员集中的小区，不同人群对社区公共文化服务的定位、内容、形式都有不同的要求。因此，要根据社区发展的总体布局，因地制宜做好公共文化服务规划。既要合理布局、统筹安排，形成符合区域特点的、比较完善的社区公共文化服务设施网络，也要充分考虑当地的文化资源优势和群众文化需求，精心安排服务的内容与形式，使公共文化服务贴近基层，贴近实际，贴近群众。

（四）构建社区文化设施和空间的整合使用机制

社区文化设施和空间应当整合使用，充分利用街道范围内的综合文化中心、博物馆、图书馆以及社区居委会的公共空间，将文化服务与社区治理相融合。提高既有空间的使用效率，弥补一些社区服务空间及社区文化服务空间不足的问题。

（五）重视困难群体的文化服务及其参与

公共文化服务不是面向少数人的服务，而是面向全体居民的服务。因此，城市社区公共文化服务体系建设要以居民的文化需求为基础，构建适度普惠的文化服务体系。尤其要重视和加大对外来务工人员群体的文化服务力度，尽可能实现基本公共文化服务的均等化，让公共文化服务真正惠及全民。

第十三章　社区矫正政策与社区矫正服务

第一节　社区矫正政策体系

一、社区矫正概述

（一）概念界定

社区矫正（Community correction）是指将符合社区矫正的罪犯置于社区内，由专门的国家机关在相关社团组织和民间组织以及社会志愿者的协助下，在判决、裁定或者决定确定的期限内，矫正罪犯的犯罪心理和行为恶习，并促进罪犯顺利回归社会的非监禁刑罚执行活动。

矫正社会工作是指社会工作实施于矫正体系中。广义上讲，它是指专业人员或志愿人士，在专业价值观指引下，运用社会工作的理论、知识和方法、技术，为罪犯（具有犯罪危险性的人员）及其家人，在审判、监禁处遇、社会处遇或刑释期间，提供思想教育、心理辅导、行为纠正、信息咨询、就业培训、生活照顾以及社会环境改善等，使罪犯消除犯罪心理结构，修正行为模式，适应社会生活的一种福利服务。[①] 因此，狭义的“社区矫正社会工作”是指在社区矫正这一刑罚执行和社会福利过程中开展的，运用专业的知识和方法，帮助矫正对象恢复社会功能，促进矫正对象社会融入的职业活动。矫正社会工作是司法矫正体系中的社会福利服务。矫正社会工作的目的与司法矫正工作的目的一致，是司法矫正体系的有机组成部分。

---

① 张昱．矫正社会工作［M］．北京：高等教育出版社，2008：6.

（二）社区矫正的适用范围

社区矫正是针对被判处管制、宣告缓刑、裁定假释、暂予监外执行这四类犯罪行为较轻的对象所实施的非监禁性矫正刑罚。

管制是我国刑法规定的一种量刑种类。管制是对罪犯不予关押，但限制其一定自由，依法实行社区矫正。判处管制的罪犯仍然留在原工作单位或居住地工作或劳动，在劳动中应当同工同酬。管制的期限为 3 个月以上 2 年以下，数罪并罚时不得超过 3 年。限制罪犯自由主要表现在限制罪犯的政治自由以及担任领导职务、外出经商、迁居等自由。《中华人民共和国刑法》第三十八条规定，“判处管制，可以根据犯罪情况，同时禁止犯罪分子在执行期间从事特定活动，进入特定区域、场所，接触特定的人”。

宣告缓刑：全称暂缓量刑，也称为缓量刑，是指对触犯刑律，经法定程序确认已构成犯罪应受刑罚处罚的行为人，先行宣告定罪，暂不执行所判处的刑罚。缓刑适用于 3 年以下有期徒刑。

裁定假释：是对被判处有期徒刑、无期徒刑的犯罪分子，在执行一定刑期之后，因其遵守监规，接受教育和改造，确有悔改表现，不致再危害社会，而附条件地将其予以提前释放的制度。

暂予监外执行：对于被判处无期徒刑、有期徒刑或者拘役的罪犯，由于符合法定情形，决定暂不收监或者收监以后又决定改为暂时监外服刑，由社区矫正机构负责执行的刑罚执行制度。

（三）社区矫正的目的

社区矫正的目的是通过政府，主要是经过司法行政机关（司法局）及其派出机构（司法所）、社会以及爱心人士的帮助，使矫正对象改正恶习，并帮助他们重新回归社会。社区矫正的直接目的是通过社区矫正组织进行社会化教育，使罪犯适应并顺利回归社会；根本目的是预防犯罪，维护社会稳定，实现国家的长治久安。社区矫正工作坚持监督管理与教育帮扶相结合，专门机关与社会力量相结合，采取分类管理、个别化矫正，有针对性地消除社区矫正对象可能重新犯罪的因素，帮助其成为守法公民。[①]

二、社区矫正制度的发展历程

“社区矫正”是一个外来语。社区矫正是西方国家首先推行的一种刑事执法模式，其理念正始于19世纪末近代学派的行刑社会化思想。近代学派的大师们认识到监狱刑罚的缺陷和不足，提出了非监禁刑罚措施和对罪犯人格的改造，社区矫正便由此发端。

20世纪50年代兴起了罪犯再社会化思潮，以安塞尔为代表的新社会防卫学派提出对罪犯实行人道和再社会化，使社区矫正思想由孕育走向成熟，并逐渐由学说渗透到立法，再转化为各国的行刑实践。过去，中国没有使用社区矫正的名称。但是，中国的刑罚制度中，包含了社区矫正的有关内容，例如，管制、缓刑、假释等。20世纪七八十年代以来，各国都在不断进行刑罚制度的创新，尝试用最有益的方式处理犯罪和犯罪人，社区矫正就是这样一种刑罚方式的探索和实践。

（一）2003—2009年（政社试探时期）

在这一时期，社区矫正工作与专业社会工作的关系处于边缘试探和方法引入阶段。2003年，北京、天津、上海、江苏、浙江和山东6个省市实行社区矫正工作试点，开启了我国社区矫正的具体实践。社区矫正是一种非监禁的刑罚方式，是指将符合社区矫正条件的罪犯置于社区内，由专门的国家机关在相关社会团体和民间组织以及社会志愿者的协助下，在判决、裁定或决定确定的期限内，矫正其犯罪心理和行为恶习，并促进其顺利回归社会的非监禁刑罚执行活动。

2004年，《司法行政机关社区矫正工作暂行办法》发布；2005年最高人民法院、最高人民检察院、公安部、司法部发布《关于扩大社区矫正试点范围的通知》，进一步对社区矫正工作进行了规定。社区矫正工作是将罪犯放在社区内，遵循社会管理规律，运用社会工作方法，整合社会资源和力量对罪犯进行教育和改造，使其尽快融入社会，从而降低重

---

① 中华人民共和国司法部．中华人民共和国社区矫正法［Z］．2019-12-28.

新犯罪率，促进社会长期稳定与和谐发展的一种非监禁刑罚执行活动。《关于扩大社区矫正试点范围的通知》要求以教育矫正质量为核心，而社会工作与社区矫正在服务理念、工作方法上具有一致性，社会工作作为一种专业，其个案、小组、社区等方法具有科学性和有效性，能够很好地为社区矫正对象提供个性化的专业服务，提高教育矫正的质量，是社区矫正工作的关键手段和重要保障。司法行政部门工作者对社会工作认知不多、认同感不强，疑虑能否发挥作用；社区矫正处于初始的试点阶段，缺乏相关制度法规支持，社会工作者参与时岗位缺位、身份尴尬及让渡的职权的空间不明。

（二）2009—2013 年（政社积极互动时期）

这一阶段，矫正行政部门与社会工作处于亲和互动和制度建设时期。2009 年，《关于在全国试行社区矫正工作的意见》明确要求，“广泛动员社会力量参与社区矫正工作，建立健全社会工作者和社会志愿者的聘用、管理、考核、激励机制。切实加强社区矫正工作队伍的培训，提高队伍综合素质，提高做好社区矫正工作的能力和水平”。

2011 年，十一届全国人大常委会第十九次会议审议通过《中华人民共和国刑法修正案（八）》，明确规定了对判处管制、缓刑以及假释的罪犯依法实行社区矫正，标志着我国社区矫正法律制度的确立，为改革完善我国刑罚执行制度奠定了重要基础。2012 年，最高人民法院、最高人民检察院、公安部、司法部关于印发《社区矫正实施办法》的通知。司法行政机关负责指导管理、组织实施社区矫正工作。社会工作者和志愿者在社区矫正机构的组织指导下参与社区矫正工作。有关部门、村（居）民委员会、社区矫正人员所在单位、就读学校、家庭成员或者监护人、保证人等协助社区矫正机构进行社区矫正。

社会工作组织作为一种社会力量进入社区矫正，但这是一种被等同于志愿者的社会力量，而不是专业力量或主要力量，这表明社会工作组织还处于被动的边缘地位，其专业性并未得到司法行政部门和社会各界的认可。作为专业的社会工作组织进入社区矫正这一新领域时，面对社区服刑人员这一特殊的群体，其专业性的发挥需要经过从一般社会工作向社区矫正社会工作的适应和调整。一些社区矫正工作起步较为缓慢的地区，常常缺少专门的社区矫正社会工作组织，或司法行政部门工作者的理念转化较为迟滞。

（三）2014 年至今（成熟化合作时期）

2014 年，《高法院 高检院 公安部 司法部关于全面推进社区矫正工作的意见》发布，要求积极探索政府购买服务的方式，还提出了发展社会工作者队伍，组织和引导社会工作者参与社区矫正工作的要求。2014 年 11 月，司法部等 6 部门印发《关于组织社会力量参与社区矫正工作的意见》，着重强调了社会力量参与社区矫正的重要性，较多提及社会工作，并明确提出“公开择优向社会力量购买社区矫正社会工作服务”。

2016 年 12 月，国务院法制办公布《中华人民共和国社区矫正法（征求意见稿）》，并向社会征求意见。2019 年，《中华人民共和国社区矫正法》正式颁布，2020 年 7 月 1 日起实施。该法共八章六十三条，为我国社区矫正工作的开展提供了法律依据。

2016 年，我国各类社区矫正服刑人员超过 70 万人，社区矫正社会工作者 8.3 万人，社区矫正对象的再犯罪率维持在 0.2%的低水平。① 截至 2019 年底，全国累计接受社区矫正对象达 478 万人，累计解除矫正对象 411 万人②。社区矫正为维护社会和谐稳定、节约刑罚执行成本，推进平安中国、法治中国建设，促进司法文明进步发挥了重要的作用。

三、我国社区矫正工作的内容

社区矫正除了应履行带有强制性的监管任务外，还应注重对罪犯的教育改造以及提供对罪犯的帮助和服务。

（一）社区矫正对象的管理

社区矫正工作的首要任务是矫正，因此，司法行政部门对矫正对象

① 司法部．社区服刑人员突破 70 万人，矫正期间重新犯罪率处于 0.2%左右的较低水平［EB/OL］．（2017-01-15）［2022-10-22］．http：//politics. people. com. cn/n1/2017/0115/c1001-29024059. html.

② 司法部．全国累计接受社区矫正对象已达 478 万［EB/OL］．（2019-12-28）［2022-10-22］．https：//www. chinanews. com. cn/gn/2019/12-28/9045849. shtml.

的管理是非常重要的内容。根据《中华人民共和国社区矫正法》，矫正管理工作的第一步是决定矫正和接收矫正。社区矫正决定机关应当确定社区矫正执行地。社区矫正决定机关根据需要，可以委托社区矫正机构或者有关社会组织对被告人或者罪犯的社会危险性和对所居住社区的影响，进行调查评估并提出意见，供决定社区矫正时参考。居民委员会、村民委员会等组织应当提供必要的协助。社区矫正决定机关应当对社区矫正对象进行教育，告知其在社区矫正期间应当遵守的规定以及违反规定的法律后果，责令其按时报到。社区矫正对象应当自判决、裁定生效之日起十日内到执行地社区矫正机构报到。社区矫正机构应当依法接收社区矫正对象，办理接收登记、建立档案。

管理工作的第二步是矫正期间的监督管理。社区矫正对象在社区矫正期间应当遵守法律、行政法规，履行法律文书确定的义务，遵守国务院司法行政部门关于报告、会客、外出、迁居、保外就医等监督管理规定，服从社区矫正机构的管理。社区矫正机构要对矫正对象分类管理、个别化矫正。矫正人员需要服从管理，按时报到和汇报，参加学习和培训，参加公益劳动和公益活动，等等。社区矫正机构应当了解掌握社区矫正对象的活动情况和行为表现并根据社区矫正对象的表现，依照有关规定对其实施考核奖惩。社区矫正对象矫正期满及矫正期间死亡等情况均需社区矫正机构予以相应的处理。

（二）社区矫正对象的矫正

社区矫正对象存在的各种问题影响了他们回归主流社会的进程。因此，问题导向原则是矫正社会工作者开展矫正工作应该遵循的一个基本原则。矫正对象面临的问题十分复杂，每个对象存在的问题各不相同。因此，这里简要介绍矫正对象最常见的一些问题的矫正方法。社会适应问题是各类社区矫正人员可能面临的问题之一。社会工作者应该积极地、有针对性地、有计划性地开展矫正工作。其中，最关键的是要针对其适应性难点设置矫正服务计划。社会支持问题是指矫正对象进入社区矫正后，在物质、精神、社会心理、社会政策等方面需要帮助的一种状态，尤其是就业问题是矫正对象面临的首要适应性问题。这往往需要矫正工作机构根据矫正对象的需求、个人情况以及具体的政策予以帮助。矫正对象还会面临社会交往问题。矫正工作机构需要密切关注矫正对象的交往范围和交往方式，防止可能会诱发矫正对象重新犯罪问题的出现，引导和帮助矫正对象与有利于其健康发展的人开展交往活动。目前，许多矫正机构会使用一些先进的设备来规范矫正对象的人际交往。同时，专业社会工作者可以使用交往阻断法、结构松动法以及替代法等方法，借助社区、矫正对象家庭等多元主体力量，改善矫正对象的交往环境。

（三）社区矫正对象的帮助

矫正对象面临的困境主要有：就业困境、人际交往困境、基本生活问题，包括住所、生活费、没有专业技能等。因此，矫正对象可能会面临婚姻家庭、职业培训、提供法律援助、心理辅导等方面的帮助。矫正工作者可以征求矫正对象原来单位的意见，协商是否有重新接受、安排工作的可能；联系街道办事处、居民委员会或村民委员会的集体企业或社区就业；联系劳动和社会保障部门，对矫正对象提供职业培训和职业介绍；联系职业介绍所或家政服务中心等社会职业中介机构，帮助矫正对象寻找就业机会；联系有关部门帮助自谋职业。矫正机构为矫正对象办理社会保险、申请低保、救济金等手续时提供帮助。为了帮助矫正对象就业，矫正小组需要了解矫正对象的个人特点和个人爱好，发掘矫正对象的特长和优势，挖掘其潜力并了解社会对人才的需求。矫正机构可以在法律援助方面为矫正对象提供帮助，避免其服刑期间的财产权、继承权等权利被他人侵犯。社区矫正机构一般都有法律工作者，有的司法所设有下属法律服务中心。矫正机构也可以聘请法律援助志愿者。

（四）社区矫正对象的教育

首先，思想道德教育及其具体内容：对矫正对象实施爱国主义教育、家庭美德等传统美德教育；热爱劳动、靠劳动致富的劳动价值观教育；热爱工作、坚守岗位的职业道德教育；进行社会功德教育，尤其是对危害公共安全类和危害社会公共秩序类的违法犯罪分子进行教育。其次，法治观念教育：针对违法犯罪人员法制观念薄弱的情况，应当以法律知识为基础，以刑法学为基础，以宪法、民商法、经济法、行政法等实体法和民事诉讼法、行政诉讼法等程序法为基础，进行普法教育。明白自己享有哪些权利，如何行使自己的权利。最后，心理健康教育：对社区矫正对象的心理健康教育主要通过课堂讲授的方式进行，授课内容包括心理学知识普及，尤其要重点涉及与服务对象相关的心理健康知识。此外，开展座谈会、辩论会等都是自我心理教育的有效形式。罪犯心理健康教育的主要内容有：心理科学的一般常识；犯罪心理的一般常识和改造犯罪心理的途径与方法；不健康心理的自我调节方法；等等。

（五）社区矫正对象的公益劳动和社区服务

矫正对象参加公益劳动和社区服务是重要的矫正措施之一。社区矫正对象参加公益劳动原则上应该在社区内进行，在矫正工作者或志愿者的带领下以及当地政府、社区组织的安排下进行。劳动的项目主要是当地公益性的、服务性的劳动。包括照顾老人、清理小广告、社区保洁、社区绿化、协助维护交通安全、便民维修等。对矫正对象参加的公益劳动要进行考核。

社区服务作为正式的制定法而被规定为一种非监禁刑，肇始于英国，英国于1972年制定的《刑事司法法》首先规定了社区服务的刑罚措施。到了20世纪80年代，大部分西欧国家、美国1/3以上的州以及加拿大、澳大利亚等国以及我国香港地区，都引进了这个刑种。社区服务作为一个独立的刑种，一般适用于犯有非暴力性轻微犯罪的成年犯。①

“服务社会令”是最近十几年来海外许多国家或地区较为盛行的一种非监禁化的社会处遇措施，即通过判定罪犯在社会福利机构从事规定时间的无偿劳动或服务，以此赎罪悔过的矫正形式。这种处遇方式最大限度地避免了监禁刑罚造成的隔绝和恶习交叉感染。在“服务社会令”的执行中，社区服务工作者及志愿者的督促和引导至关重要。“服务社会令”的执行，大致有如下两个步骤：计划执行的初始阶段以事务性工作为主（如清洗轮椅、替老人送饭等），旨在让罪犯承担责任，而社区服务

① 张昱．矫正社会工作［M］．北京：高等教育出版社，2008：203-212.

工作者也可借此了解罪犯的长处；计划后阶段则可安排兴趣高、成就感大的工作（如为孤儿画壁画、组织摊位游戏等），侧重于对罪犯的感情投入、扩展经验、改变角色和反省自我。总之，“服务社会令”同时糅合了惩罚、补偿和康复（矫正）三大功能。

第二节　社区矫正服务现状

一、社区矫正服务模式

我国目前较为成熟的社区矫正模式有三种，分别是北京模式、上海模式和深圳模式。[①] 北京主要利用基层司法所和社区组织开展监管，被描述为司法行政模式或刑罚执行模式。上海注重引入社会团体来承担管理任务，被称为社会化模式。深圳则开创了政府购买社会工作岗位组建社区矫正团队的形式。

（一）北京模式

北京构建了较为完善的市、区和街乡三级社区矫正管理网络。北京市司法局统管全局，社区服刑人员教育中心统合全市的初始教育活动。各区都成立了阳光矫正服务中心和阳光中途之家，阳光矫正服务中心主要负责协管员队伍的协调管理，阳光中途之家则负责集中教育和培训、过渡性安置和矫正教育。基层司法所为一线执行主体，主要依靠三支矫正队伍——基层司法助理员、抽调的监狱警察/原劳教警察和面向社会招聘的协管员。此外，管理体系还整合了相关社会力量，包括居委会人员、矫正对象家属和志愿者。

2003 年，北京等 6 省市成为“社区矫正”的首批试点地区。北京市朝阳区于 2008 年 7 月在黑庄户乡率先成立“阳光中途之家”。朝阳区“阳光中途之家”作为专业社区矫正机构，自投入使用起，便成为针对社

---

① 熊贵彬．社区矫正三大管理模式及社会工作介入效果分析——基于循证矫正视角［J］．浙江工商大学学报，2020（2）：114-124.

区服刑人员和“三无”（无家可归、无业可就、无亲可投）刑满释放人员的过渡性安置基地。

“中途之家”（halfway house）的本意是帮助刑释人员克服危机、训练其重新适应社会生活的一种过渡性住宿式社区矫正机构，是罪犯从监狱向社会过渡的桥梁。西方的中途之家一般接收距离释放还剩3~4个月的犯人，为他们提供必要的食宿，并为每个人制订有针对性的回归社会训练计划，内容主要包括就业技能培训、熟悉当前社会和恢复或重建人际关系等。北京市朝阳区“阳光中途之家”是中国内地由政府主导建设的第一个“中途之家”，在实践中创造性地发展了“中途之家”的功能——使其同时发挥社区矫正中心和过渡安置的作用①。2011年开始，“中途之家”在全北京开始推广，并实现了所有区县的整体覆盖。

“阳光中途之家”的工作内容如下。

1. 矫正教育

这是“阳光中途之家”针对社区服刑人员和刑释人员开展的一项主要工作内容。一方面，被宣判为社区服刑的人员、假释人员、刑释人员，朝阳区司法局规定，必须在街乡矫正干警或矫正社工陪同下，到“阳光中途之家”参加集中教育，“中途之家”会向他们说明社区服刑期间的几个专门法规，对他们进行警示，避免矫正期间因为重新犯罪而被收监。而对于假释和刑释人员，由于离开社会已久，还要向他们介绍当前的社会形势及相关政策措施。另一方面，在社区矫正即将解除之际，“中途之家”还会对学员进行集中培训。首先对学员们矫正期间的表现进行肯定，鼓励他们继续好好做人。同时，还以大量发生在学员们身边的正反两方面的实际案例，对他们进行示范和警示，以此促进他们顺利回归社会。

2. 心理辅导

有的社区服刑人员面临家庭、工作、情感、人际关系等方面的问题，而很多刑释人员具有不同程度的监狱人格，与家人关系紧张、缺少安全

① 熊贵彬．社区矫正北京模式新实践特征分析——基于朝阳区阳光中途之家的调查［J］．中国社会福利，2016（6）：37-42.

感，这些问题都会对“两类”人员的心理产生不良影响。“阳光中途之家”对所有新接收的学员，首先通过心理量表进行心理测评。对测评中表现出焦虑症等倾向的学员，则通过邀请专业心理咨询师进行个案心理辅导，并开通心理咨询热线及时解答他们的心理疑惑，舒缓其心理压力。同时，对测评表现正常的“两类”人员，也会进行人际交往讲座和拓展训练，使他们学习与人交往沟通的技巧，尤其是学会处理或修复与家人的关系。

3. 就业指导

“阳光中途之家”利用机构的优势采取了一系列就业帮扶措施。首先，“中途之家”适时对学员们讲解当前的就业形势以及相关的政策，使学员们放弃一些不切实际的职业期待，以更加平和的心态去面对择业及可能遇到的挫折。其次，为学员们提供职业推荐介绍。最后，利用机构场所开展职业技能培训，专门建立了电脑教室、美容美发培训室、烹饪培训室等培训场所。并与15所职业学校签订协议，由这些学校派遣老师在“阳光中途之家”开展技能培训。培训内容也不是机构主观确定，而是首先征求矫正对象的看法，选择那些学员们需求最多、机构力所能及的项目。一般都是短平快的职业技术，使学员能在短期内迅速掌握可以谋生的基本技能。同时，鼓励学员参加一些职业资格考试。

4. 过渡性安置

过渡性安置也成了困扰全国很多街乡、社区的一个问题，朝阳区则通过“阳光中途之家”成功地解决了这个问题。“阳光中途之家”利用城郊（东五环外）的地价优势，共建立了23间宿舍，以满足住宿式集中培训和过渡性安置的需求。过渡性安置属于临时安置，一般在3个月以内（也可酌情延长）。在此期间，他们可以找工作、申请政府相关救助项目或通过其他渠道解决困难。虽然时间不长，但却提供了一个重要的缓冲期，帮助他们克服眼前难关。

5. 集中培训

“阳光中途之家”最主要的工作内容是对“两类”人员进行集中培训，一般为期两三天。通过集中培训，假释人员明白了什么叫作社区矫正，自己应该如何进行矫正，还了解了与自身相关的最新社会政策、就业形势、法律常识等。培训期间，干警或司法社工和学员们同吃、同住、同学习，拉近了他们彼此之间的距离。工作人员也反馈了类似的情况，“学员们普遍都说条件好，特别感谢，觉得（机构）拿他们当人看。可在监所里就不一样了，大狱里那种威严绝对是不一般的”。

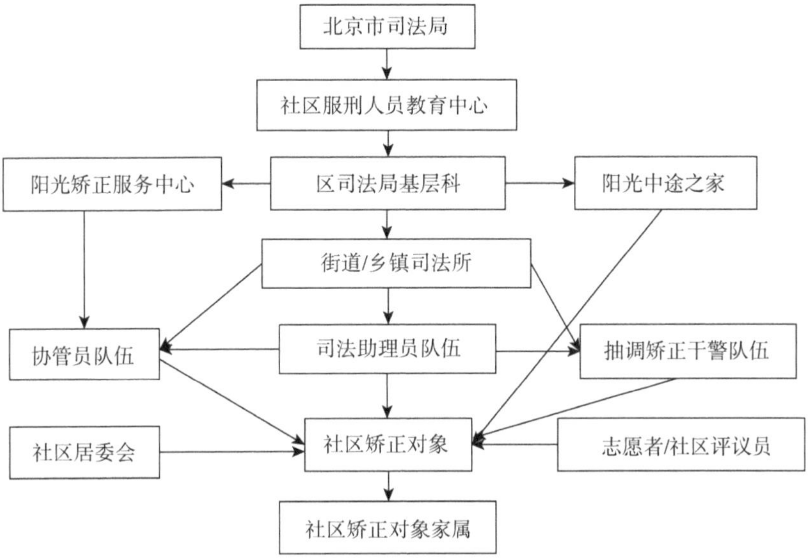

图 13–1　北京市司法行政社区矫正服务模式

（二）上海模式

上海模式主要是在上海市政法委和综治办指导下，由司法局社区矫正工作办公室领导和监管。实行执行主体和工作主体适度分离的运作模式，日常工作主要依靠社会团体新航社区服务总站、分站和服务点进行管理和服务，包括矫正对象的日常管理、心理矫正、帮扶、集中教育和公益劳动等，强调社区矫正的教育矫正。2014 年成立的区级社区矫正中心主要在中宏观层面进行监督、威慑和指挥。在运行过程中，新航服务社着重提升了工作人员的社工师比例。目前新航有 700 名左右的社区矫正工作人员，有 200 名左右的国家二级心理咨询师，有 500 名左右具备社工师或助理社工师资格证的人员。

2002 年 8 月，上海市徐汇区斜土街道、普陀区曹杨新村街道、闸北区宝山路街道率先在全国开始了社区矫正的试点。2004 年 1 月，上海市新航社工服务站成立，是全国最早从事社区矫正、安置帮教社会工作的社会组织，是上海预防和减少犯罪工作体系、创新社会治理的重要组成部分。新航总站业务主管单位为上海市司法局，并于 2014 年通过上海市民政局、上海市社会团体管理局的“上海市社会组织规范化建设”评审，被评为 5A 级社会组织。

新航社工本着“以人为本，助人自助”的工作宗旨，运用社会工作理念和方法，为居住在上海市辖区内的社区服刑人员、5 年内刑满释放人员提供专业化帮教服务，使服务对象法治意识和道德观念有所增强，心理状态和行为习惯有所改变，家庭关系和社会支持系统得到修复，实际困难得到解决，生存环境得到改善，从而实现增强其社会适应能力，使其顺利融入社会，减少其重新违法犯罪的目的。

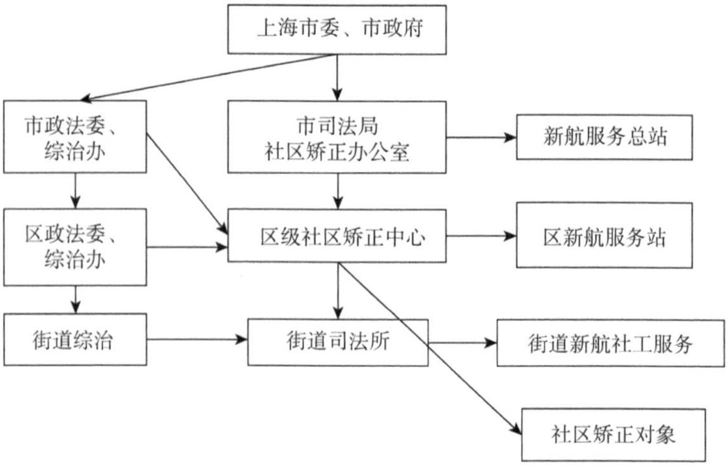

图 13-2　上海市社区矫正服务的社会化模式

（三）深圳模式

“深圳模式”始于 2007 年全国民政系统社会工作人才队伍建设推进会在深圳召开之际，创新性地推出购买岗位制度。社区矫正领域主要由司法系统向民政局申请购买服务岗位，由民政局向社会工作服务机构公开招标。机构中标后派出社工到司法局或司法所开展专业矫正服务。在社区矫正实际管理和服务中，主要由司法人员、社工和心理咨询师组成团队开展工作。深圳社区矫正一线工作人员中社工师比例约为38%，有法学背景的工作人员占比44%。深圳市的主要特征是司法行政部门购买社会工作机构的人才进入矫正岗位工作。

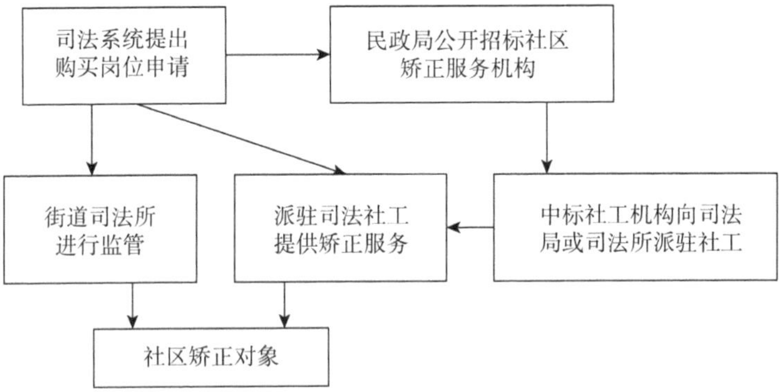

图 13-3　深圳市政府购买矫正社工岗位服务模式

二、社区矫正社会工作实务过程

（一）专业关系的建立

专业关系的建立是开展工作的基础。社区矫正社工要通过与矫正对象的互动，建立二者之间的专业关系。社区矫正社工与矫正对象之间的关系有两个方面：一方面是强制性的管理者和被管理者的关系，另一方面是服务性的社工与案主之间的关系。矫正对象接受社区矫正并签订保证书就意味着强制性关系的建立，但信任关系的建立才是专业关系的真正建立，这往往需要一个过程。

在建立关系阶段，社工要了解矫正对象的来源和性质，在态度上应当具有主动性，目的是促使矫正对象进入对象角色。社会工作者要对矫正对象进行角色澄清和角色训练，让矫正对象明白双方的关系和互动模式。在关系建立阶段还要初步评估矫正对象的问题、需要和任务。除了矫正对象本身，还应与矫正对象以外的其他系统建立关系。例如，司法系统、公安系统、居委会等组织。社工通过充分的沟通、真诚的态度建立专业关系并决定如何开展工作。例如，如果社工与案主的专业关系无法建立，则需要终结或者转介关系，若能够顺利建立则开始专业关系。矫正社工与矫正对象建立关系的技巧包括感同身受、共同订立目标、制造氛围、积极主动等。

（二）矫正资料的收集和分析

矫正社工需要收集案主个人层面的资料、环境层面的资料以及社会交往层面的资料。个人层面的资料包括姓名、性别、年龄、文化程度、案由、矫正期限、个人经历、特长、爱好、性格等。环境层面的资料包括家庭环境、社区环境、工作环境等。社会交往方面的资料包括案主的人际互动、朋辈群体情况等。资料收集的方法包括文献法、访谈法、问卷法、观察法等。

资料分析阶段是为了将之前掌握的案主资料进行整理，使之系统化，有助于社工更加客观分析案主的基本情况，全面认识矫正对象，制订合理的矫正服务方案。

（三）矫正对象问题的研究与诊断

矫正社工通过分析矫正对象的相关资料，诊断矫正对象存在的问题并对问题进行排序，综合分析有助于矫正对象改变的支持性问题、矫正对象在社会互动中可能产生的问题以及可能诱发矫正对象重新犯罪的问题。最后，社工整理上述问题后撰写预估报告。

（四）矫正计划的制订

社会工作者要依据矫正对象存在的问题以及需要解决的顺序，合理制订矫正计划。首先要根据矫正对象面临问题的紧迫性及解决的难易程度制订矫正目标计划，包括服务总目标与阶段目标。目标计划可以包括短期计划与长期计划，每次计划关注的对象及实施策略要详细制定，最后与服务对象签订工作契约。

（五）社区矫正的介入

社区矫正的介入是指根据服务计划，运用社会工作价值、知识和方法开展具体介入服务，做好服务记录。社区矫正的介入包括直接介入与间接介入，直接介入是指社会工作者直接对矫正对象的干预，而间接介入是通过家庭、社区及社会环境进行介入。社会工作者要根据服务计划，开展阶段性评估并根据评估结果适当调整服务计划。社工制订矫正计划时还要预估可能出现的风险，制定预案。

（六）矫正评估与跟进

社会工作者在完成矫正任务后要进行服务评估。评估的方法包括对任务完成情况、目标实现程度、介入的影响程度等方面的评估。矫正服务评估的内容包括服务过程评估、服务结果评估以及服务满意度评估。服务过程评估包括服务计划实施是否顺利，服务技巧运用是否合适和有效、服务过程中对专业伦理的遵守以及对专业守则的遵守情况。服务结果评估包括重犯风险情况、目标达成情况等。服务满意度评估包括服务对象、社区矫正机构对社工服务的满意度。

（七）服务结案跟进

社会工作者要参加矫正对象的矫正期满宣告会，并根据其在接受社区矫正期间的表现、社区意见等向司法所提出书面鉴定意见和安置帮教分类，开展跟进服务。对于社区矫正对象重新犯罪的，社工要撰写重犯分析报告。最后，矫正社工要做好资料归档工作。

三、我国社区矫正服务先进经验

（一）淮南大通：社区矫正就业基地项目

矫正人员往往面临就业方面的困境。大通区司法局与大通区人社局共建“大通区社区矫正职业技能培训基地”，通过开设多种培训课程，为社区矫正对象提供职业技能培训。大通区司法局社区矫正中心与区内多家单位、部门联合共建就业指导基地，引导社区矫正对象积极就业、勤劳致富、回归社会，维护家庭和谐、社会稳定。大通区司法局积极探索社会力量参与社区矫正工作，与启航社区矫正服务中心合作，为社区矫正对象提供就业指导与帮扶。2020 年，29 名社区矫正对象参加了技能培训，5 月底已全部完成线上就业技能理论知识培训课程，参训人员课程学习完成率达 100%。6 月下旬开展线下实操培训，启航社区矫正服务中心开设了厨师班、电工班、家政服务班。通过实际操作和专家老师“一对一”教学，帮助社区矫正对象掌握劳动技能，让社区矫正对象承担起家庭责任和社会责任。

大通区司法局积极与辖区内优质企业沟通联系、拓宽就业渠道，如富华服饰、步瑞吉制衣公司、唐兴液压、九龙岗运泽双孢菇农业专业合作社等，通过网站、微信工作群、社区矫正集中教育等途径加大就业创业宣传，发放招工宣传资料800余份。积极参与“春风行动”就业援助活动，组织社区矫正对象、刑释解教人员参加就业招聘。大通区司法局社区矫正中心和5个司法所在全市率先挂牌成立“社区矫正对象家属学校”，为社区矫正对象亲属提供教育学习帮扶平台，建立家庭等多方互动的教育体系。通过举办专题讲座、矫正帮扶培训、就业技能政策宣讲等活动，让社区矫正对象及其亲属享受帮扶政策，感受到社会的关心关爱，提高了社区矫正对象就业创业的积极性和主动性，帮扶他们更好回归社会。[①]

（二）上海浦东：社区矫正分类教育项目

社区矫正工作中，对矫正对象的行为和心理矫正及教育是首要的内容。2018年，在浦东新区司法局矫正处的指导下，中和所联合惠南社区矫正中心以管理风险程度为划分标准，以被予以警告、训诫及计分考核减分的社区服刑人员为对象，策划实施了“守律思愆　向阳花开”社区矫正违规类分类教育项目。该项目整合了矫正民警、社工、心理专家等人力资源，将集中教育和拓展活动相结合，旨在促进该类社区服刑人员思想上能守法守规，行为上能自控自律，最终在思想和行为上能达到内化于心、外化于行的教育效果。

中和所联合高桥社区矫正中心实施了“冲动与理智”暴力类社区矫正分类教育项目，在浦东新区司法局矫正处的指导下，中和所进一步总结项目经验，继续深化项目运作。该项目根据一定条件在片区内筛选确

① 潘雪洁．推动社区矫正对象就业创业回归社会——记全省就业工作先进集体大通区司法局［N］．淮南日报，2020-09-22（A1）．

定了23名暴力类社区服刑人员，在分析预估的基础上，紧密围绕他们存在的法治观念薄弱和性格冲动两大问题，由矫正民警、社工、外聘心理专家作为主体，策划有法律法规、心理调适、情绪管理等一系列针对性的“1+1”刚柔相济课程，同时以传统文化体验贯穿始终，辅之以沙盘治疗改善认知情绪，取得了较好的成效。①

（三）社区矫正其他服务项目活动

1. 心理辅导服务：“潞有所爱”心灵驿站

江苏省常州市武进区潞城街道司法所在集中教育活动中，请来国家二级心理咨询师为社区矫正人员做心理辅导。这是潞城司法所首次在特殊人群管理领域中引入专业心理机构，采取集体心理辅导与个案心理矫治相结合的方式，帮助特殊人群疏导心理问题，合作建设“潞有所爱”心灵驿站。根据社区服刑人员的不同特点，建立心理动态跟踪机制，集合家庭、社区及相关单位共同开展“人性化”教育修正机制，培养他们积极、健康、阳光的心理状态，提高应对挫折的能力，帮助他们摆脱心理障碍，尽快以正常状态回归社会。

2. 河南舞钢：借力矫正人员开展普法宣传

为提高社区矫正人员社会责任感，树立服务他人、服务社会的理念，铁山司法所组织社区矫正人员在朱兰街道开展“新时代文明实践法律服务乡村行”活动。社区矫正人员热情高涨，主动协助工作人员布置会场，维持秩序，积极向来往群众发放宣传物品等法治资料，面对面与群众交流，让社区矫正人员从另一个层面接受教育。让社区矫正人员参与普法宣传，能让普法宣传更鲜活，而他们自身也能更好地学习掌握法律知识，更能鞭策他们时刻去遵守法律法规，更好地融入社会②。

3. 乌兰浩特：“守望成长”关爱矫正人员子女

内蒙古乌兰浩特市司法局将团市委“守望成长”关爱服刑人员子女

---

① 上海市社区矫正管理局，上海中和社区矫正事务所．社区矫正分类教育项目的浦东实践［EB/OL］．（2018-12-20）［2022-10-10］．https：//www.sohu.com/a/283221264_660595.

② 法制舞钢微博．借力社区矫正人员 开展普法宣传活动［EB/OL］．（2019-07-09）［2022-10-10］. https：//www.sohu.com/a/325920799_100006180.

服务项目引入社区矫正为帮困扶助工作助力。为10名困难家庭社区矫正对象求学的子女发放助学金共计1万元。同时邀请团市委青少年社会工作与维权中心负责人为社区矫正对象子女做心理沙盘解压。为困难社区矫正对象解决了实际困难，为他们顺利回归社会奠定了良好基础。①

4. 多元主体发力，给矫正青少年更多阳光

浙江省针对矫正青少年实施了阳光驿站项目。“阳光驿站”在班子强、社会风气好、能提供教育活动场地和就业安置基地的村居、社区、企业建立，让矫正青少年特别是让“三无”青少年（刑释后无家可归、无业可就、无亲可投的青少年）能感受温暖，满怀信心面对未来。在帮教过程中采取“一对一”“多对一”的结对帮教形式，主要途径包括：“一访”，即月访见面一次；“二互”，即相互沟通，真情互动；“三联”，即“五老”志愿者、司法所（专职社工）、村居（企业、学校、监护人）等联动帮教；“四督”，即督查帮扶对象遵纪守法、社会道德情况，督查村居和家长严管重教、社会关爱情况；“五导”，即思想引导、心理疏导、学业辅导、行为教导、创业指导。青少年关爱帮教的主力军是“五老”（老干部、老战士、老教师、老模范、老科技专家）。②

四、我国社区矫正工作存在的问题

（一）矫正管理工作有待提升，矫正服务专业性较差

检察院的监督是社区矫正工作顺利开展的重要保障。但是，目前检察院并未充分发挥其监督功能。一方面，相关的书面通知传达不及时，这就使得检察院对社区矫正工作的进展情况、变更状况等不能及时了解与掌握，因此，很难发挥其有效的法律监督作用，严重影响了社区矫正工作的正常开展。另一方面，社区矫正工作专业性较差。具体表现在三个方面：专业社会工作者在社区矫正专职人员中的比例不高；现有社区矫

① 乌兰浩特市司法局．“守望成长”关爱服刑人员子女服务项目走进乌兰浩特市社区矫正［EB/OL］．（2022-08-09）［2022-10-11］．https：//www.sohu.com/a/412281574_120214179.

② 浙江省仙居县委党校课题组．青少年社区矫正工作意义、问题与出路——基于浙江省仙居县“阳光驿站”建设的分析视角［J］．中国司法，2013（3）：50-54.

正工作队伍内的社工专业水平不高；专职社工的日常工作多为非专业性的文书工作所占据，与其专业背景严重脱节，阻碍了其作用的发挥。而且，许多专职工作者并不清楚矫正工作与社会工作之间的关系。

（二）对矫正人员的帮扶缺乏完善的运行机制

缺乏帮扶需求评估机制。目前社区矫正的司法实践中，帮扶方案和内容存在随意性的原因就在于没有健全的帮扶需求评估机制，所以不能确认社区服刑人员的真正帮扶需求，仅凭社区矫正工作人员的主观判断决定是否予以帮扶或者如何帮扶。同时，缺乏沟通协商机制。社区服刑人员的帮扶至少涉及民政部门、劳动与社会保障部门、税务部门、工商部门以及司法行政部门，没有沟通协商机制，各个部门间没有常规的沟通配合渠道，只能依靠基层司法行政机关主动联系其他相关部门，或者申请本级政府协调，造成“一案一协调”的尴尬局面。这样的工作方式不仅浪费社会资源，还降低政府各部门工作效率。矫正工作者普遍关注自己的身份定位问题。目前社区矫正的管理和执法权都在司法部门，社会工作者没有警察身份，对矫正人员的威慑力极为有限。常规化的矫正队伍应该包括司法所工作人员、警察、社会工作者队伍，然而当前还缺乏成熟的团队运行模式。

（三）民众对社区矫正的认知较低，参与不足

目前的社区矫正工作主要还是需要依赖司法行政系统的工作人员来推动，而民众对矫正制度的认识和理解普遍比较陌生，甚至一些人都没有听说过“社区矫正”一词，更谈不上对该项制度进行了解。另外，社会民众会对矫正人员存在观念偏差，即便看到其身处困境也是咎由自取；社区矫正工作者观念存在偏差，注意力主要集中在监管，忽视对其帮扶层面；社区矫正服刑人员认为来自政府的帮助带有权力色彩，对其有排斥心理。

第三节 社区矫正服务未来发展

一、社区矫正服务治理的目标

社区矫正具有惩戒性与服务性双重性质，最根本的目的是减少重新犯罪率，提升矫正对象在社会化的效果。通过循证研究，对比社区矫正北京模式、上海模式、深圳模式发现：深圳模式的矫正效果显著高于北京模式，上海模式的矫正效果接近高于北京模式，北京模式的矫正效果接近高于其他地区。矫正对象直接接触的工作人员为社工的比例增加会在一定程度上降低矫正期间重新犯事状况，而主要工作人员为监管性人员则没什么影响作用，如“其他”地区很少社工参与导致矫正效果堪忧。当前全国社区矫正管理系统主要以监管性的司法行政工作人员为主，一线人员社工比例提升会凸显综合管理特征，从而提升矫正效果。但是，矫正效果并不是单纯由社工介入所带来的，而是由提升综合管理特征所致。如果社工比例过高而进入纯粹的矫正恢复类型，将会导致矫正工作因缺乏权威性而使效果下降。上海模式在本次调查中的较好效果，很有可能是 2014 年后补强了监管特征所致。①

由此可见，社区矫正服务治理必须要把握好矫正与帮扶的程度，矫正工作者队伍和矫正工作机制建设具有重要意义。针对不同的社区矫正对象，应制订个性化的矫正方案。提高矫正工作者队伍能力，使其具备法律、心理、社会工作等多方面的知识和技能，加强队伍建设，要有一定比例的法律专业、社工专业以及心理学专业的人才以岗位嵌入的方式长期、固定从事矫正工作，提高综合治理能力。同时，需要以政府购买服务的方式购买不同类型的专门化的社会工作服务组织的服务，以更加专业的形式矫正和帮扶矫正对象。在实践中不断完善社区矫正工作运行机制。

---

① 熊贵彬．社区矫正三大管理模式及社会工作介入效果分析——基于循证矫正视角［J］．浙江工商大学学报，2020（2）：114-124.

二、社区矫正服务发展策略

（一）建立管理信息平台，提高工作人员专业性

相关管理人员需要建立完善的社区矫正人员信息系统，实现资源共享，便于后续工作的规范化进行。另外，建立充分的信息交流平台，便于各政法机关进行充分、及时的信息交流，随时掌握工作进展与人员动态，确保社区矫正工作能够在有效的监督下规范有序地开展。与此同时，各政法机关之间的有效互动能够使其形成一股合力，共同推动社区矫正工作现代化的进展，使社区矫正工作真正发挥其应有的价值。此外，为促进社区矫正工作的高效开展，还需要提高工作人员的专业性，给他们提供畅通的学习渠道。管理人员可以定期组织工作人员进行法律、社工、心理等方面的知识培训，还可以邀请专家到现场进行法律法规以及社区矫正流程等方面的详细讲解，以使工作人员在理论知识和实践技能上都能有所提升。

（二）完善健全的矫正人员帮扶运行机制

流畅的社区矫正帮困扶助运行机制要素应当包括明确的执行主体、执行主体以外的政府和社会力量协同机制与被帮扶的社区服刑人员帮扶需求评估机制。基层司法局社区矫正工作部门负责确定具体的帮扶对象和帮扶类型，引进和招徕社会力量、物资参与帮扶，管理帮扶中的重要事宜，协调社区矫正与其他政府部门间的沟通、配合事宜。沟通协商机制是为达到目标，妥善处理帮困扶助中的各种关系，减少摩擦，提高工作质量和效率应当具备的机制。帮困扶助单凭司法行政机关的力量必然难以完成，需要其他部门和社会力量的帮助。涉及不同部门和社会力量的沟通协调，必然需要建立沟通协商机制，例如，需要民政部门为出现突然变故的社区服刑人员家庭提供临时救助，银行为有想法、有经验、有能力的创业社区服刑人员提供小额贷款，等等。因此，司法行政机关需要与其他相关部门积极沟通涉及其部门的事宜，正确认识和处理部门利益差别，最好能够搭建沟通协商平台，及时分享和反馈相关信息，提高

社区矫正帮困扶助的效率和质量。

（三）增强社会工作介入社区矫正的程度

由于我国社区矫正试点工作已开展多年，各地也形成了不同的地方模式，但总体而言，基层司法工作队伍面临的矫正任务比较繁重，专业社会工作的介入程度仍显不足。未来要进一步扩宽社会工作对社区矫正的介入路径。例如，可以在司法行政部门中设立社工岗位，主要针对具有社会工作专业教育背景的大学毕业生，扩大社区矫正工作者队伍中的社会工作者力量。此外，还应该以项目方式与专业机构形成长期合作机制，同时发动各类社会团体和志愿者参与其中，形成矫正执法者、矫正社工和退休警察等社会义工多元参与机制。

社会工作机构与基层司法行政工作的合作机制也不够完善，因此，需要探索社工机构介入社区矫正的新机制。在司法行政系统业已设置专门社区矫正执行机构的基础上，政府还应积极培育社区矫正的社工机构，通过委托、购买或全额支持等形式，积极探索和完善社工机构介入社区矫正的运行机制。促进社会工作在矫正服务中的全程参与，矫正工作者以及矫正社工之间的责权意识要清晰，合作机制尽量制度化和明晰化。此外，还要合理搭配矫正工作队伍。有一定数量的人民警察，配合一定数量有执法权的公务员，公检法司再协同配合，并有一定力量的社会组织参与。

（四）推进社区矫正社会工作职业制度化建设

职业化、专业化的社区矫正社会工作职业制度化建设，是决定社区矫正工作成败的关键。首先，建立矫正社工职业制度，开发和设置社区矫正社会工作岗位。社会工作者要持证上岗，有专业技术职称晋升制度，使得社会工作者有职业发展的空间和动力。其次，严格把好资格准入关口。除了通过全国社会工作者职业水平考试外，社会工作者在受聘社区矫正岗位时还应该着重强调矫正相关知识以及专业实务操作技术等。最后，考虑到矫正工作的危险性和重要性，要提高矫正社工的薪酬待遇，确保矫正工作质量，调动社会工作者积极性。

（五）重视矫正人员的社区融合，修正居民观念

在社区服刑人员的教育中可以加入关于社区矫正帮困扶助的宣讲内容，让那些想要追求正常、美好生活的社区服刑人员明白自己没有被社会放弃，有可以依靠的力量和组织，从感情和实际行动上促进社区服刑人员培养正向的价值观和人生观，真正促进社会和谐。修正民众对社区矫正人员的极端认识，改变公众关于犯罪和刑罚的认知。第一，司法行政机关在各种宣传活动以及普法教育中强调培养人道主义理念、积极帮助社区服刑人员回归社会的重要性，让民众对于社区矫正有更深刻的理解，从内心真正接受并认可社区矫正工作，以便于其积极参与这项工作。第二，组织培训活动，提高民众的参与积极性。管理人员应定期组织民众进行相关方面的培训，可以以座谈会的形式开展，在过程中配以一些典型案例的讲解，让民众充分意识到社区矫正的重要性，从心理上对其进行感化，激发民众参与的积极性。第三，发挥党员干部、社区骨干的模范带头作用。全面提升整个社区民众的参与度，更好地发挥其监督与帮教的作用。

本书获北京科技大学研究生教材建设经费资助。